U0139437

傅璇琮著

文史哲學集成 三六

唐詩論學叢稿

文史哲出版社印行

國立中央圖書館出版品預行編目資料

唐詩論學叢稿 / 傅璇琮著. -- 初版. -- 臺北市
：文史哲，民８４
面； 公分. --（文史哲學集成 ； 348）
ISBN 957-547-975-0（平裝）

1. 中國詩 - 唐(618-907) - 評論

821.84 84009755

文史哲學集成 ③⁴⁸

唐詩論學叢稿

著者：傅璇琮
出版者：文史哲出版社
登記證字號：行政院新聞局局版臺業字五三三七號
發行人：彭正雄
發行所：文史哲出版社
印刷者：文史哲出版社
台北市羅斯福路一段七十二巷四號
郵撥〇五一二八八一二彭正雄帳戶
電話：三五一一〇二八
實價新台幣五〇〇元
中華民國八十四年九月初版

ISBN 957-547-957-0

唐詩論學叢稿　目次

序

羅宗強

近十年來，唐代文學的研究有了很大的進展，作爲這進展的主要成果，就有傅璇琮先生的《唐代詩人叢考》、《李德裕年譜》，《唐代科舉與文學》和他主編的《唐才子傳校箋》。這些著作，在唐文學研究領域裡可以說有口皆碑。其中的每一本，都有它的意義。《唐代詩人叢考》出版時，我們剛擺脫古典文學研究的單調淺薄的模式不久，這部著作一下子便把唐文學的研究推進到一個新的層次。它考證了三十二位詩人的生平事跡，其中有一半以上是活動於大曆時期的。對於大曆時期的詩壇，學界向來沒有給予足夠的重視，面貌也就長期不明，象劉方平、戎昱、皇甫冉、皇甫曾、耿湋、李端等人，前此還很少有人認眞清理過，璇琮先生是系統給予研究的第一人。面對於前人已研究了的詩人，他也提出新證，糾正了不少錯誤。但是，這部著作的主要功績，我以爲不僅在詩人事跡的清理上，而在於它通過詩人事跡的清理所展示出來的詩人詩壇風貌。考其生活之播遷，而往往察其詩風；考其交游而往往觸及詩人群落。它從具體的事實出發，提出了許多超出以往研究模式之外的全新問題。我總覺得它有一些不同於傳統的生平事跡考辨的東西，它越出了個案考辨的範圍，從個案考辨通向了整體研究。

這種研究特色在《李德裕年譜》中有了進一步發展。在這部年譜裡，譜主的事跡完全織入到圍繞牛李黨爭而展開的歷史畫面裡。因此有研究者提到可以把它作爲一部牛李黨爭專史讀。它涉及的其實是當時的整個政局與牽涉在這個政局裡的各種人物的活動。從文學研究的角度說，它是一個大的背景，在這個大的背景中，有譜主也有衆多作家的活動、心態。在對紛紜繁雜的史料的深見功力的清理中，始終貫穿著對歷史的整體審視，而且是一種論辯是非的充滿感情的審視。這其實已經超出一般譜錄的編寫範圍，而是一種歷史的整體研究了。

至於《唐代科舉與文學》，則純粹是從文化史的角度研究文學的範例，它從一個側面非常生動地展示了有唐一代士人的文化心態。

如果聯繫到這個集子裡的一些文章，那就可以發現，璇琮先生是明確地朝著整體研究的方向開展他的工作的，事跡考辨也好，譜錄編寫也好，某一領域的研究也好，目的都是認識一個時期文學的總的風貌，對這風貌作出解釋與評價。這種整體研究，如果概括的說，似乎可以稱之爲文學的社會歷史學研究。

但是，這又是一種非常有特色的文學的社會歷史學研究。它是從傳統的考據方法中生發出來的，非常重視實證。它非常注重個案研究，把個案研究做得很深，從個案研究中認識歷史的整體聯繫，認識歷史的進行線路。《李德裕年譜》和《唐代科舉與文學》都是很出色的個案研究，一個以人，一個以事，而兩者的結果都是呈現一個時代的某一側面的風貌。璇琮先生的個案研究是做得很精深的，這個集子裡關於王昌齡和殷璠的兩組文章也是例子。關於王昌齡，由於史料缺乏，許多問題長期以來若明若暗，無法深入下去，而這組文章卻運用可以找到的一切材料，把問題解決得相當精采。《詩格》作者是否爲王昌齡的問題，向來爭論很大，都因史料不足難以論定。璇琮先生從皎然在《詩式》中提到《詩格》的內容和空海《文鏡秘府論》大量引用《詩格》，論證《詩格》作者在貞元初已爲皎然所認定在元和初又爲空海所深信。這些情形學界雖已往也注意到，但如此盡詳的論述卻爲前人所未曾。而我以爲最細致的工作是傅先生以《詩格》所引例詩與王昌齡的行蹤比勘，提出了《詩格》可能作於昌齡貶龍標尉時。這些例詩所提供的線索是極細微的，爲以往學界所忽略，而他卻注意到了，給了論證。可以說，凡《詩格》本身所能提供的線索，幾無遺漏一一檢出加以辨析。當然現在還可以對他們的結論提出某些懷疑，但是要證明非昌齡所作，則也提不出有力的證據。同樣深見功力的考辨，是關於王昌齡的行蹤的。以往對於王昌齡是否到達邊塞，何時和到過何處？均黯而不明。傅先生以極有力的證據，提出王昌齡曾經由甘肅靖遠附近的白草原，由西向東，經蕭關到固原，過六盤山，東到今天的平涼城，然後順河南下，經鳳翔、岐山一帶，到扶風，直至長安，時間則在開元十四年之前。王昌齡行蹤的這一有力考定，就把唐代最傑出的邊塞詩的創作情形弄清楚了。對於《河岳英靈集》的研究，同樣表現出甚深的功力。前人研究《河》集，從未認眞研究過它產生的背景，而傅先生卻系統清理《河》集編集之前唐人選唐詩的種種情形，從中論證文學觀念的演變對於殷璠編《河》集的影響和《河》集所反映的文學觀念的意義。而最重要的是他對《河》集的音律說提出了一種全新的解釋，認爲《河》集

《序》中所說的「詞有剛柔，調有高下」和「詞與調合」，可能講的是詩歌的抑揚律，而不專指平仄律。關於王昌齡和殷璠的兩組文章，無疑是以傳統的考據方法爲基礎的，但是它們所涉及的，卻是唐代文學中的一些重大問題。《詩格》的研究不惟涉及到對於盛唐詩歌思想的重新認識與評價，而且涉及到對於唐代詩論的一種特殊形式的歷史考察，這種意向傳先生在爲李珍華先生點校的《五代詩話》寫的序中有進一步的表述。而對《河》集音律說的解釋，則涉及到對盛唐詩歌格律狀況的重新清理與認識。從這些都可以看出，精深，是璇琮先生治學途徑的基點；但是他又沒有停留在這個基點上，而是由這個基點進入整體，由精深而入於博通。

精深不易，需要識力也需要功力，要對個案的研究選點得當，材料的挖掘少有遺漏，研究的現狀了如指掌，歷史的眞實面貌了解近於準確，需要有坐下來做基本材料工作的功力與毅力。這一點璇琮先生在《吳汝煜〈唐五代人交往詩索引〉序》中有深刻的論述，他說：「研究歷史，一個不可缺的基礎和條件，就是首先要弄清事實。這似乎是最簡單不過的道理，但遺憾的是，對此我們過去是相當漠視的。」「我們應當把眼光放遠一點。學術上的一些基本工作，是不應該受什麼『熱』的影響的，比起轟轟烈烈的什麼『熱』來，它確是比較冷。」「我覺得我們應當提倡這樣一種學術品格，那就是捨易就難，捨熱就冷。」璇琮先生的研究正是走著這樣的路。

但是博通更難。博通不僅要有廣闊的知識面，而且需要有一種整體審視歷史的能力。把歷史看作一個整體，從錯綜糾結、黯晦不明中看到癥結所在，看到眞相。璇琮先生的著作說明他是走著博通這條路的。

我以爲，璇琮先生以其精深與博通從事文學的社會歷史學研究，已經作出了傑出的貢獻。在我國的學術傳統裡，文史本來不分。不知從什麼時候起，搞文學研究的人只注意文學自身，對於政局的變化，社會思潮的波蕩，宗教與哲學的情形，社會的心態，與不同地域的風情等等不予理睬。而不顧及這些，事實上便也撇開了不同時期，不同地域的文學賴以生長的土壤，無法理解與解釋文學的不同特點。文學的社會歷史學研究承接文史不分的傳統，把歷史看做一個整體，在這個整體中審視文學的特質，我以爲這是一種很好的治學途徑。璇琮先生的成就就是很好的證明。

近十年來古典文學研究有很大發展，但也曾經被徹底否定；同時，關於古典文學的研究目的和研究方法也反覆被討論過，意見紛紛。這裡提到的文學的社會歷史學研究當然不會是大家都認可的最佳途徑。細想起來，自古以來關於治學的目的與方法似乎就未曾有過統一的認識。大略說來，每當國家危急存亡之秋，社會風雲激蕩之際，志士奮起，治學的目的往往重在爲時所用，略其小而取其大；而當社會相對穩定或者停滯時，則治學者常常更帶著純學術的色彩。這是一個方面。另一方面，即使身處同一時代，政治家、思想家與學者考慮問題的角度也往往不同。當然這只是大略而言的。但由這大略的差別，也就生出來治學方法的不同，有種種的爭論，有種種的是非褒貶。我想，這種種的爭論，種種的是非褒貶，是會還要永遠繼續下去的吧！對於民族文化的承傳，種種不同的治學方法與治學目的的是非功過，恐怕是只好留給歷史去評說的。但是有一點，不論何種的目的與方法，欲成大氣候者，我爲有一點是必備的，那就是求實。虛荒浮躁者，雖可朝立一說，暮成宗主，費些小力氣而獲浮名於一時，但時光流逝，消聲匿跡亦隨之。求實則較經得起歲月的消磨，血汗較比能在歷史上留下痕跡。求實也眞不易，需要有一種爲學術獻身、不怕坐冷板凳的精神與決心。這個集子裡璇琮先生爲汝煜兄的著作寫的兩篇序言，眞是使我感慨萬千。汝煜兄就是璇琮先生所稱讚的腳踏實地做學問的那種人，現在他已經過早地去世了！青燈攤書，在貧困中匆匆度過一生，正是許多獻身於學術的有志之士的歸宿。去年去世的郭在貽兄，也是這樣的一位。他逝世之後，每當我重讀他的數十封來信時，便會愴然想起他墓志上的話：「卅載清貧，二子尚幼，可不痛哉！」上天眞也不公，浮猾鑽營而富貴壽考者往往有之；而勤謹耕耘者，卻常常貧寒困頓、英年早逝。季鷹有云：「使我有身後名，不如生前一杯酒。」身後如何，本與己無干；生前艱辛，卻確實需要有一番爲學術獻身的精神。而學術，也就在這種獻身精神中得到發展。同時這種獻身精神自身，也常常給獻身者以巨大的吸引力，使他們視艱難的學術之旅如歌如詩，雖鞠躬勞瘁而始終如醉如痴。

傅璇琮先生年來以極大的學術熱心，提倡一種求實的學風，我覺得這於學術的發展是大有助益的。他也以極大的學術熱情，獎掖後進，激勵同志；在唐文學的研究中作了廣泛的組織工作，這同樣於學術的發展大有助益。對於他的學問和爲人，我欽慕已久，現在他編集付梓，囑我爲序，我學問無成，豈敢多所論略，蓋因欽慕之情而欲謬托知己以自重，故說了上面的一些話，以應先生之命。

一九九〇年三月二十五日羅宗強於南開大學

序

陳允吉

新時期的中國古典文學研究，從文革留下的荒漠邊緣起步，在充滿著渴望和求實精神中探索，到現在已經歷了整整十個年頭。一門發達已久的學問在現代社會中實現其自身的拓進，並不是一件輕舉易蹴的事，這條道路上經常會遇到沖碰和波折，有的時候甚至顯得步履蹣跚，但它畢竟是在一步一個腳印地向前行進。正是依靠了衆多學術工作者的努力，這十年的古典文學領域，在基礎工程建設、材料考證、理論與史的研究等方面都有長足的進步，部分原來的空白已被塡補，學術隊伍在不斷壯大，出現了一批很有質量的研究著作。可以認爲，它在這段時間裡取得的進展與實際成績，超過了建國以來任何一個時期。

與此同時，我們也不能忽略，目前古典文學領域存在的矛盾相當尖銳。似乎它正徘徊在十字路口，使許多同志思想上產生困惑和焦慮。這一門學科的對象與性質，就決定了它同傳統思想有著千絲萬縷的聯繫，沉厚的歷史積累弄不好會變成一種負擔，要在前輩大師高度成就的基礎上超越一步又何等的不容易。古典文學研究如何適應變革著的生活現實，它到底應該以什麼樣的姿態出現在我們的面前，這是大家在很長一段時間裡非常關心的問題。十年來古典文學研究的層面是擴大了，但大部份成果還停留在一個不太高的水準上，研究的總體結構亦不甚合理。研究方法的拓新雖有一些成效，但還未達到促成一門學科全局改觀的程度，有許多問題亟需進一步的探討和解決。總之，在這個學術領域裡並不缺乏豐盛的果實與蓊鬱的生機，卻沒有顯示出能夠推動它騰躍疾進的巨大活力。

類似這些問題，出現於一門學科的某個發展階段，這是不奇怪的。我們有理由對目前的古典文學研究提出這樣那樣的批評，但重要的是應對這種狀況有一個恰當的估價。近幾年有些人喜歡以誇大的自我意識來表達「使命感」，他們發出了古典文學研究已陷入「僵化」和「危機」的高論，並且斷言：「中國有古典文學，沒有古典文學研究。」仿佛一門學科就要隨著他們的嚴厲判決而墜入淵底。這種估計違背了基本事實，當然是爲大多數古典文學工作者所不能接受的。反之，要是我們滿足於現有成績，無視客觀矛盾的存在，產生盲目的樂觀情緒而故步自封起來，那也很可能造成古典文學研究長期停滯的局面，同樣不利於這門學科的繁榮發展。

科學研究是不斷發展和不斷深化的認識運動，每向前一步都有賴於它內部矛盾的發現與克服，需要我們加強對它本身的認識。從文明的進化過程來說，人類智慧的火光不啻照亮了自己逝去的背影，也能幫助人們了解現在的處境與探索未來的道路，這對一門具體學科同樣是如此。因此，準確了解十年古典文學研究的狀況，實事求是地分析它的成績和存在問題，導揚其中科學性較強的積極因素，抉示出關係到它全局的癥結，在進行理論闡釋的同時從實踐上予以調整解決，是我們在目前應該立即著手去做的一項工作。這種對學科現狀的跟蹤研究，是提高一門學科研究素質的重要途徑，也能使我們較好地把握到這門學科今後的發展趨向。

對於本門學科的跟蹤研究，在古典文學領域是薄弱的一環，特別與它的近鄰學科現當代文學領域相比，就顯然要遜色得多。我們這裡很多成就卓異的專家縱有睿智達識，卻習慣於沉浸在鑽研自己感興趣的課題，而不大願意對周圍同行的工作投以關注的一瞥。在這樣的情況下大家各守其位，拘囿於自己選擇的專題範圍，結果是「各照隅隙，鮮觀衢路」，殊不能造成活躍的空氣，當然更談不到從整體上去把握這門學科的發展勢態了。新時期加強了古典文學工作者之間的溝通，注意了學術資料的積累，並有一些治學經驗豐富的學者，開始把目光投射到本門學科的現狀研究上面，較早地和其他同志一起涉足於這塊需加墾殖的園地。迄於今日，我們還不能說這方面的工作已做得很充分了，但與過去比確有明顯進步。一門學科能發現自己的長處和不足，並提出一些共同性的問題供人們思考，這是學科具備存在價值的標誌。上述這些爲以往少見的跡象出現於古典文學領域，本身就意味著一種觀念的嬗變。

傅璇琮先生是大家都很熟悉的學者，卓有建樹於古典文學領域，可以說他在新時期十年所做的一切工作，都是和這門學科的成長緊密地維繫在一起的。在這段時間裡，他不僅有《唐代詩人叢考》、《李德裕年譜》、《唐代科舉與文學》等多部開拓性的力作問世，並且始終懷著對學術文化事業的一片丹忱，爲審視、探究古典文學這門學科的發展軌跡傾注了他的心靈。現在出版的《唐詩論學叢稿》一書，就是他在這方面所寫論文的一部結集。這些文章植根於深厚的學術土壤，議題涉及古典文學研究的各個方面。作者的本意是通過考察最近十年這一領域的科研實踐，力求濯足於活水之中來探測它的流向，由具體到一般而獲得科學認知和理性了解，並就古典文學研究應如何發展闡明自己的見解。儘管書中談得較多的是唐代文學研究中的問題，但由於作者著眼在一門學科的現狀與學術史的探討，其取之也約，其觀之也博，兼融文史，識見超拔，所以它在整個古典文學領域乃至史學領域都有較大的啓發意義。

璇琮先生治學經驗既富，對同行的研究工作也多有同情了解，其觀察由精微而趨博大，達成了對古典文學這個領域深邃而全面的觀照。我們讀《唐詩論學叢稿》一書，可覺察到它在論述上最顯著的特色，是體現著對一門學科進行嚴肅認眞探討的整體性。作者在這本書中多次強調指出，實現古典文學研究觀念的科學化，最根本的問題就在於必須把這門學科視爲一項總體工程，需要在研究結構上有一個合理的搭配。他根據自己多年的體察，認爲一個合理的古典文學研究的總體結構，必須具備基礎設施和上層架構兩大部份，這兩大部分各自又由很多具體部門配合而成。在基礎設施中間，主要包括文學史和作家作品基本材料的整理，工具書與作家傳記的編纂，文學通史、斷代史和其他著述的編撰。至於上層架構，則應包含作家作品的專題研究，古典文學與其他學科的交叉研究，中外文學的比較研究，以及文學樣式的專門研究與批評鑑賞等。這些部門分工不同，目的卻是一致的，它們之間互相銜接、互相支撐，即使是最微末的配件也要爲整體服務。璇琮先生把研究結構看成是一門學科的核心問題，這種洞見卓識，來源於他和其他許多研究者的實踐經驗。他認爲開展現狀研究可以幫助我們克服某些偏畸和盲目性，使古典文學各個研究部門之間的關係得到協調，俾以形成一股啓動這門學科向前拓進的合力。新方法無疑蘊藏著巨大潛能，但更新研究方法的直接目的，也仍然是爲了促進它所屬的這門學科綜合研究能力的形成。學術史上無數事實表明，那些拓深求索事物內在規律尺度的新方法，只有得到了整個學科合理研究結構的承托和支持後，才能眞正付諸實踐並在科學研究中發揮其重大的效益。

拓新古典文學的研究方法，是璇琮先生眞誠而強烈的願望，也許在這個具體的學術領域裡，能像他那樣爲此長時間的傾竭心力的學者尚不多見。現在我們一談到古典文學研究方法的開拓，就有人會把它歸功於近幾年那股「方法熱」的啓導，這是一種因不了解歷史情況而產生的誤解。其實早在六十年代初期，當時的社會科學界就已萌動了方法問題的自覺，開始注意不同學科的交叉研究和邊緣學科的探涉，在古史領域裡還提出過文獻與文物相結合的方法。璇琮先生關於拓新方法的一些考慮，最早亦是醞釀在這個階段。他因讀丹納的《藝術哲學》而受啓迪，即意識到古典文學研究應從文學藝術的整體出發，通過作家的群體研究去考察當時文學與整個社會生活的複雜關係。而這樣一種研討，顯然已經超越了單純文學研究的範疇，必須取得史學研究和文化史研究的支持。基於這一認識，使璇琮先生對當時的古典文學研究狀況感到不滿足，希望有一種更成熟的研究來改變它的面貌。自此以後璇琮先生一直堅持進行摸索與思考，就在風雲迷幻的文革十年，人們的正常生活倍受紛擾，他也沒有由此放棄自己的探求。在這個過程中他確曾吸收了如陳寅恪、岑仲勉、聞一多等一些前輩大師的「通識」，但更重要的是從他自己科研實踐中提煉出來許多眞知灼見，並在高度理性的層次上求得融會貫通。他以唐代文學、主要是唐代詩歌爲突破口，首先從基礎材料工作着手，廣泛尋求文學與史學交叉、相互滲透的途徑，由此在知與行的結合上，把這種探索推進到一個明確而豐滿的境界。

《唐詩論學叢稿》一書輯入的論文，探及研究方法者占很大比重，匯合起來就構成方法論上很系統的見解。璇琮先生這一系列文章，按時間順序劃出一條軌轍，從這裡可見出他這些年來治學上所執著追求的，一方面是要擴大古典文學研究的視野，豐富它的研究內涵，努力擺脫文革以前那一套生硬地貼加政治標簽的評論模式。另一方面他又十分重視材料工作與深入的個案研究，以防止這個領域的研究工作落入時下風靡的空廓浮泛之論。這兩種傾向出現於不同時期，表現形式也不完全一樣，但共通的弊病是輕視客觀事物的本來面目，在很大程度上都滋長了意志的任性。璇琮先生確認古典文學研究要有新的突破，其有效途徑之一，就是將古典文學作爲一種社會意識形態，與其他親緣學科、特別是史學（還包括哲學、美學、心理學等）結合起來進行交叉和綜合的研究，從一個時代歷史文化的整體運動中來審視它的價值和作用。這種研究不妨稱之爲對文學的歷史文化研究，它首先要求研究者掌握和鑽研大量史料，通過若干個案的細致分析由點及面，對某個時代的文化氛圍與時代精神取得總體的了解。而社會、文化背景對於文學的影響，主要是通過當時士人的生活方式與心理狀態做爲中介來轉遞的。某一個時代社會、政局的變動，意識形態的轉移貿遷，由種種因素交互作用的結果，造成了這個時代士人特定的精神面貌和文化心態，他們的審美趣味和文學愛好也隨之而發生變化。作家既是時風激蕩的敏銳感受者，又是文學創作的主體，歷史上永流不歇的作家群體的發展，形成了文學作品多姿多采、變演無窮的豐富景觀。璇琮先生對於作家群體的研究寄予高度的重視，認爲這是考察歷史文化意識滲入文學的途徑與關鍵，由之可以進一步去揭示一個時代文學創作的複雜內容與藝術審美特徵。

顯而易見，璇琮先生的這些看法，乃是從廣義的方法論上爲探索中國古典文學拓寬了門徑，而並非旨在製作一個固定不變的研究模式。科學研究的實際經驗告訴我們，模式確實在一定程度上顯示了事物之間的關係，未嘗不能使研究者在觀察、了解客觀事物對象時得到某些啓發。但是，模式終究只是對一部份事物抽象以後固定下來的東西，決不可能把紛遝繁雜、變化無窮的現象世界完全包含在裡面。文學研究的最終任務，無疑是要認識並揭示文學的發展規律，但唯有充分掌握了感性材料，於衆多生動具體的文學現象當中進行抽象和概括，才能把它們的內在聯繫與必然性抽繹出來。而研究者越是能夠把許多顯示規律趨向的原素集中起來，他要說明的規律就越佔支配地位。在我國古代哲學史上，自南北朝開始就提出了「理事」與「體用」的關係問題，而所謂「理事一如，即體是用」的主張不久就取得大多數人的認同。它的意思無非是說：世間一切事物的本質與現象、本體與功用，它們之間的關係是相即而不相離的，對事物的本質抽象離不開具體的事物現象。這兩句話闡明了一種相互依存的關係，是古代人早有定論的眞理性認識。清代著名學者章學誠在《文史通義》中談到治學方法，曾一再強調「古人未嘗離事而言理」、「道不離器，猶影不離形」、「當據可守之器而思不可見之道」，其宗旨亦在於說明學術探討中把握實際事物的重要性。前幾年一些人提倡「宏觀研究」，他們希望拓寬研究視野的想法無可厚非，但似乎對上面所說的這一層關係還認識不足，總以爲對具體事物的細微探討影響了「宏觀研究」的開展。在這種情況下就有人跑出來主張，古典文學研究可以撇開所有的具體材料，進入一種純抽象的規律研究。這種所謂的規律研究，說穿了就是企圖把我們豐厚沉實的民族文學遺產用一個簡單的框架來示現，氣魄大得無以復加，但眞正做起來就非失敗不可。試想一個單調空廓的骨架，周圍沒有血和肉的充實，只有一些抽象的邏輯聯繫，這樣的圖式是無論如何不能讓人感到滿足的。即便從方法論上說，這些人架構模式所採用的那種生硬簡單的歸納方法，與我們祖先長期深思熟慮形成的文化思想距離也實在太遠了。

傅璇琮先生不贊成古典文學研究中的圖解化，認爲這只是在思維形式上重蹈以往簡單化、概念化的故轍，凡是圖解式的作品都不能成爲眞正優秀的學術成果。《唐詩論學叢稿》中一系列論述表明，作者高度重視學術研究的具體性，主張探及任何事物都應該把它的過程和必要的細節講清楚。例如他在談到思想與文學的關係這個核心問題時，就特地引用了美國文藝批評家勒克·沃倫《文藝理論》一書中的觀點，要研究者充分注意，思想實際上是怎樣進入作品而成爲它的有機組成部份的。璇琮先生自己的科研工作，也一貫注重對具體事物進行具體分析，力求博采衆長，對各種行之有效的研究方法綜合運用，從不套襲或者遷就某一個固定的模式。綜觀他的《唐代詩人叢考》、《李德裕年譜》、《唐代科學與文學》三部主要著作，雖從大範圍說均屬對古典文學的歷史文化探討，重心也都是放在作家研究上面，但它們所提供的具體研究格局又不盡相同。如《唐代詩人叢考》主要通過考證三十二位詩人的生平事跡，把許多的點聯綴起來形成一個整體，在縱深的文化背景下展示出大曆前後詩壇的人物活動與詩歌創作風貌。《李德裕年譜》是由精深的個案辨析進入博通研究的範例，全書圍繞著「牛李黨爭」這條主線展開，著者把譜主一生活動和歷史功過的評說，與其所處時代的社會矛盾、政局變動，以及知識分子的精神生活和文學創作緊密地交織在一起，完全可以當做一部中晚唐的政治史和文化史閱讀。至於《唐代科學與文學》一書，則收集、羅舉大量典型材料，以這個朝代的科舉制度爲中介，採用生動的描述方式來探涉有唐一代詩人文士的文化心態，並由此達到與當時文學創作的溝通，在著作體例上更有它的獨創性。以上三書體貌頗異，而材料之富贍翔實與論證、描述的充實具體乃是其共同特色，它們著力展現的是歷史上一個強盛時代的作家群體，在他們身上呈現出各種各樣的思想性格與多彩的世態心情，就如同這些具有高度文明的古人在我們跟前復活過來一樣。

《唐詩論學叢稿》論述方法問題另一個著重點，是強調實證對於科學研究的重要意義。科學研究可以有許多種方法，但只有經過了切實論證而得來的東西，才有比較持久的價值。璇琮先生是主張治學必須堅持實證的，他認爲從事任何一項學術研究，首要的不是採集既有的成果去編結花環，而是弄清客觀事實的眞相。這是一件具體細微的工作，有的時候爲了解決一個問題要翻閱很多資料，但就學術研究的整體來說，這又是非做不可的。如果連最基本的事實都沒有搞清楚，就議論什麼規律或者宏觀研究，那只能是一種不著邊際的侈談。正鑒於此，考證這種爲我們前輩所久已運用的實證方法，作爲古典文學整體研究中的一個環節，就顯得是必不可少了。然而在目前情況下談論考證的重要性，是很容易招致非議的。由於這幾年裡「新方法熱」持續升溫，有些人對傳統方法避之惟恐不遠，考證在他們的概念裡即是「煩瑣」的同義語，早已是過了時的東西，可以像處置一隻弊屣那樣毫不猶豫地把它丟掉。聽說在某地召開的一個座談會上，竟有人慷慨激昂地說：「現在再去搞考證，簡直是個悲劇！」當然發表這種極端言詞的人是極少數，但以爲考證已經過時並由此而低估它的存在價値的傾向，在部份青年古典文學工作者中間還相當普遍。爲此，我們想就這個問題再多講幾句。

其實，考證並非是某個時代專有的東西，而只是一種弄清事實的基本方法。它強調實事求是，言必有據，注意材料的發掘、甄別和整理，要求對客觀歷史事實作出可信的說明。而考證所得到的對史實的正確認識，既是一種科研成果，也是進一步研究的必備基礎。這種方法開始主要運用於治史，後來逐漸擴充到其他研究領域，成爲溝通文學與史學兩門學科的有效途徑之一。考證自然亦有其局限性，不可能利用它來達到一切研究目的，現代化的科學研究依靠單一的考證是遠爲不夠的，更不用說專在一些無關宏旨的枝節問題上去鑽牛角尖了。但考證畢竟是一種實事求是的方法，要弄清事實非借助於它不可，從這點上看它就無所謂過時不過時的問題。我們要提高科學研究的水平必須採用新方法，但新方法並不埋沒傳統方法的成果，而是在它的基礎上進一步深化和擴大它的效能。考證這一傳統方法所具有的某些優點，一直到今天實際上還在支持和滋養著我們的工作。我國著名史學家陳垣就說過：「考證爲史學方法之一，欲實事求是，非考證不可。」如果說考證這個方法曾經使清代樸學在乾、嘉時代登上了峰顛，那末到了「五四」以後它又是和當時提倡的科學實證精神相一致的，在今天的條件下也仍然可以為發展現代的學術事業服務。陳垣先生正是創造性地運用了考證，在宗教史和歷史文獻學的研究方面取得輝煌成就，並開創了年代學、辦諱學和史源學等多門學問。因此他所從事的歷史研究工作，就不屬舊學範圍而是現代史學的一部份了。及於中國古典文學領域，則自「五四」以來問世的一些研究名著，亦大抵都具備十分堅實的考證基礎。它們之所以能夠越數十年而仍不失其價值，與作者對歷史材料做過認眞的清理有很大關係。就以傅璇琮先生本人的科研實踐來說，情形又何嘗不是如此。收在這本書裡關於《詩格》、《河岳英靈集》的幾篇專論，它們整體上呈現一種深入的理論探討的特色，在系統研究盛唐詩論方面有重大突破，而其論據的獲得主要還是來源於精審綿密的考證。應該看到，最近這幾年世界上文學研究的主流，總的趨勢是在朝著科學化、實證化的方向發展，這說明實證方法在國外也一樣有著強盛的生命力。面對這一現實，我們有什麼理由可以對考證不加重視，反而要採取輕佻的態度來擯斥和否定它呢？

說到最後，還得把話題再回到古典文學研究是一項總體工程上來。璇琮先生強調配置一個合理研究結構的重要性，這個總體研究結構有基礎設施和上層架構兩大部份，而當前最迫切的任務是必須大力抓緊基礎工程建設。他認為古典文學研究整體上進入規律性的探討，固然是大家所希望的，但這樣的研究必須有牢固的基礎支撐，需要經過好幾代學人的共同努力，才能逐步有所收穫。倘若我們以一窩蜂趕熱鬧的態度去對待規律研究，而放棄了基礎設施的鋪墊，那即便能搞出若干成果，也不過是憑虛結撰的空中樓閣，縱然五色煥顯、眩人眼目，倒坍下來即不成片斷，研究水平並沒有得到眞正提高。而基礎工程的建設，特別是輯佚、校勘、注釋、考據、材料匯編、索引編製等技術性較強的工作，耗費的時間、精力彌多，看起來卻不怎麼顯眼。但它們是科研整體中奠基的部份，高聳堅固的學術大廈即始築於此。我們在這方面投入較多的力量，有利於克服目前古典文學研究領域中存在的矛盾，使理論和規律的研究確立在扎實的材料基礎之上。璇琮先生對於基本材料的建設一向身體力行，早先他曾編集過《黃庭堅和江西詩派研究資料匯編》及《楊萬里范成大研究資料匯編》，後來他又和別人合編《唐五代人物傳記資料綜合索引》。從八十年代中期開始，他主持了《唐才子傳》的校勘、箋證工作。這項工程是在近階段古典文學領域富有成果的學術背景下進行的，有很多國內知名學者參加，努力從高層次上總結已取得的作家事跡考證的新成就，它的完成定能對唐代文學研究的深入開展產生久遠的影響。值得引以為喜的，是這幾年來古典文學界要求加強基礎建設的呼聲越來越高，材料工作也做得更加系統和更有計劃性，並呈獻出了一批極有功力的成果，這表明璇琮先生的看法已經成為許多人的「眞識」。我們相信，只要沿著這條途徑持久不懈地探索和實踐，古典文學這門學科將會日益揮發出它內部深藏的力，並終至促成它的研究工作出現一個嶄新的局面。

璇琮先生勤於思考、自強不息，是我們這一輩人學術上的導夫先路者，對他的才學和識力我欽慕已久。在《唐詩論學叢稿》與讀者見面之前，他命我為作一序，承此重托，不勝惶恐，謹就書中提及的一些正在討論的問題略抒鄙見，謬以應和者自任，藉此亦質正於關心古典文學研究的廣大讀者。

一九九〇年三月陳允吉於復旦大學

王昌齡事跡新探

王昌齡在盛唐詩壇上的傑出地位，在他生前，就已被人認識到。盛唐詩歌在理論上的代表殷璠，在他認爲是盛唐詩的精英《河岳英靈集》中，王昌齡詩入選得最多（十六首），超過王維（十五首）、李白（十三首）；殷璠並推許他是東晉以後幾百年內振起頹勢的「中興高作」。在這之後約一百餘年，晚唐時流行的一本說詩雜著《琉璃堂墨客圖》，尊稱王昌齡爲「詩天子」。①這個稱號就一直爲後世所沿用。至於他的七絕在詩史上的地位，歷代評論更多，這裡不再論列。與對他的贊譽與評論相比，對他生平的研究卻十分薄弱。新舊《唐書》有極爲簡單的傳略，記述之少，幾乎無法把他的經歷能稍爲連貫起來。元代辛文房的《唐才子傳》是專門記述唐代詩人的，但對王昌齡的記載，不僅沒有在前人的基礎上有所補充，反而增加新的錯誤。較爲認眞的探討只不過是近二、三十年來的事。我們認爲，經過學者們的共同努力，王昌齡生平的幾個大的段落已經爲人了解，但這些段落具體落實在什麼時候，則一般的認識似仍很模糊。譬如他以寫邊塞詩著稱，但他究竟有沒有去過邊塞？如果去過，是在什麼時候？許多論著中都寫得不清楚。又譬如他有過兩次貶謫，到底在什麼時候？這兩次貶謫與當時的朝政及詩人本身的思想有何聯繫？這些都是問題。本文的標題稱新探，不敢謂必是，只不過是立一新說以資彈射而已。

一

王昌齡的生年，過去聞一多先生的《唐詩大系》定爲六九八年（武周聖曆元年），此說後來一直爲唐詩學界所沿用。聞先生沒有注明根據。拙著《唐代詩人叢考．王昌齡事跡考略》中曾提出六九〇年左右一說，所據一爲王維《青龍寺曇壁上人兄院集》一詩的自序，稱之爲「江寧大兄」。王維生於七〇一年（武周長安元年），他既稱昌齡爲兄，則王的生年當在七〇一年之前。所據之二爲岑參於開元二十八年作《送王大昌齡赴江寧》詩，其中說：「對酒寂不語，悵然悲送君。明時未得用，白首徒攻文。」王昌齡於同時所作的《宿灞上寄侍御璵弟》詩說：「孤城海門月，萬里流光帶。不應百尺松，空老鐘山靄。」這兩首詩分別提到「白首」、「空老」，都指老境而言。開元二十八年爲公元七四〇元，如以五十歲爲白首而言，則其生年即在六九〇年。

假如僅限於上述的材料，未始不可以以此立論。但現在重新檢查，認爲《宿灞上寄侍御璵弟》一詩的作年不應在開元二十八年，而應在此數年之後，並應與王昌齡的第二次貶謫聯繫起來考慮（說詳後）。另外，王昌齡有《代扶風主人答》（《全唐詩》卷一四〇。按以後凡引王昌齡詩見於《全唐詩》者，僅注卷數，以省文字），這是一首西北邊塞之行的紀實詩，是詩人剛從塞外歸來，因有感於從軍的抱負未得伸展，於是在扶風一家酒店沽酒銷愁，店主人勸慰他，說：「少年與運合，何事發悲端。天子初封禪，賢良刷羽翰。」勸他專攻文事。封禪指玄宗開元十三年冬登封泰山事，「初封禪」，當在此後不久，或即在開元十四年（關於此詩年代及王昌齡的塞上之行，詳見後）。開元十四年爲公元七二六年。詩中稱王昌齡爲「少年」，以一老年店主人視二十餘歲之詩人，「少年」之稱大體尚可。如生年爲六九〇年，則此時昌齡已三十六歲，就不當稱之爲少年了。因此，我們認爲他的生年雖早於王維，但當相近，確切的年份還不能斷定，但大致當在六九八—七〇一年間。至於岑參詩中「明時未得用，白首徒攻文」，則是一種設喻，是說生逢明時如未能得用，那就即使白首攻文，也是徒然的了。

王昌齡的郡望有山東瑯邪與河東太原二說，但他實際居住地不在此兩處。他曾在一首詩中提到「舊居太行北」（《洛陽尉劉晏與府掾諸公茶集天宮寺岸道上人房》，卷一四一）。但究竟在太行山北的何處，不得其詳。昌齡詩談到過他曾游歷太原及晉東南一帶，而沒有說他年輕時居住過這些地方。因此我們只能推想，他曾有舊居在太行以北的某地，或即在今山西太原附近。比較起來，他有好幾首詩講到他在長安居住，且具體得多。從這點說來，《舊唐書·文苑傳》說他爲京兆人，是對的。他在《灞上閑居》詩中說「偃臥滋陽村」（卷一四一）。滋陽即芷陽，據文物考古的研究成果，可以確定芷陽在長安萬年縣的滻川鄉（參武伯倫《唐代長安郊區的研究》，載《文史》第三輯，中華書局一九六三年十月）。

王昌齡早年在滋陽居住的具體情況，現在所知不詳。他的家大約不大富裕，他出仕後曾在一首詩中回憶道：「本家藍溪下，非爲漁弋故。無何困窮耕，且欲馳永路。」（《鄭縣宿陶大公館中贈馮六元二》，卷一四〇）在《上李侍郎書》中也說到自己「久於貧賤，是以多知危苦之事」；而且說：「昌齡豈不解置身青山，俯飲白水，飽於道義，然後謁王公大人，以希大遇哉，每思力養不給，則不覺獨坐流涕，啜菽負米。」（《全唐文》卷三三一）像他這樣的家庭情況，又處於開元科舉發達時期，他就同當時不少讀書人一樣，自然走科舉取仕的道路。他閉戶著書，「日暮西北堂，涼風洗修木。著書在南窗，門館常肅肅」（《秋興》，卷一四一）。有時也到附近溪澗釣魚，發一些貌似超然於名宦的議論：「林臥情每閑，獨游景常晏。時從灞陵下，垂釣往南澗。……永懷青岑客，回首白雲間。神超物無違，豈系名與宦。」（《獨游》，同上）長安附近多的是古跡，因此有時他也憑弔於鄰近的古軹道：「軹道，秦故亭名也。今在京師東十五里，署於路曰秦王子嬰降漢高祖之地，豈不傷哉！余披榛往而訪之，則莽蒼如也。」（《全唐文》卷三三一）軹道在萬年縣崇道鄉，與芷陽原接鄰，因此他可「披榛往而訪之」。

現存王昌齡的詩作中，有幾首游汴州、宋州、洛陽等地的詩，慨嘆客途的艱難和自身的不遇，不像入仕以後所作。如《大梁途中作》（卷一四一）：「怏怏步長道，客行渺無端。郊原欲下雪，天地棱棱寒。當時每酣醉，不覺行路難。今日無酒錢，凄惶向誰嘆！」又《梁苑》（卷一四三）：「梁園秋竹古時煙，城外風悲欲暮天。萬乘旌旗何處在，井台賓客有誰憐。」梁苑在宋州，即今河南省商丘縣東。從詩的意緒看，當是入仕前游歷所作。唐代士人本有漫游的風習，也是配合科舉應試而求取聲援的一種舉動。王昌齡大約從長安出來，東游汴、宋等州，後又游歷（或小住）河南的嵩山，並由嵩山北向入河東境。他有《謁焦煉師》一詩（卷一四二），李白也有《贈嵩山焦煉師》詩，與王昌齡所謁者可能即爲一人。②他另有一首與道士交往的詩《就道士問周易參同契》（卷一四一）：「仙人騎白鹿，髮短耳何長。時余采菖蒲，忽見嵩之陽。稽首求丹經，乃出懷中方。披讀了不悟，歸來問嵇康。嗟余無道骨，發我入太行。」都講到向道士求煉丹及道經等事，而地點都在嵩山。「發我入太行」，用《神仙傳》所載王烈事（見《太平廣記》卷九），記王烈在太行山中得石髓可長壽。但此句意義雙關，意謂入道不成，乃北入太行。《悲哉行》（卷一四〇）就記他登太行山所見：「北上太行山，臨風閱吹萬。長雲數千里，倏忽還膚寸。」

王昌齡記河東之游的詩有《駕幸河東》、《潞府客亭寄崔鳳童》、《寒食即事》、《沙苑南渡頭》（以上皆一四二）。《駕出長安》一作宋之問詩，暫不列入。問題在於他何年有河東之行。有一說是在開元二十年（七三二），③另一說是在開元十年（七二三）。④我們主張在開元十一年。據《舊唐書》本紀，玄宗於開元二十年十月、十一月間曾幸河東，但只是在睢上祭祀后土，酺三日，算是稍爲隆重一點，至太原、潞州則只是游歷一下。開元十一年之行不同。太原是李家皇朝發祥之地，潞州在晉東南（今山西省長治市），是玄宗即位前的封地。開元十一年又是玄宗做皇帝後第一次去河東，因此特別隆重。據史載：十一年正月，「北都巡狩，敕所處存問高年鰥寡惸獨……庚辰，幸并州、潞州，宴父老……別改其舊宅爲飛龍宮。辛卯，改并州爲太原府，官吏補授一準京兆、河南兩府，百姓給復一年，貧戶復兩年，元從戶復五年，武德功臣及元從子孫有才堪文武未有官者委府縣搜揚，具以名薦。上親製起義堂頌，及書，刻石紀功於太原府之南街。」王昌齡《駕幸河東》詩云：

> 晉水千廬合，汾橋萬國從。
> 開唐天業盛，入沛聖恩濃。
> 下輦回三象，題碑任六龍。
> 睿明懸日月，千歲此時逢。

詩中所述與史書所記是吻合的，尤其是「題碑任六龍」即《舊紀》所謂「刻石紀功」之事。如果在開元二十一年，就不能說「千歲此時逢」了。

王昌齡此行的目的還不大清楚。他前此在河南漫游，未有所成，曾在嵩山與道士商略煉丹之事，當然也未有結果，可能因玄宗有河東之行，他想來此找找機會的。《駕幸河東》是一種頌德體，也許即為上獻而作。但看來仍沒有收穫，同年所作《寒食即事》，情緒已經低落，「西見之推廟，空為人所憐」；他就是帶著前途渺茫難測的心情離開河東而返關中的，「孤舟未得濟，入夢在何年」（《沙苑南渡頭》）。至於《潞府客亭寄崔鳳童》，按照他由河南北上太行山的路線看來，則當是上一年秋作。

王昌齡的《上李侍郎書》，是上給吏部侍郎李元紘的，李元紘約於開元十一、十二年間任吏部侍郎，這一點我已在過去的著作中作過考證，此不詳論。唐代進士科試，開元二十四年前由吏部員外郎主持，二十四年後改爲禮部侍郎。至官吏的銓衡選注，則由吏部侍郎主管。《上李侍郎書》中說：「持衡取士，專在文墨，固未盡矣。況文章體勢其多面焉，苟不相容，則太迂闊，一時不合，便即棄之，伏恐傷佝頤之明，結志士之怨。吁可畏也。」唐代至開元中，進士試逐漸以詩賦定取捨，王昌齡這裡似乎在批評進士試之專以文辭取士。文章接著說：「又有恢恢元明，精誠洞物，大不試小，屈于章句，蓋屈寸而伸尺，小枉而大直，君子行焉，儻斯人也，木訥自守，默然而退，明公不以爲賢，是小人敢正顏色，鼓喉舌，欲伸大直於明公，能容之否？」唐代吏部銓試，有書判身言四科，判是一、二百字的判獄訟文字，本取實用，後也流於詞藻（且以文字爲游戲的，可參張鷟《龍筋鳳髓判》）。王昌齡這一段文字當是批評判與言不足以察明一個人是君子還是小人。看樣子他是希望李侍郎能在常科之外給他以薦拔，所謂「初謂明公克舉大體，不尚小節，竭智附賢，貫道選數」。但可惜也未有結果，於是就有邊塞之行，並以此結束他少年時的耕讀生涯與在中原一帶的漫游經歷。

二

王昌齡現有詩篇以邊塞爲題材的共有二十一首，其中有些堪稱唐代邊塞詩的第一流傑作，千餘年來傳誦不衰。他的有些邊塞詩，如《出塞行二首》之一「秦時明月漢時關」，高度概括，不易斷定時地。有些則寫得十分眞切，如《從軍行七首》之七：「玉門山嶂幾千重，山北山南總是峰。人依遠戍須看火，馬踏深山不見蹤。」（卷一四三）寫邊地風物，不親歷其境，只憑空想像，是決寫不出來的。這就有個他是否去過邊塞的問題；如果去過，在什麼時候。現在一些研究者似乎傾向於王昌齡是到過邊塞的，但邊塞之行的具體行蹤，在哪幾年，則大都略而不談。這裡有史料不足的困難。我們現在擬從王昌齡的幾首詩作一些具體考察，希望能在這方面有所進展。

《旅望》（卷一四三。《全唐詩》於題下注一作出塞行，並有文字校注）

白花（一作草）原頭（一作上）望京師，黃河水流無盡時。窮秋曠野行人絕，馬首東來知是誰。

《全唐詩》校「花」一作「草」，作「草」是對的。白草原實有其地，它就在今甘肅與寧夏之間。該處有大小二白草原，小白草原在寧夏會寧西三二〇里，大白草原則在會寧東北。黃河在會寧北二七〇里。這大小白草原北臨黃河，西接甘肅靖遠，東連屈吳山，地「平曠肥饒多白草」。⑤由於靖遠距河僅一里，而白草原又靠河，詩人是不難在這一帶的高處望見黃河的。據《漢書》顏師古注和清人徐松補注，白草在春發時與諸草無異，但在成熟時則呈白色⑥。《旅望》這首詩好似我們考察王昌齡邊塞之行的坐標，由此我們可以確切知道詩人在某一年的秋天經過現在甘肅靖遠附近的白草原，行蹤是由西向東（「馬首東來知是誰」）。

其次是《從軍行二首》之一（卷一四〇）：

向夕臨大荒，朔風軫歸慮。平沙萬里餘，飛鳥宿何處。虜騎獵長原，翩翩傍河去。邊聲搖白草，海氣生黃霧。……

這首詩與上述《旅望》當作於同時同地。「向夕臨大荒」的大荒，既指大小白草原，又指靖遠黃河以北的騰格里大沙漠，一望無垠，因此說「平沙萬里餘」。朔風、白草、邊聲、海氣、黃霧，把景物寫得非常切實。胡人行獵，傍河而去，當然是黃河，翩翩寫其自得之狀，而「歸慮」、「飛鳥」則襯托出詩人的思鄉懷遠之情。從上述二詩，我們可推測王氏的路線當是自靖遠東行，沿黃河南岸過白草原，又沿清水河經蕭關到固原。

蕭關在固原北，唐在開元中曾在其北置白草軍。《新唐書》卷三十七《地理志》蕭關下謂「白草軍在蔚茹水之西，至德後沒吐番」，可見與吐蕃鄰近，為軍事要塞（又可參陶翰《出蕭關懷古》：「驅馬擊長劍，行旅至蕭邊。……北虜三十萬，此中常控弦。」（見《文苑英華》卷三〇八）。王昌齡《塞下曲四首》之一（卷一四〇）：

蟬鳴空桑林，八月蕭關道。出塞復入塞，處處黃蘆草。從來幽并客，皆共沙塵老。莫學游俠兒，矜夸紫騮好。

地點明確指明是蕭關路上，過關便即入塞。故以「塞下行」命名。蟬鳴空林，黃蘆滿目，一片邊塞殘秋景象。黃蘆草狀在「蘆茅淡竹之間，深廣三尺，色黃，與芨芨草相什，數十里灘中一望皆是」。⑦從固原繼續南行便是六盤山區。這一段旅途可以在《山行入涇州》（卷一四一）詩中看出：

倦此山路長，停驂問賓御。林巒信回惑，白日落何處。陟倚望長風，滔滔引歸慮。微雨隨雲收，濛濛傍山去。西臨有邊邑，北走盡亭戍。涇水橫白煙，州城隱寒樹，所嗟異風俗，已自少情趣。

……

所謂「山路長」指的可能是固原南邊過和尙鋪的六盤山道路。「寒樹」即點明殘秋。「歸慮」者說明作者是從塞外歸來。既然是「山行入涇州」，是由高而下，而且距州城還有一段道路，所以涇水和州城都在微雨初收、煙霧迷蒙之中。而回顧來路，自然會發出「西臨有邊塞，北走盡亭戍」的行旅艱苦的感嘆，不身歷其境，是寫不出來的。

從六盤山東麓，詩人可能東到今天的平涼城，至四十里鋪南折，經安口鎮到隴縣，然後順幹河南下到官道，經鳳翔、岐山一帶到扶風。我們從這條路線來考察，那末他的《代扶風主人答》（卷一四〇）正好爲歸塞之行作一總結，並且由這首詩我們可以進而確定他這次邊塞之行的時間。這首詩比較重要，今將全詩抄錄於下：

殺氣凝不流，風悲日彩寒。浮埃起四遠，游子彌不歡。依然宿扶風，沽酒聊自寬。寸心亦未理，長鋏誰能彈。主人就我飲，對我還慨嘆。便泣數行淚，因歌行路難。十五役邊地，三回討樓蘭。連年不解甲，積日無所餐。將軍降匈奴，國使沒桑乾。去時三十萬，獨自還長安。不信沙場苦，君看刀箭瘢。鄉親悉零落，冢墓亦摧殘。仰攀青松枝，慟絕傷心肝。禽獸悲不去，路傍誰忍看。幸逢休明代，寰宇靜波瀾。老馬思伏櫪，長鳴力已殫。少年與運會，何事發悲端。天子初封禪，賢良刷羽翰。三邊悉如此，否泰亦須觀。

這篇帶有自敘性的詩簡直就是西北邊地上的一幕短劇，富有生活氣息。時間是殘秋或初冬，與以上諸詩時令銜接。作者自稱游子，當是從塞外歸來，而且似乎是未有所獲，頗爲不歡，這與《旅望》、《

山行入涇州》等情調亦相一致。酒店主人也是久經戰爭之苦的，他的自述對於了解唐代邊塞戰爭帶給普通人民的苦難很有認識價值。值得注意的是最後幾句話，說現在邊地無戰爭，從軍無出路，而天子又剛好在做封禪的大事，你這個年輕人爲什麼不振作精神，戮力攻文，來求得功名呢？考諸唐史，終玄宗開元之世，僅有開元十三年（七二五）十一月封禪泰山一事，玄宗並於同年十二月返至東都洛陽。這是當時的一件大事，也是唐玄宗顯示國力的盛世之舉，——在此前幾年突厥請和，契丹被敗，吐蕃被退，唐帝國正如日麗中天，四境無事。由此我們可以確定《代扶風主人答》當作於開元十四年（七二六）的秋冬。也就是說，開元十四年，王昌齡從西北塞外歸來，走的是黃河南岸由甘肅靖遠一帶，經白草原，經蕭關，到涇州，再順幹河到隴縣，及至扶風。一過扶風，就是直奔長安的大道了。既然路線和方位都已明確，那末王氏在進入白草原以前一定會在其以西的地區活動過。這地區當包括河西走廊。《代扶風主人答》中的「依然宿扶風」可見他兩度住宿該店，故與店主人有舊。揆情按理而推，第一次住宿是他經扶風出塞路上，第二次是入塞回長安經扶風路上。從上面所舉的詩看來，他入塞走的似是從來沒有走過的路即北路，那末他出塞走的就很有可能是南路。如果這一想法可以成立的話，他的《望臨洮》和「昔日長城戰，咸言意氣高，黃塵足今古，白骨沒蓬蒿」這些詩句也在地理和王氏活動範圍上有了關連。進一步，我們就不禁想起「青海長雲暗雪山」、「大漠風塵日色昏」、「烽火城西百尺樓」和「琵琶起舞換新聲」這些反映河西走廊風光的名篇佳句了。這些作品，正如我們已經說過的，詩人如果沒有親歷其境，是不可能寫得如此佳妙天成的。王昌齡的這次邊塞之行，在仕途上沒有什麼進展，但在創作上卻是碩果累累，這也是盛唐詩國的一次豐收！

如上所述，我們已經知道了他歸來的時間，即開元十四年秋，那末他是何時出塞的呢？從可考知其行跡的詩篇中，都寫的是秋日。限於史料，我們還不能作出確定的答復，很可能他是開元十四年上半年出塞，因無所成而於當年返回，也可能是上一年出去，這就只好闕疑了。好在我們弄明白了他的歸程，就不難打開對他西北之行進行通盤考察的通道。

三

這一節擬記述他初入仕途與第一次貶謫。王昌齡於開元十五年（七二七）進士及第，這是確定了的，有史料可證（如顧況《監察御史儲公集序》、《唐才子傳》），研究者也無歧異，問題在於及第後是否授官，授何官職。

先從材料分析入手。《舊唐書》本傳說：「進士登第，補秘書省校書郎，又以博學宏詞登科，再遷汜水縣尉。」《新唐書》本傳說：「第進士，補秘書郎，又中宏詞，遷汜水尉。」《唐才子傳》卷一則謂「開元十五年李嶷榜進士，授汜水尉，又中宏辭，遷校書郎」。徐松《登科記考》卷七於開元十五年下載其進士及第，又於開元十九年下據《唐才子傳》載他中博學宏詞科，又於開元二十二年載再中博學宏詞。以上所記互相之間都有一些差異。

《新唐書》所謂秘書郎應作校書郎，《唐才子傳》所謂進士登第後即授汜水尉，也不確。這在我過去的著作中已有論證。問題是，他在進士及第後授校書郎幾乎是一致肯定的，我認為，正是這一點，有重新考慮的必要。

他有《放歌行》詩（卷一四〇）：

南渡洛陽津，西望十二樓。明堂坐天子，月朔朝諸侯。清樂動千門，皇風被九州。慶雲從東南，泱漭抱日流。升平貴論道，文墨將何求。有詔徵草澤，微誠將獻謀。冠冕如星羅，拜揖曹與周。望塵非吾事，入賦且遲留。幸蒙國士識，因脫負薪裘。今者放歌行，以慰梁甫愁。但營數斗祿，奉養每事羞。若得金膏遂，飛雲亦可儔。

詩是寫皇帝在洛陽，徵詔草澤之士，而作者想脫去負薪之裘，將去應試，希望能夠中選，一則可以奉養家中老小，二則從此可以有升遷的機會。考諸史籍，開元十年至二十九年間，玄宗居於洛陽，並下詔試草澤之士者，只有開元十五年一次。開元十三年十二月，玄宗自泰山封禪回至洛陽，十五年閏九月始返長安。《舊唐書》本紀，十五年正月「戊寅，制草澤有文武高才，令詣闕自舉」。徐松《登科記考》卷七開元十五年下引《冊府元龜》，謂是年九月庚辰，「帝御洛城南門，親試沈淪草澤，詣闕自舉文武人等」。則玄宗是九月親試這些自舉者，第二月返長安。這也是制科舉，但據記載沒有王昌齡名。

由此我們可以推論，王昌齡於這一年春應進士試及第，但大約吏部銓試沒有通過，未有官職，因此遂於本年又應詔試「高才沈淪、草澤自舉科」（科名參見《登科記考》，此科中者有鄭景山、樊詠、王縉）。顯然，如果本年進士試後即已授秘書省校書郎，王昌齡就不能再以草澤之士的身份應這次詔試。《放歌行》中也明白說到，希望因此而「脫負薪裘」。脫負薪裘，也就是釋褐入仕的意思。

那末是否第二年或第三年入秘書省校書郎呢？也不是。這裡仍以他本人的詩作證。《鄭縣宿陶大公館中贈馮六元二》（按詩題中「大」，《全唐詩》卷一四〇作「太」，此據四部叢刊本影印明刊本《河岳英靈集》）說：「儒有輕王侯，脫略當世務。本家藍田下，非爲魚弋故。無才困躬耕，且欲馳永路。幽居與君近，出谷同所騖。昨日辭石門，五年變秋露。雲龍未相感，干謁亦已累。子爲黃綬羈，余忝蓬山顧。」……鄭縣屬華州，即今陝西省華縣，華山在其附近，因此詩中說「京門望西岳，百里見郊樹」。可以注意的是，詩中說自己與陶大居處鄰近，彼此都曾因「無才困躬耕」，自從辭別舊居，五年過去了，雖也數次求進（干謁），但終未得機遇（「雲龍未相感」），現在你已得縣丞（或縣尉），我也總算在秘書省做事。這就是說，在任校書郎前的五年中，王昌齡一直未有官職。我們從開元十五年算起，至開元十九年，剛好五年。因此可以認爲，他之得秘書省校書郎之職，是在開元十九年博學宏詞試的那一年。兩《唐書》說他進士及第，後授校書郎，應重新考慮。

當然，這裡還有一個問題，即孟浩然有一首《初出關旅亭夜坐懷王大校書》詩，是孟浩然離開長安，經潼關，懷念與王昌齡的交友，詩歌稱「王大校書」，詩中有「永懷蓬閣友」之句。過去一般認爲是孟浩然開元十六年入京，因求仕不成，第二年離京時所作。但據近年來的研究，孟浩然有兩次入京，第二次是開元二十一年，而這首詩正是第二次入長安後離去所作。⑧王昌齡又有《夏月花萼樓酺宴應制》（卷一四二），是玄宗在花萼樓酺宴群臣，王昌齡應制作詩，詩末有「愚臣忝書賦，歌詠頌絲桐」之句，可見已在朝中任職。查開元二十年十月至十一月玄宗曾幸河東，「祀后土於睢上」，昌齡詩中有「汾陰備冬禮」即指此。又《全唐詩》卷三載玄宗《首夏花萼樓觀群臣宴寧王山亭回樓下又申之以賞樂賦詩》，小序中提到「前月之晦，細風飄雨」，「今年帶閏，節候全晚」，詩中首二句又謂「今年通閏月，入夏展春輝」。開元二十一年爲閏三月。詩題云首夏，當爲四月作。玄宗與王昌齡詩都爲五言八韻。由此可知王昌齡於開元二十一年四月亦在校書郎職上。這就是說，我們還沒有發現可以確定爲開元十九年前王昌齡已任校書郎職務的詩。那末《登科記考》定王昌齡爲開元十九年中博學宏詞科，還是可信的，我們則再補充爲：中博學宏詞後始任秘書省校書郎。

應制詩只是應奉公事，他任校書郎似並不得意。《風涼原上作》（卷一四一）是他出游藍田時所作，詩的最後六句是：「海內方晏然，廟堂有奇策。時貞守全運，罷去游說客。余忝蘭台人，幽尋免貽責。」說四海清平，無所進言，這是反言正說，實際上是像他這樣抱有奇策的人得不到進用，只好出來尋幽探勝，以免因多說話而受到譴責。同時期所作有《灞上閑居》（卷一四一），首二句說「鴻都有歸客，偃臥滋陽村」。鴻都用《漢書・儒林傳》的典，借漢時藏書之所喻唐的秘書省。詩中寫自己落寞的心境：「軒冕無枉顧，清川照我門。空林網夕陽，寒鳥赴荒園。」於是寄托府前的孤鶴，致意於古時處於貧賤而不遇的賢人顏淵與原憲：「府前有孤鶴，欲啄常翩翻。爲我銜素書，弔彼顏與原。」

就這樣，他遂於開元二十二年又應博學宏詞試，試後授汜水尉職。唐人博學宏詞是可以再試的。

王昌齡於開元二十二年中博學宏詞，見《登科記考》卷八引《直齋書錄解題》，並有《文苑英華》卷六十九載王昌齡、李璩、楊諫、韓液等《公孫弘開東閣賦》為證，是可以確定的。他於博學宏詞試後任汜水尉，也見於兩《唐書》本傳，說是「遷」汜水尉。按汜水本屬鄭州，高宗顯慶二年（六五七），以洛陽為東都，汜水改屬河南府，為畿縣，會昌三年（八四三）才又改屬孟州。⑨據唐代官階，秘書省校書郎為正九品上，畿縣尉為正九品下。但校書郎為閑職，畿縣官有實權，且易得到升遷，外官俸亦高。唐人由校書郎調遷為畿縣或近京諸州縣尉的多有，如獨孤及《檢校尚書吏部員外郎趙郡李公中集序》（《全唐文》卷三八八），記李華於天寶二年舉博學宏詞為科首，由南和尉為秘書省校書郎，八年，又改為伊闕尉；又如《舊唐書·房琯傳》記房琯於開元十二年因獻文得授秘書省校書郎，後「調補同州馮翊尉」，都算是擢遷。

但今存王昌齡詩明確作於汜水尉任上的，未見。⑩李華《揚州龍興寺經律和尚碑》（《全唐文》卷三二〇）記揚州龍興寺住持僧懷仁卒於天寶十載（七五一）。懷仁是名僧，李華文中記道：「朝廷之士，銜命往復，路出維揚，終歲百數，不踐門閾，以為大羞。」就是說，朝廷中官員，每年因公奉使路經揚州的不下百人，如果不登龍興寺拜謁懷仁，將「以為大羞」。李華文中列名的有「太子太保陸象先，吏部尚書畢構，少府監陸餘慶，吏部尚書崔日用，秘書監賀知章，禮部尚書裴寬，中書侍郎嚴挺之，河南尹崔希逸，太尉房琯，中書侍郎平章事崔渙，禮部尚書李澄，詞人汜水尉王昌齡等，所共瞻奉，願同洒掃。」這當是李華據寺院當時的記錄而載入碑文的，李華寫時有些是終官或贈官，⑪

王昌齡官職不高，但以文辭著名，可能即以當時實錄而稱呼之，前面並加「詞人」二字以示區別。由此可以推知王昌齡在汜水尉期間或曾因公事出使，路經揚州，具體情況則不詳。

不久，就發生了貶謫的事。王昌齡有《見譴至伊水》詩，見日本僧人空海《文鏡秘府論》地卷「十七勢」，存二句：「得罪由己招，本性易然諾。」空海於中唐時來唐游學，返國時攜帶漢籍多種，其中就有王昌齡的集子（空海《性靈集》卷四《獻雜文表》，見日本昭和四十年九月一日增補三版《弘法大師全集》第三輯）。《文鏡秘府論》引王昌齡詩均可信。另外，《全唐詩》卷一四〇載王昌齡《留別伊闕張少府郭大都尉》詩：「遷客就一醉，主人空金罍。江湖青山底，欲去仍裴回。郭侯未相識，策馬伊川來。……孟陽蓬山舊，仙館留清才。日晚勸趣別，風長雲遂開。幸隨板輿遠，負譴何憂哉。唯有仗忠信，音書報雲雷。」這是說行至洛陽南的伊闕，張、郭二人相送，張又是過去秘書省的同僚。由此我們可以得知他這次貶責的路線是由汜水至洛陽，再由洛陽南下。今天我們從《河岳英靈集》宋本的王昌齡評語中，知道他有兩次貶責，第二次貶責是由江寧（今江蘇省南京市）丞貶龍標尉，走的是長江水路，這次由洛陽南下，當是由汜水尉而貶。這在王昌齡的研究中一般都無歧說，問題在於他由汜水尉而貶是在何時。

孟浩然有《送王昌齡之嶺南》詩（《全唐詩》卷一六〇）：「洞庭去遠近，楓葉早驚秋。峴首羊公愛，長沙賈誼愁。土風無縞紵，鄉味有查頭。已抱沉痾疾，更貽魅魎憂。數年同筆硯，茲夕異衾裯。意氣今何在，相思望斗牛。」這是王昌齡動身去嶺南時孟浩然送行的詩，因此過去一般都即把王昌齡第一次貶謫的時間定於開元二十七年。但研究者大多忽略「數年同筆硯，茲夕異衾裯」二句。我們在上面已提到王昌齡在京任校書郎時，孟浩然曾與之交游，但爲時甚短，恐怕不到一年，不能說「數年同筆硯」的。以後二人也並無在一起的機會。因此我們想，王昌齡在去嶺南前，與孟浩然在江陵、襄陽一帶相與盤桓當有數年之久。不過，他始貶是在何年呢？

有一首詩過去沒有引起注意，就是他的《送李十五》：「怨別秦楚深，江中秋雲起。天長杳無隔，月影在寒水。」此詩載《全唐詩》卷一四三，而《文鏡秘府論》卷一地卷「十七勢」也載，題作《送李邕之秦》。據《新唐書》卷二〇二《文藝傳》，李邕於開元中因事貶遵化尉，「後從中人楊思勗討嶺南賊有功，徙澧州司馬。開元二十三年起爲括州刺史」。澧州州治澧陽，在今湖南省澧縣，即洞庭湖西，江陵之南。「怨別秦楚深」，指李邕由澧州司馬改官，奉調入京，而王昌齡則於楚地（可能就在江陵一帶）與他話別。「江中秋雲起」，當指長江。由此，則開元二十三年詩人已在今湖北一帶。王昌齡《次汝中寄河南陳贊府》（卷一四〇）謂「遙見入楚雲，……不謂遠離別」，又說「京邑多歡娛，衡湘暫沿越」，他計劃是由洛陽南下，經衡湘的路線。前述《留別伊闕張少府郭都尉》詩說到「幸隨板輿遠，負譴何憂哉」，則他是奉其母南行的。此次貶謫當即在開元二十三年，而行至今湖北一帶，卻由於某種原因，停了下來。他曾說這次貶官是由於「易然諾」，可能說話不小心，與政治關係不大，因此到了江陵一帶，受孟浩然的邀約，住了下來。後來張九齡任荊州長史（開元二十五年），孟浩然入張九齡幕，則王昌齡可能又受到張九齡的庇護，就一住數年。從現存詩篇中，可以看出這幾年他送人的詩有相當數量，如《送胡大》、《送譚八之桂林》、《寄穆侍御出幽州》、《送竇七》、《送萬大歸長沙》、《送姚司法歸吳》，以及送大詩人李白的《巴陵送李十二》。這些詩篇雖也有惆悵，但並不低沉，可能與孟浩然、張九齡的交游有關。顯然，如果這次貶謫只是匆匆路過，不可能有這些數量的送行之作。

張九齡在外出任荊州刺史時，制詞中即有「慕近小人，虧於大德」的話（見四部叢刊《曲江張先生文集》附錄誥命），這當然是李林甫等人對張九齡舉賢選能用人政策的誣陷。張、李的矛盾逐漸發展，王昌齡以原來的負讉之官，現在又與張九齡接近，且可能也在張的幕下，當然會引起朝中的注意，於是就在開元二十七年重又貶謫，其間當有政治鬥爭的影子。這一點，在王昌齡的《奉贈張九齡》（卷一四一）詩中可以看得很明顯：「祝融之峰紫雲銜，翠如何其雪嶄岩。邑西有路緣石壁，我欲從之臥穹嵌。魚有心兮脫網罟，江無人兮鳴楓杉。王君飛鳥仍未去，蘇耽宅中意遙緘。」言詞閃爍，欲說還休，似有諸多顧忌。這與孟浩然送他詩中把他比之於流放到長沙的賈誼，情調是一致的。

他在湖北這幾年的生活，以及與孟浩然的過從，與盛唐另一詩人常建的交游，我們準備另外討論。根據研究者已取得的一致意見，知道他於開元二十八年即又北返，途經襄陽，再與孟浩然會晤，相得甚歡，不幸孟浩然「食鮮疾動」而卒（見王士源《孟浩然集序》），這些就不再詳述。

四

現在我們可以進一步來討論王昌齡生平行跡中最後一個需要解決的大問題。

王昌齡於開元末、天寶初任江寧丞，他的第二次貶謫是由江寧前往龍標，這在過去的研究中都已取得一致的意見，可以不論。問題是他這次貶謫究竟是何原因，又在何年，唐詩學界則一直對此未有確定的看法。

王昌齡在江寧丞期間並不得意，他感到「縣職如長纓，終日檢我身」，又說「出處兩不合，忠貞何由伸」（《送韋十二兵曹》，卷一四〇），認爲縣丞之職未能伸其懷抱。他於天寶時有長安之行。他在長安，可以確定時間的有李白《同王昌齡送族弟襄歸桂陽》（王琦注《李太白全集》卷十七），其中有「秦地見碧草，楚謠對清樽」、「予欲羅浮隱，憂懷明主恩」句，是李白在長安對玄宗已經失望但還未離去時作。根據現在李白研究的成果，李白第二次入長安是天寶初年，三載春離開。這首詩當作於天寶三載春。另外，王維有《青龍寺曇壁上人兄院集》，說「時江寧大兄持片石命維序之」，同咏者有王昌齡、王縉、裴迪。時節當在夏日。由此可知王昌齡在天寶三載春夏間已在長安。值得注意的是王昌齡《宿灞上寄侍御璵弟》詩（卷一四〇）。這首詩以前曾認爲是開元末昌齡赴江寧丞時作，現在看來是不對的。此詩對於了解詩人後期思想非常重要，又似與第二次貶謫有一定關係，因此特提出來討論。王璵因投合唐玄宗尊崇神仙、迷信道家之所好，於開元二十五年爲侍御史、領祠祭使（《資治通鑑》卷二一四）。《舊唐書》卷一三〇《王璵傳》也說：「開元末，玄宗方尊道術，靡神不宗。

琠抗疏引古今祀典，請置春壇，祀青帝於國東郊，玄宗甚然之，因遷太常博士、侍御史，充祠祭使。」王昌齡詩說：「孟冬鑾輿出，陽谷群臣會。半夜馳道喧，五侯擁軒蓋。是時燕齊客，獻術蓬瀛內。甚悅我皇心，得與王母對。」開元末、天寶初的數年間玄宗差不多每年十月都去驪山溫泉宮，「孟冬鑾輿出」二句所寫即指此。各地方大獻神仙之術，史書記載甚多。王昌齡對宮廷的這種情況是不滿的，因此雖然委婉卻仍是語含譏刺地談到了這一點。但是使他不滿的，也是此詩的主旨，是邊事：「昨聞羽書飛，兵氣連朔塞。諸將多失律，廟堂始追悔。」這幾句實有所指。開元末、天寶初，唐軍與吐蕃作戰，已累有失利。早幾年，如開元二十九年十二月，吐蕃攻陷廓州達化縣及振武軍石堡城，節度使蓋嘉運不能守。天寶四載九月，「隴右節度使皇甫惟明與吐蕃戰於石堡城，官軍不利，副將褚直廉死之」（《舊唐書·玄宗紀》）。這是唐朝廷一次較大的軍事失敗，爲此皇甫惟明於第二年正月被貶爲播州太守，不久又處死於黔中。我們認爲，王昌齡詩「昨聞」四句即指此事而言，也就是該年孟冬（十月）。詩人說自己不過是東南的一個小官（「佐邑由東南，豈不知進退」），但自感「良馬足尙蹴，寶刀光未淬」，「不應百尺松，空老鍾山靄」，在國家有事之秋，應不計個人的安危得失，慷慨陳言：「安能召書生，願得論要害。戎夷非草木，侵逐使狼狽。雖有屠城功，亦有降虜輩。兵糧如山積，恩澤如雨霈。羸卒不可興，磧地無足愛。若用匹夫策，坐令軍圍潰。不費黃金資，寧求白璧賚。」他早年到過邊塞，有過實際感受。他是不主張單純以戰爭來解決問題的（所謂「雖有屠城功」），而主張積極的睦邊政策。而這正好與朝中決策者意見相左。王昌齡自己也感到這一點。詩中說「公論日夕阻，朝廷蹉跎會」。他大約已經意識到進言之無用，因此赴江寧臨行前向這位正受到信用的族弟說出這番慷慨之詞（「離言深慷慨」）。不過，據此詩和李白的詩，則昌齡在長安停留有兩年之久，他因何來京，又何能離開職守可達如此之久，可惜限於史料，還未能作出確切的解釋。我們僅將這個問題提出。不過我們知道，他一直關注於西北邊事，而且頗以自己在這方面的抱負自許，因此即使後來在湘西貶所，他還唱道：「僕本東山爲國憂，明光殿前論九疇。粗讀兵書盡冥搜，爲君掌上施權謀，洞曉山川無支儔。……何用班超定遠侯，史臣書之得已不。」（《箜篌引》，卷一四一）從這裡，我們推想，他之所以不幾年即由江寧丞遠貶龍標，當是與生性亢直，直陳政事有關，因此殷璠在《河岳英靈集》中說他「晚節不矜細行，謗議沸騰」。殷璠把對他的指責歸之於「謗議」，同情之心是很明顯的，可能作爲同時人，處於同樣的政治環境，殷璠充分了解這一點。

那末王昌齡又何時被貶呢？此事一直得不到確解。這裡想提出一個看法。昌齡有《別陶副使歸南海》詩（卷一四三），說「南越歸人夢海樓，廣陵新月海亭秋」。地點在廣陵（今揚州），當是在江寧時作。南海指嶺南節度使治地（今廣州）。又有《寄陶副使》（同上）：「聞道將軍破海門，如何遠謫渡湘沅。春來明主封西岳，自有還君紫綬恩。」這當是同一個陶副使。破海門，可能是指天寶三載二月朝廷命河南尹裴敦復、晉陵太守劉同升、南海郡太守劉巨鱗破「海賊」吳令光事。而天寶八載五月戊子，「南海太守劉巨鱗坐贓決死之」。（《舊唐書》本紀）身爲副使的陶某即可能因此受到牽累。《舊唐書》本紀又載天寶九載正月，「庚戌，群臣請封西岳，從之」，而同年九月，又因久旱，停封西岳。從這些文獻記載看來，則這首詩當作於天寶九載春，這與陶副使因涉及劉巨鱗事而被貶，在時間上也是銜接的。從「如何遠謫渡湘沅」句看來，王昌齡應還在江寧，未在龍標。那末他自己的被貶，當在這一年或下一年秋，再晚恐怕也不大可能了。這一時間的確定，也可因而解決李白的《聞王昌齡左遷龍標遙有此寄》這首名作的繫年問題。也就是說，李白的這首詩，當作於天寶十載或十一載春。

上面僅就王昌齡事跡中較爲重要，而過去的研究又不大充分，或多有歧說的地方，根據現在掌握的材料以及對材料的分析，作若干探索。他的事跡中還有一些值得研究的，如常建招王昌齡在鄂渚隱居在何時（《鄂渚招王昌齡張僨》），在湖北與孟浩然的過從；他第二次貶謫時從江寧至龍標，應一開始就溯江而上，爲什麼先特地跑到宣城、南陵去彎一彎（《至南陵答皇甫岳》）；以及他到龍標後的一些創作及其所表現的思想，他的另外一些邊塞詩的繫年問題，相傳他的《詩格》的眞僞問題，等等，限於篇幅，只好在以後討論。不過，如果本文所描繪的輪廓能成立的話，我們相信，王昌齡詩歌的大部份將可以得到它們應有的坐標，這對於了解詩人的整個創作活動將是有益的。

一九八七年十一月

【附註】：

①《琉璃堂墨客圖》殘本存於明抄本《吟窗雜錄》中。關於此書，見卞孝萓《〈琉璃堂墨客圖〉殘本考釋》，載《古籍整理與研究》一九八七年第一期。

②據李雲逸《王昌齡詩注》，上海古籍出版社，一九八四年。
③李國勝《王昌齡詩校注》，台灣文史哲出版社，一九七三年。
④譚優學《唐代詩人行年考》，四川人民出版社，一九八二年。
⑤清乾隆時纂修《甘肅通志》卷五。
⑥《漢書》卷九十六。
⑦參劉滿《白草考》（載蘭州大學出版社《唐代文學叢談》）。
⑧參見陳鐵民《關於孟浩然生平事跡的幾個問題》，載《文史》第十五輯。
⑨《元和群縣圖志》卷五河南府二，及兩《唐書·地理志》河南府。
⑩李雲逸《王昌齡詩注》以《緱氏尉沈興宗置酒南溪留贈》、《趙十四兄見訪》爲汜水尉時作，但證據也並不充足，在疑似之間。
⑪如房琯稱太尉，則是琯於代宗廣德元年（七六三）八月卒後所贈，見《舊唐書》卷一一一《房琯傳》。

談王昌齡的《詩格》

王昌齡有沒有作過《詩格》？現在傳存的署名爲他所作的《詩格》一卷、《詩中密旨》一卷，眞僞如何？這些，似乎一直是個疑案。寫文學史的人，好像爲了愼重，都不願意正面接觸這個問題。王昌齡是盛唐時代的一位大詩人，他的七絕歷來是與李白並提的，在中晚唐時已經有了「詩天子」的稱號（見《吟窗雜錄》所引唐《琉璃堂墨客圖》殘本）。按照南宋人嚴羽的觀點，他的詩眞可以算作是透徹玲瓏，無跡可求，言有盡而意無窮的了（《滄浪詩話》）。與他的詩相比較，那種瑣細地談詩之什麼格、什麼式的東西，如果也歸於這位大詩人身上，似乎對他的詩名是一種玷污。最有代表性的論點，是清朝官修的《四庫總目提要》，其書卷一九五集部詩文評類司空圖《詩品》提要謂：「唐人詩格傳於世者，王昌齡、杜甫、賈島諸書，率皆依托，即皎然《杼山詩式》，亦在疑似之間，惟此一編，眞出圖手。」又卷一九七集部詩文評類存目《吟窗雜錄》提要謂：「前列諸家詩話，惟鍾嶸《詩品》爲有據，而刪削失眞，其餘如李嶠、王昌齡、皎然、賈島、齊己、白居易、李商隱之書，率出依托，鄙倍如出一手。」《提要》的作者先有一個觀念，就是這些書「鄙倍」，正如北宋後期范溫評白居易《

金針詩格》時所說的：「世俗所謂樂天《金針集》，殊鄙淺。」（胡仔《苕溪漁隱叢話》前集卷八引《詩眼》）他們都以談詩的著作一定得「雅」來貶稱這些書爲「鄙」，又從而認爲它們必非出於名家之手。這完全是一種主觀的、虛構的評論，是不以實際的客觀材料爲依據的。但可惜，這樣一種觀點卻很有影響，我們現在的一些文學史著作還不敢承認王昌齡《詩格》的存在，並且對唐五代一批有相當數量，且在實際生活中發生過作用的談詩歌格律、體式等詩學著作，有意無意加以輕視，未始不與此有關。

現在，讓我們從分析材料著手，對於這個問題「結」一個「帳」，不要再使它像過去那樣模糊不清地拖延下去了。

公私目錄書最早著錄王昌齡著有《詩格》的，是《新唐書·藝文志》，它在集部文史類裡記載爲二卷。這就是說，《新唐書》的作者在北宋前期是看到過一部兩卷的書，題名爲《詩格》，作者是王昌齡。稍後的《崇文總目》記載相同。到了南宋，兩大私人藏書家，晁公武《郡齋讀書志》沒有著錄，陳振孫《直齋書錄解題》卷二十二文史類記載有《詩格》一卷，《詩中密旨》一卷，說是王昌齡作。這也就是說，陳振孫是看到過這兩卷書的，而且作者署名爲王昌齡，雖然《詩格》已較《新唐書·藝文志》少了一卷，而另外多出了一卷《詩中密旨》，但人們仍可理解爲這《詩中密旨》或許就是《詩格》之一，加起來仍是二卷，與《新唐書·藝文志》相符。那麼，陳振孫有否根據呢？有，這就是在他稍前的《吟窗雜錄》。

現在所見《吟窗雜錄》最早本子，是明嘉靖時刻的五十卷本，其卷四後半爲《詩格》前一部分，卷五爲《詩格》後一部份，卷六爲《詩中密旨》，都署名爲王昌齡撰。《吟窗雜錄》的編撰者與成書過程比較複雜，這裡不擬詳述，我們希望另有機會加以討論。簡單地說，見於《直齋書錄解題》（卷二十二）的，書名作《吟窗雜錄》，三十卷，題浦田蔡傳撰，蔡傳是北宋著名書法家蔡襄（君謨）之孫。陳振孫說此書「取諸家詩格詩評之類集成之」。但這三十卷本《雜錄》未見傳世，後世看到的是《吟窗雜錄》五十卷，題爲「狀元陳應行編」，而書名又叫《陳學士吟窗雜錄》。另外，南宋魏慶之《詩人玉屑》卷五於「十難」條下注：「下四條並陳永康《吟窗雜錄》序」。這所謂序，即今存嘉靖刊本卷首題浩然子的一篇序，中云：「余於暇日，編集魏文帝以來至於渡江之前，凡詩人作爲格式綱領以淑諸人者，上下數千載間，所類者，親手校正，聚爲五十卷，臚分鱗次，具有條理，目曰吟窗雜錄。」則今本的《吟窗雜錄》，應包括蔡傳的原著，以及陳永康（字應行，號浩然子）所增編的部份。所謂「魏文帝以來……凡詩人作爲格式綱領」，按其卷次，爲：《魏文帝詩格》（卷一），鍾嶸《詩品》（卷二），賈島《二南密旨》（卷三），白樂天《文苑詩格》，王昌齡《詩格》（卷四、卷五），王昌齡《詩中密旨》、李嶠《評詩格》（卷六），僧皎然《詩議、中序》（卷七），以下列晚唐五代及北宋初諸書，與本文無關，茲不錄。序說這都是渡江以前流傳於世的，而蔡傳也正是北宋中後期的人，《直齋書錄解題》已經說此書「取諸家詩格詩評之類集成之」，與今存的目錄相符。因此這部分大約都已爲蔡傳所輯，又爲陳振孫所見，而題爲王昌齡所撰的《詩格》、《詩中密旨》又另有單刻，因此陳振孫即並加著錄。另外，南宋王應麟《玉海》卷五十四曾著錄李淑於北宋仁宗寶元二年（一〇三九）承詔編《詩苑類格》三卷，說是書中輯錄了「沈約而下二十二家詩評」。《詩苑類格》原書亡佚，這所謂沈約而下二十二家詩評是哪些書當然也無從查考，但《詩人玉屑》卷七《屬對》曾引「唐上官儀曰」談詩之「六對」，注明是據《詩苑類格》，而這又見於《吟窗雜錄》之《魏文帝詩格》，及《文鏡秘府論》所引用的上官儀部份。由此推測，則很可能題爲王昌齡作的這兩書也收在《詩苑類格》之內的。總之，現在所見到的《吟窗雜錄》中的《詩格》、《詩中密旨》，至遲在北宋中後期已經如此。

元代辛文房《唐才子傳》卷二王昌齡傳在記述王昌齡詩集五卷後，又說：「又述作詩格律、境思、體例共十四篇，爲《詩格》一卷，又《詩中密旨》一卷。」按辛文房在記詩人著作時，很多僅據一些目錄書著錄，不問元代是否傳存，但此處寫得那麼具體，再核以《詩格》的內容，可以證明辛文房確是看到過原書的。《吟窗雜錄》所載《詩格》，計有：

1.詩有三境　2.詩有三思　3.詩有三不　4.起首入興體十四　5.常用體十四　6.落句體七　7.詩有三宗旨　8.詩有五趣向　9.詩有語勢三　10.勢對例五　11.詩有六式　12.詩有六貴例　13.詩有五用

又《詩中密旨》爲：

1.詩有六病例　2.句有三例　3.詩有二格　4.犯病八格　5.詩有九格　6.詩有三得　7.詩有六義

從這裡可以看出，辛文房的所謂「作詩格律、境思、體例」云云，並非鑿空之論，除「律」字外，其他格、境、思、體、例等字都可在上列條目中見到。如果辛文房沒有見過原書，憑想像是寫不出這幾個字來的；而反過來也證明，元代流傳的《詩格》二書，也正是《吟窗雜錄》所載的樣子。不過《唐子才傳》作「十四篇」，而今存「詩格」只十三條，則或者是辛文房誤記，或者是元時尚有十四條，明嘉靖刻時少刻了一條。

這樣，題爲王昌齡所作的《詩格》與《詩中密旨》各一卷就這樣留傳下來。明代胡文煥刻入《格致叢書》（無《詩中密旨》），清顧龍振刻入《詩學指南》（《指南》本於《詩格》缺「詩有三不」條，當系漏刻）。彼此間文字稍有異同，那是刊刻的原因，不涉及內容編錄的問題。

從上面的簡述中，我們知道，《四庫提要》所譏評爲僞托的，其實在北宋中期已經是這個樣子，也是很早的了，如果再加上《新唐書》的記載，則可以說宋初見到的就是如此，而且很可能這還是五代時傳下來的。那末，這是否就是王昌齡的原作呢？或者說，王昌齡究竟有沒有作過《詩格》一類的書呢？當然，單憑上面的敘述，還不能解答這個問題，因爲從五代上推王昌齡的生活的年代，還有一百年的時間，還是可以有人托名僞作的。

現在我們作進一步的論述。現在舉出兩個佐證材料，一個是中唐時皎然的《詩式》，一個是與皎然同時稍後的日本僧人空海的《文鏡秘府論》。

《詩式》卷二在論謝靈運的「池塘生春草」、「明月照積雪」二句詩時，曾提到王昌齡論詩的兩句話，說：「古今詩中，或一句見意，或多句顯情。王昌齡云，『日出而作，日入而息』，謂一句見意爲上，事殊不爾。」這裡皎然是不同意王昌齡意見的。意見本身的是非暫可不管，而由此可見，皎然明確認爲這話是王昌齡說的。按今存《詩中密旨》的「句有三例」條，有云：「一句見意，『股肱良哉』是也。兩句見意，『關關雎鳩，在河之洲』。四句見意，『青青陵上柏，磊磊澗中石，人生天地間，猶如遠行客』。」這裡沒有說一句見意爲上，但按所舉例子的時代先後，似乎含有此意，不過所舉例子不同，但仍可看出，王昌齡確是說過「一句見意」的話的。另外，《文鏡秘府論》南卷《論文意》中有一段話，說：「自古文章，起於無作，興於自然，感激而成，都無飾煉，發言以當，應物便是。古詩云『日出而作，日入而息，鑿井而飲，耕田而食』，當句皆了也。其次，《尙書》歌曰：『元首明哉，股肱良哉，庶事康哉。』亦句句便了。」據考，《論文意》這部份是王昌齡之文（詳後）。這裡沒有「一句見意」的話，但它是從興於自然談起，其中是包含此意的，而且所引「日出而作」例，也與《詩式》所舉相同，而「股肱良哉」是例則與《密旨》同。皎然是間接引用，則他是見過王昌齡的詩論的。

據《詩式》卷一《中序》，他在貞元初就已寫成《詩式》初稿，貞元五年（七八九）夏五月，李洪來作湖州長史，兩人相得，晤談甚契，李洪勸勉並幫助他完稿，乃成書爲五卷。《全唐文》卷九一七也載有皎然此序，不過作壬申，則爲貞元八年（七九二）。但不論五年或八年，距天寶末的七五六年，不過三十幾年，時間是相當接近的。如果王昌齡根本沒有論詩著作，或身後出於他人僞作，皎然不可能那麼明確提出。《全唐文》同卷並載皎然《答權從事德輿書》，說及他曾與李華、皇甫冉、嚴維等交友，而李華在天寶時就有文名，皇甫冉天寶十五載登第，嚴維也上接天寶，都與王昌齡爲同時。皎然本人當時已頗有詩名，他長期居住江南，對於王昌齡的論詩著作，料想他是不會輕率提到的。

日本僧人空海，法號遍照金剛，卒後封爲弘法大師。他於唐德宗貞元二十年（八〇四）七月來中國，在長安著名的西明寺學佛，於憲宗元和元年（八〇六）八月回國。他攜帶回不少漢籍，後來根據一部份論文的書籍，經過整理、排比，著成《文鏡秘府論》一書，這是日本古代文學方面的經典著作，一直受到日本學術界的重視。對這部書，日本方面產生過不少有分量的研究著作，中國也有相應的研究和校注本。根據已有的研究成果，已可確定《文鏡秘府論》內保存了王昌齡的不少詩論。

空海返國後，曾向日皇呈獻自中國帶回的一部份書籍，並寫有獻納表數篇。其中《書劉希夷集獻納表》（《弘法大師全集》）中說：「王昌齡《詩格》一卷，此是在唐之日於作者邊偶得此書，古詩格等雖有數家，近代才子，切愛此格。」（陸心源《唐文續拾》卷十六也收有此文，題《獻書表》）這裡明確說到王昌齡著有《詩格》，而且說，在唐朝，詩格之書雖有好幾種，但近世的讀書人卻是「切愛」王昌齡的這一種的。所謂近世，則當是大曆、貞元時，也是與皎然同一個時候。皎然在江東作《詩式》引用王昌齡的書，空海在長安得到這部《詩格》，可見已流傳很廣。所異者，空海說是一卷，《新唐書》以後都說是兩卷。不過，唐代的詩文是以抄寫成卷軸行世的，卷次分合沒有一定，上述空海的《獻納表》中曾說到，「《貞元英傑六言詩》三卷，元是一卷，緣書樣大，卷則隨大，今分三卷」，即是如此。

空海帶回去的這部《詩格》，在日本並沒有傳下來，不過他曾將其中部份內容輯入《文鏡秘府論》。空海是爲了幫助本國人學習漢語和漢文學而編寫此書的，正因爲如此，所以書中較多地介紹了有關漢語和漢文學形式方面的材料，如詩歌的聲韻、對仗、辭藻以及寫作技巧等等，重點是南朝至中唐時期的駢儷文學。這樣，《文鏡秘府論》也就保存了中國本土已經失傳的不少文學批評史的重要材料，王昌齡的詩論著作即包括在內。

空海在《文鏡秘府論》的序中說：「沈侯劉善之後，王皎崔元之前，盛談四聲，爭吐病犯，黃卷溢篋，緗帙滿車。」沈侯爲南朝的沈約，倡四聲八病說；劉善是隋朝的劉善經，著有《四聲指歸》；而據學者研究，這裡的王皎崔元即指王昌齡、皎然、崔融、元兢，這已經可成定論。這就是說，中國自沈約、劉善經之後，中唐皎然以前，談論聲韻的書是很多的。序中說，爲了滿足日本學者學習漢文學的要求，「即閱諸家格式等，勘彼異同，卷軸雖多，要樞則少，名異義同，繁穢尤甚。余癖難療，即事刀筆，刹其重複，存其單號，總有一十五種類。」由此可見，空海是把他所帶回的書籍作了一番刪削整理的工作。從書中的內容也可看出，有些是按原來的樣子成篇收入的，如元兢《古今詩人秀句序》、殷璠《河岳英靈集序》以及陸機《文賦》等，但都把作者姓名刪去，加上「或曰」、「又曰」等字；有些則完全按空海的設計框架，加以打散，分類重編。最典型的例子是東卷《論對》的「二十九種對」。他在此前有一說明，說：「余覽沈陸王元等詩格式等，出沒不同。今棄其同者，撰其異者，都有二十九種對，具出如後。……今者開合俱舉，存彼三名。後覽達人，莫嫌繁冗。」所謂「存彼三名」，是這二十九種對中，空海注明第十二至十七對出自元兢《詩髓腦》，第十八至廿五對出自皎然《詩議》，第廿六至廿八對出自崔融《唐朝新定詩體》。而第一至十一對，則說「右十一種對，古人同出斯對」。其實如托名魏文帝《詩格》而實為上官儀《筆札華梁》的六對即全見於這十一種對，《詩人玉屑》所引上官儀《六對》也有五對見於此。這十一對中還包括托名李嶠《評詩格》而實為崔融《新定詩體》其第七賦體對，又與今傳王昌齡《詩格》的「常用體十四」之五「賦體」相近。這就是空海所說的「棄其同者，撰其異者」，這第一至十一對應該也有王昌齡之說，不過因與別人相同，於是空海作了綜合匯編的工作，把各人的名字刪去了。

根據現有的研究成果，成篇收入的，如地卷的《十七勢》，開頭「或曰」二字，日本的古抄本、三寶院本、無點本都作「王氏論文云」；南卷的《論文意》，開頭「或曰」二字，古抄本旁注「王氏論文」。這所謂王氏，即為王昌齡。另外，天卷《調聲》第一段也有「或曰」二字，雖未注明「王氏論文」字樣，但據日本學者研究，也是王昌齡文。這些都已成定論。特別是《十七勢》，大量舉王昌齡自己的詩句作例子，這些詩句好些為《全唐詩》所未收，而又與王昌齡生平相符合。讓我們舉兩個例子：㈠第一「直把入作勢」中引他的《見譴至伊水》詩「得罪由己招，本性易然諾」二句，就與王昌齡第一次貶責的情況與路線相合。按王昌齡於開元後期由秘書省校書郎改授汜水尉，不久即因事被貶（參見另文《王昌齡事跡新探》）。《全唐詩》卷一四〇載他《留別伊闕張少府郭大都尉》詩，中說「遷客就一醉，主人空金罍。」他的路線是由汜水就近至洛陽，再由洛陽南下。而《見譴至伊水》

正可與《全唐詩》所載的這首詩相印證。㈡第七「迷比勢」中引他《送李邕之秦》，《全唐詩》卷一四三載作《送李十五》。詩中有「別怨秦楚深」之句。按《新唐書》卷二〇二《文藝傳》載，李邕於開元中因事貶遵化尉，「後從中人楊思勖討嶺南賊有功，徙澧州司馬。開元二十三年起爲括州刺史。」澧州州治澧陽，在今河南省澧縣，即洞庭湖西，江陵之南。這時王昌齡因貶流滯江陵，李邕由澧州改官赴長安，正好在江陵附近與王昌齡道別，「別怨秦楚深」完全切合二人事跡。岑仲勉先生《唐人行第考》據《全唐詩》所載立李十五條，但說其人未詳，這是岑先生當時還未查考過《文鏡秘府論》，現在即可據以補正。

這就是說，《文鏡秘府論》中成篇收載王昌齡詩論的，就是天卷的《調聲》，地卷的《十七勢》，南卷的《論文意》。它們之間，文意有互見者。如《調聲》中說：「且須識一切題目義。最要令文多用其意，須令左穿右穴，不可拘檢。作語不得辛苦，須整理其道格」（小注：格，意也。意高爲之格高，意下爲之下格）。」《論文意》中則云：「凡作詩之體，意是格，聲是律，意高則格高，聲辨則律清。」又云：「凡作文皆不難，又不辛苦。」「夫作文章，但多立意。令左穿右穴，苦心竭智，必須忘身，不可拘束。」「詩貴銷題目中意盡。」等等，皆與《調聲》相應。《調聲》中又說：「律調其言，言無相妨，以字輕重清濁間之須穩。至如有輕重者，有輕中重，重中輕，當韻即見。……上句平聲，下句上去入；上句上去入，下句平聲；以次平聲，以次又上去入；以次上去入，以次又平聲。如此輪回用之，直至於尾兩頭管。」《論文意》中與此相應的，有云：「夫用字有數般：有輕，有重，有重中輕，有輕中重。……若用重字，即以輕字拂之便快也。」又云：「凡文章不得不對，上句若安重字、雙聲、疊韻，下句亦然。」又如《論文意》中說：「詩有上句言物色，下句更重拂之體。」並舉「夜聞木葉落，疑是洞庭秋」爲例，而地卷《十七勢》之八即名「下句拂上句勢」，所釋文義與例句均相同。《論文意》說「夫詩有生殺回薄，以象四時」，《十七勢》之十四即名爲「生殺回薄勢」。《論文意》說「詩不得一向把」，《十七勢》之十五「理入景勢」中說：「詩不可一向把理，須入景語始清味。」其他類似者還有。有時文字雖有不同，而文意則一。這些說明什麼呢？這說明這幾個篇章雖未標出姓名，但確實出於同一作者。

不過我們要注意它們的斷限，因爲前面說過，空海引錄時是不注明姓名的，有時加「或曰」、「又曰」，有時不加，這就很容易相混。如《論文意》，一開始的「或曰」是王昌齡之文，這沒有問題。這樣，一直到「凡文章體例，不解清濁規矩，造次不得製作」一段，此段之後，又有一個「或曰」起，據研究，便是皎然《詩議》了。這容易明白，但如《調聲》中王昌齡文後列舉幾個人的詩，計有皇甫冉未題詩名的一首五律，錢起《獻歲歸山》，又有未題作者名及詩題的一首五絕，崔曙《試得明堂火珠》，陳閏《罷官後卻還舊居》，張謂《題故人別業》，何遜詩三首，再後又是皇甫冉與錢起的各一首七律。在此之後才是「元氏曰」，即元兢的《詩髓腦》文。過去的研究者一般都純粹從形式著眼，把這幾首詩都列在王昌齡詩論名下。但這幾首詩中，何遜是南朝人，崔曙的這首詩作於開元二十六年應進士試時（據《封氏聞見記》卷四《明堂》及《直齋書錄解題》卷十九），於時間上都沒有問題。

但錢起、皇甫冉、張謂都是大曆時著名詩人，怎麼解釋呢？於是有的研究者說，錢起、皇甫冉都是天寶時登進士第，張謂也是天寶時就有詩作，他們都與王昌齡同時，因此王昌齡可以稱引他們的作品。可是這些研究者沒有具體地考查這幾首詩的寫作時間。皇甫冉那首未載題目的詩，見於《全唐詩》卷二四九，題爲《獨孤中丞筵陪韋使君赴昇州》。這個獨孤中丞，據《嘉泰會稽志》卷二，是繼李希言以後任浙江東道節度使的獨孤峻。《志》中說：「獨孤峻，自陳州刺史授，加御史中丞，召拜金吾衛大將軍。」獨孤峻之後爲呂延之，而據《舊唐書・肅宗紀》，呂延之爲浙江道節度使在乾元二年六月（浙江東道節度使初置於乾元元年）。由此可見獨孤峻之爲浙江東道節度使是在肅宗乾元元年至二年間（七五八—七五九）。又獨孤及《唐故浙江東道節度掌書記越州剡縣主簿獨孤丕墓志》（《毘陵集》卷十）也說：「乾元二年，從季父峻爲御史中丞、都督江東軍事。」官稱、時間與地點均合。獨孤及與皇甫冉爲同時好友，他的記敘應該是可信的。當時的浙江東道節度使駐越州，即現在的紹興，皇甫冉另有《奉和獨孤中丞游法華寺》（《全唐詩》卷二五〇），法華寺即在紹興。據此，則皇甫冉的這首詩，乃作於乾元年間，也就是在王昌齡死後了。又錢起的詩見《全唐詩》卷二三七，題下注：「一本題下有酬寄皇甫侍御六字，又作獻歲初歸舊居酬皇甫侍御見寄。」可見是與皇甫侍御酬和的。而這個皇甫侍御則是皇甫冉之弟皇甫曾。皇甫曾何時始任侍御史，具體時間雖不可確考，但總是在安史之亂以後，因此錢起此詩也作於王昌齡身後。再說陳閏，唐代文獻中未有陳閏其人，而另有陳潤，據《唐詩紀事》卷三十九，則是大曆時人，做過坊州鄜城縣令，並且是白居易的外祖。如果陳閏爲陳潤，那也是晚於王昌齡的。因此，我們認爲不必以這幾個人曾生活在天寶時而曲爲之解，應當說這不能列在王昌齡詩論名下，而可能是空海在輯錄了王昌齡論聲韻之文後，再根據另一些唐詩中聲韻的材料，補輯進去作爲例證的。

以上說的是《文鏡秘府論》中保存的王昌齡詩論成篇的部分，另外還有一些散見的，情況就較爲複雜。其中如地卷《六義》，是空海按風、賦、比、興、雅、頌分類，分別輯錄皎然和王昌齡的解釋（風一類只有王說，未標皎然說）。情況舉例如下：

二曰賦。皎云：「賦者，布也。匠事布文，以寫情也。」王云：「賦者，錯雜萬物，謂之賦也。」

三曰比。皎云：「比者，全取外象以興之，『西北有浮雲』之類是也。」王云：「比者，直比其身，謂之比假，如『關關雎鳩』之類是也。」

其他興、雅、頌也都是如此，二人之說分得很清楚。但有些地方是並不像《六義》那樣標出姓氏，而文義或文字卻相同或相近的。如西卷「文二十八種病」，這是空海的綜述，有幾處注明元氏（兢）、崔氏（融）、皎公（然）、劉氏（善經）云，但沒有標出王氏。不過我們看第十一「缺偶」，第二十一「支離」，其名也見於《論文意》的王昌齡部份，如說：「凡文章不得不對，上句若安重字、雙聲、疊韻，下句亦然。若上句偏安，下句不安，即名爲離支；若上句用事，下句不用事，名爲缺偶。」這使人們有理由推測，在這「二十八種病」中，空海除了引述元、崔等說外，還是參考了王昌齡的有關論說的。

這就是我們對《文鏡秘府論》本身的考查。結論是：㈠書中有些地方是成篇地輯錄了王昌齡的詩論，如天卷的《調聲》，地卷的《十七勢》，南卷的《論文意》。㈡有些是由空海按照他的編排，把王昌齡的有關論述，打散之後分別輯入有關章節，有些則文字也作了一定的刪改，如南卷的《六義》，西卷的「文二十八種病」。這第二類，需要細心地考辨，王昌齡的詩論當不僅僅是我們已舉出的《六義》和「文二十八種病」兩節。

現在我們來作第二步的工作，也即以現存的《詩格》、《詩中密旨》來與《文鏡秘府論》作比較。這裡我們可以看到幾種不同的情況：

一種情況是：這二書所講的，與《文鏡秘府論》王昌齡詩論部份，無論文字與例句均大致相同。如《詩格》的「詩有六式」之二爲「不難」，舉王粲「朝入譙郡界，曠然銷人憂」例，之三爲「不辛苦」，舉王粲的「逍遙河堤上，左右望我軍」例。《文鏡秘府論》中的《論文意》有云：「凡文章皆不難，又不辛苦。如《文選》詩云：『朝入譙郡界』，『左右望我軍』皆如此例，不難不辛苦也。」不同的是《論文意》是作爲一段來敘述，《詩格》作爲格式，分作兩條（又空海據《文鏡秘府論》而摘抄改編的《文筆眼心抄》曾列「二十七種體」，其中第十四體名爲「不難不辛苦體」，乃爲一條，所舉例子則同）。又如《詩格》中「常用體十四」之十二「因小用大體」，舉左思「振衣千仞崗，濯足萬里流」，謝惠連「裁用筐中刀，縫爲萬里衣」作例，《論文意》中有云：「詩有意闊心遠，以小納大之體，如『振衣千仞崗，濯足萬里流』。」不過沒有謝惠連詩。《詩格》中屬於這一類的，還有

「詩有六貴例」之一「貴傑起」，見《論文意》中「詩有貴傑起險作」；之二「貴直意」，見《論文意》中「凡高手，言物及意，皆不相倚傍」，及「詩有天然物色」；之三「穿穴」，見《論文意》中「令左穿右穴」。又「起勢入興」之八「直入興」，見《十七勢》之一「直把入作勢」。《詩中密旨》中「詩有三格」，見於《論文意》中論意高、格高一段；「句有三例」，見《論文意》中論古文格高，有一句見意、二句見意、四句見意一段。「詩有六病例」，全見於西卷的「文二十八種病」，但「文二十八種病」中未標出王氏曰，這就進一步證明我們在前面說過的「二十八種病」中會保存有王昌齡詩論的材料；「犯病八格」中的第一、二、三、五、六格，也見於「文二十八種病」。以上是第一種情況。

第二種情況：文字有別，文意相近，例句不同。如《詩格》中「詩有六式」之四「飽腹」，說「調怨閑雅，意思縱橫。謝靈運詩：『出谷日尚早，入舟陽已微』。此回停歇意容與。」《論文意》中說：「詩有飽肚狹腹，語急言生，致極言終始，未一向耳。若謝康樂語，飽肚意多，皆得停泊，任意縱橫。」語意相近，但一舉例，一未舉例。又如《詩格》中「落句體七」之四爲「含思」，無說明，舉陸韓卿「惜哉時不與，日暮無輕舟」，及陳子昂「蜀門自茲始，雲山方浩然」，與《論文意》中「落句須含思常如未盡始好」相近，而《十七勢》中另有「心期落句勢」，云「心期落句勢者，心有所期是也」，與《詩格》的「含思」意近，但「含思」所舉爲王昌齡本人的詩。與此同類的，有「常用體十四」之九「理入景體」、之十「景入理體」，分別見《十七勢》之十五「理入景勢」、十六「景入理勢」。另外，上述第一種情況如「犯病八格」見於「文二十八種病」的，例句有幾處也有稍異。

第三種情況：舉例相同，或文字相近，但文意有別，所論非一。如《詩格》中「起首入興體十四」之六「敘事入興」，云：「謝靈運詩：『時竟夕澄霽，雲歸日西馳。密林含餘情，遠峰隱半規。久昧昏墊苦，旅館眺郊圻。』此五句敘事一句入興。又古詩：『遙聞木葉下，疑是洞庭秋。中宵起長望，正見滄海流』。此三句敘事，一句入興。」《十七勢》之八有「下句拂上句勢」，也引古詩「夜聞木葉下，疑是洞庭秋」，但僅二句，且釋爲：「上句說意不快，以下句勢拂之，令意通。」顯然所論非一事。又如《詩格》中「詩有六式」之六，「一管摶意」，云：「謝玄暉詩『穗帷飄井干，樽酒若平生』，此一管論酒也。劉公幹詩：『誰謂相去遠，隔此西掖垣，拘限清切禁，中情無由宣』，此一管謂守官有限，不得相見也。」《論文意》中有云：「凡詩，兩句即須團卻意，句句必須有底蓋相承，翻覆而用。四句之中，皆須團意上道，必須斷其大小，使人事不錯。」有的研究者注摶意即團，謂此兩處相通，實則所論不一。又如「常用體十四」之五「賦體」，《文鏡秘府論》東卷「論對」第七也名「賦體」；「勢對例」之五「偏對」，《論對》第二十三也名「偏對」，名雖同而所述各異。

第四種情況：例子相同，立意矛盾，或兩處作者非一。如《詩格》中「常用體十四」之三爲「立節體」，舉王粲「生爲百夫雄，死爲壯士規」，劉楨「風聲一何盛，松竹一何勁」，雖無說明，但可以意會是帶有褒意的。但《論文意》中論「意高則格高」一段，說古文格高，有一句見意的，其次爲兩句見意，再其次爲四句見意，然後又舉劉楨的詩「青青陵上柏，瑟瑟谷中風，風弦一何盛，松枝一何勁」，說是：「此詩從首至尾，唯論一事，以此不如古人也。」貶意顯然。如出同一個作者之手，則竟持兩種態度，十分奇怪。又如《文鏡》中「六義」，分別立皎然與王昌齡兩說，但《詩中密旨》的「詩有六義」卻往往同於皎說，如：「二曰賦。皎云：『賦者，布也。匠事布文，以寫情也。』王云：『賦者，錯雜萬物，謂之賦也。』」而《密旨》中云：「賦者，布也，象事布文，錯雜萬物，以成其象，以寫其精（情）。」似乎綜合二說，實則以皎說爲本。又：「三曰比。皎云：『比者，令取外象以興之，西北有浮雲類是也。』王云：『比者，直比其身，謂之比，例如關關雎鳩之類是也。』」而《密旨》中云：「比者，各令取外物象，已（以）興事。」完全取皎然之意。又：「四曰興。皎云：『興者立象於前，後以人事喻之，關雎之類是也。』王云：『興者指物及比其身說之爲興，蓋托喻謂之興也。』」而《密旨》中云：「興者立象於前，然後以事喻之。」此處則文字也同於皎說。又如第一「風」，《文鏡》中只標「王云」，未有「皎云」，但「王云」之前仍有幾句釋文，謂：「體一國之教謂之風，《關雎》《麟趾》之化，王者之風也；《鵲巢》《騶虞》之德，諸侯之風也。」而《密旨》中云：「諷者風也，謂體一國之風教，有王者之風，有諸侯之風。」二者大體均同，我們有理由推測《文鏡》中的「六義」，於「一曰風」中漏掉了「皎云」二字。「六義」中，只有「雅」一項，《密旨》所釋與《文鏡》中的「王云」相同，其他差不多都同於皎說。至於《密旨》中的「詩有九格」，則全部見於地卷皎然《詩議》的「十四例」，連例句也相同。

第五種情況：《詩格》、《密旨》有，而不見於《文鏡》的。這種情況以《詩格》居多，大部份內容不見於《文鏡》，《密旨》則僅「詩有三格」未見。

以上我們將《詩格》、《詩中密旨》與《文鏡秘府論》作了比較，爲便於說明問題，區分了幾種情況。我們這篇文章是論文，不是對兩書作整理，因此不必用表格的方式將它們的異同一一標出，這也不是學術論文的任務。我們的目的是舉出若干代表性的例子，說明現今傳存的《詩格》、《詩中密旨》與《文鏡秘府論》相比較，存在著複雜的情況。那末從這些情況中，可以得出什麼看法呢？是不是可以這麼說：

第一，今存《詩格》、《詩中密旨》中一部份內容，與《文鏡秘府論》的王昌齡詩論，或者是相同，或者是相近。如果我們肯定《文鏡》中王昌齡詩論的確實性，那也應當肯定《詩格》、《密旨》中這一部份是王昌齡原著中保留下來的。因爲衆所周知，空海是在元和初把有關的書攜回的，而《文鏡》一書至清末才有人介紹到中國來，《詩格》、《密旨》則至遲至北宋就形成現在所見的面貌，兩不相涉，不可能有互相抄襲的情況。

第二，今存《詩格》、《密旨》中有相當一部份不見於《文鏡》中的王昌齡的詩論，我們認爲不能採取完全否定或者完全肯定的態度。因爲空海編撰《文鏡》時，對材料是有取捨、分割的，很可能他並沒有完全採錄王昌齡的詩論，我們不能以《文鏡》之所無來否定《詩格》、《密旨》所載的眞確性。當然，根據相互間比較的複雜情況，我們也難於斷定這些條目都是王昌齡詩論的原來部份。

第三，《詩格》、《密旨》中有與《文鏡》所論非一，或甚至矛盾，以及作者相異的，這種情況較爲複雜。而且，與此相關的，《文鏡》本身內容有些也是有問題的，如《論文意》中論古代詩及詩說的師承關係，說孔子傳於游、夏，游、夏傳於荀卿、孟軻，把荀子列在孟子之前；後面又說「荀、孟傳於司馬遷，遷傳於賈誼」。其實賈誼是文帝時人，司馬遷在《史記》中就替賈誼寫過傳，他與賈誼之孫爲友，怎能由他傳於賈誼？又說賈誼謫長沙，「遷逐怨上，屬物比興，少於風雅」，「皆有怨刺」，於是爲南宗，而司馬遷爲北宗。這也與事實相違。司馬遷的書，是被班固、揚雄譏爲「是非頗謬於聖人」的。他肯定屈原「憂愁幽思而作《離騷》」，這「憂愁幽思」也就是「遷逐怨上」，也正因此，他把賈誼與屈原列在同一個傳裡（《史記·屈賈列傳》）。而且他還認爲，《詩》三百篇，「大抵賢聖發憤之所爲作」（《史記·太史公自序》），這種「憤」，與「怨」也是同一意思，正像他自己發憤而著《史紀》那樣。因此，將賈誼與司馬遷分列南北宗，似沒有什麼事實依據，雖然南北宗之說很值得研究，唐代佛學、繪畫在那時都有南北宗之分（《論文意》這裡的文字可能有脫漏）。又《論文意》這一段在敘述建安以後說：「中有鮑照、謝康樂，縱逸相繼，成敗兼行；至晉宋齊梁，皆悉頹毀。」前面是鮑、謝並提，鮑是南朝宋人，謝是晉、宋之際人，時代先後已有所倒置，而鮑、謝之後又說到「晉宋齊梁」，則其誤更加顯著。這都是屬於一般常識錯誤，作爲大詩人，王昌齡恐怕是不致於有此疏忽的。這就牽涉到成書的過程問題，我們在這裡一並討論：

據前所述，我們已可肯定王昌齡有過詩論著作，那末它們是作於什麼時候呢？王昌齡自己或他的朋友，都沒有談起過他著有詩論，我們唯一的辦法只有從《文鏡》中他所引的詩句來作考察。《十七勢》中第十二「一句中分勢」曾引他的「海靜月色眞」詩句，是他《送韋十二兵曹》詩中句，此詩又云：「縣職如長纓，終日撿我身，平時趨郡府，不得展故人。」（《全唐詩》卷一四〇）這是他在開元末、天寶初任江寧丞時的詩。但《十七勢》中所引詩，還有在此之後的。《十七勢》之四「直樹兩句第三句入作勢」引其「桑林映陂水，雨過宛城西，留醉楚山別，陰雲暮凄凄」句。此詩《全唐詩》未收。宛城即宣城。這是一首過宣城而留別之作。《全唐詩》卷一四三另載其《至南陵答皇甫岳》詩：「與君同病復漂淪，昨夜宣城別故人。明主恩深非歲久，長江還共五溪濱。」此詩所謂「昨夜宣城別故人」，當即指《十七勢》所引的「雨過宛城西」、「留醉楚山別」，而提到的五溪濱，就是他第二次被貶的去處——龍標。那次被貶，他是由江寧起程，先走陸路，途中過訪宣城他的故人，然後再走長江水路，季節是秋天，與《十七勢》所引詩，時、地均合。據前所考（參《王昌齡事跡新探》），王昌齡是在天寶九載或十載被貶的，在龍標居住到安史亂起，前往江東，不久遭害而死。他在龍標至少有六、七年的時間。作爲著名詩人，來到這個僻遠之地，當地或附近一些讀書人肯定會來向他請教。這有沒有根據呢？我們可以舉出在此後約五、六十年的貞元、元和時的例子。柳宗元曾因八司馬事件被貶至湖南永州（離龍標不遠），後又改爲柳州刺史。他在這兩個地方時，「江嶺間爲進士者，不遠數千里皆隨宗元師法，凡經其門，必爲名士」（《舊唐書·柳宗元傳》）。劉禹錫也於同時貶嶺南連州，他自述說：「予爲連州，諸生以進士書刺者，浩不可紀。」（《送曹璩歸越中舊隱詩》，《劉禹錫集》卷三十八）韓愈於貞元末被貶嶺南陽山，「陽山，天下之窮處也」，但「有區生者，誓言相好，自南海拿舟而來」，向他問學（《送區冊序》，《韓昌黎文集校注》卷四）。另有一位竇秀才，也「乘不測之舟，入無人之地，以相從問文章爲事」（《答竇秀才書》，同上）。後來韓愈於元和時又一次被貶潮州，又移江西宜春，都有當地士子向他學文（參《唐摭言》卷四《師友》）。所謂學進士業，主要就是學作詩、學駢文，因爲當時進士考試主要就是考詩賦。這種相從問學的情況，不會只是中唐時如此。因此我們有理由推測王昌齡在龍標時，爲滿足一些士子學詩的請求，就提了一些論詩的意見。他在龍標有好幾年，時間是較爲充裕的，儘可總結他一生的創作經驗，加以系統的敘述（當然，這並不排斥在龍標以前他也曾陸續有過這方面的論述）。《十七勢》中主要引錄他本人的詩，這是很特別的，當也是舉自己的詩作便於說明問題，而且稱名而不冠姓，也是自述的口氣。最有意思的是第七「迷比勢」所引《送李邕之秦》詩，他對此詩作意有所解釋，說：「昌齡《送李邕之秦》詩云：『別怨秦楚深，江中秋雲起（原書小注：言別怨與秦楚之深遠也。別怨起自楚地，既別之後，恐長不見，或偶然而會，以此不定，如雲起上騰於青冥，從風飄蕩，不可復其起處，或偶然而歸爾）。天長夢無隔，月映在寒水（原書小注：雖天長，其夢不隔，夜中夢見疑由相會。有如別，忽覺，乃各一方，如月影在水，至曙，水月亦了不見矣）』」。在中國古代詩人中，分析自己的創作心理有如此周詳的，恐沒有第二例。而如果不是作者本人，恐怕是不可能講得那樣細致而又如此貼切的。而這，正是爲初學者傳授門徑的較好的形式。

正因爲是應初學者而作，隨時寫成，又因人而異，因此文體也不必強求一致，今天我們在《文鏡秘府論》中看到的，有成篇的《論文意》，也有條目式的《十七勢》，而且即使《論文意》，雖有一個大體的佈局，但仍較零散，像是作者隨時想到札錄而成，也像聽講者根據自己的記憶筆札寫錄，因此間有重複。而且在流傳過程中，因傳抄的緣故，難免有所刪改（如今存《詩格》的「起首入興體」之四，引古詩「蟬鳴空桑林，八月蕭關道」，其實這二句爲王昌齡詩，他自己決不會誤寫成古詩，當是流傳中的誤改），或別人竄入，到空海時已出現司馬遷傳賈誼那樣的情況。在這之後，晚唐五代詩格一類之書大行，於是就更有人根據流傳的本子，對其中殘缺的再附益己見，或把旁人的東西增加進來（如上述「六義」、「詩有九格」中採入皎然的著述），並且統一改編成條目的形式。至北宋中葉，其中一卷可能另題名《詩中密旨》。這就形成今天所見的《詩格》、《詩中密旨》那樣的面貌，而這二書與《文鏡》相較出現諸種複雜的情況，也就是如此造成的。

這就是說，王昌齡詩論的整體原貌，現在已不可得知，比較起來，《文鏡》所載，應當是最接近原來的形態。我們現在可以做的，是根據《文鏡》及《吟窗雜錄》所載，分別加以輯錄，並且作適當的比勘和校理，使之較前更爲齊備和眞確。至於書名，我們以爲仍應稱作《詩格》，因空海獻書表中已提到《詩格》之名，書中也提到「詩格式」的稱呼。據日本學者研究，日本最早的漢籍目錄《日本國見在書目》，也曾明確著錄王昌齡的《詩格》。這個目錄編成於日本陽成天皇、宇多天皇年間，約當唐朝僖宗、昭宗時，即唐末，離空海回國約八、九十年，可見這時日本所藏尙有此書，並即以「詩格」命名。其實在北朝北齊時顏之推即已用過「詩格」一詞：「詩格既無此例，又乖制作本意」（《

顏氏家訓・文章》篇）。王昌齡以此命名自己的論詩著作，也並非突兀之舉。

那末現在怎樣來評價王昌齡《詩格》的意義呢？

限於篇幅，我們已經不可能用較多的文字來詳細地分析王昌齡在《詩格》中所表現的文學思想，雖然這是一件很有意義的工作。我想可以提出幾點來談。首先是《四庫總目提要》所謂《鄙倍》的問題。這樣用格式、條目的形式來談詩，是否鄙淺瑣屑呢？我們認爲，不能抽象地、孤立地來談論這一點。先得承認一種存在，這就是，在初唐時，這種以詩歌聲律爲研究對象的著作出現得很多，而它們多半是以格式、條目的形式寫成的。《文鏡秘府論》中早已明白地寫過：「沈侯劉善之後，王皎崔元之前，盛談四聲，爭吐病犯，黃卷溢篋，緗帙滿車」。這裡是「溢篋」、「滿車」，不是一般的多。比較有代表性的，有上官儀的《筆札華梁》（即《吟窗雜錄》中的《魏文帝詩格》）、元兢的《詩髓腦》、崔融的《唐朝新定詩體》（即《吟窗雜錄》中的李嶠《評詩格》），部份內容還保存在《文鏡秘府論》內。它們大多採取數字貫串實字的方式，如「六志」、「八階」、「八對」、「八病」，「調聲三術」，「詩有十體」，等等。這種方式，是根據漢字每一字作爲單一詞組而採取的，而且似乎也反映了漢民族的某些習慣和學習心理（我們現實生活中也還是有不少用數字來概括的例子）。這的確也便於記憶，便於上口。中唐時這種情況更多，皎然《詩式》就列有：詩有四不、詩有四深、詩有二要、詩有二廢等等格式；齊己的《風騷旨格》列有「十體」、「十勢」等名目。空海就仿此而大量採入《文鏡秘府論》中，而且他還另外摘錄《文鏡》的大要，作了一部《文筆眼心抄》，前面小序說：「

余乘禪觀餘暇，勘諸家諸格式等，撰《文鏡秘府論》六卷，雖要而不玄，而披誦稍難記，今更抄其要含口上者，爲一軸，可謂文之眼，筆之心，即以《文筆眼心抄》爲名，文約義廣，功省蘊深，可畏（委）後生寫之誦之。」在這部《文筆眼心抄》，他更進一步把《文鏡》中成篇的文章格式化，包括王昌齡的詩論在內。此無他，正如他自序所說，爲使後生寫之誦之，便於記憶。郭紹虞先生在爲周維德的《文鏡秘府論》校本所寫的序中說：「《文鏡秘府論》是弘法大師來華留學回國後編寫的，是日人爲了介紹漢語漢文而編寫的，同時，就本書在日本流傳的情況觀察，是收到實際效果的。那麼它不是可以間接說明了唐代也是用類似這樣的資料來教初學，而取得學文寫文成效的嗎？」（人民文學出版社一九七五年五月版）這話說得好。我們過去常說律詩是在沈、宋手中完成的，但文學史的研究如果僅僅停留在這一點，那就太表面了。現在如果我們細看一下上述上官儀、元兢、崔融這幾種講聲韻、格律的書，就可以知道律詩的完成是怎樣在衆多人的學習寫作和一部份人從事教習這樣一種廣闊的社會背景中進行的。上官儀等人的講聲律和中晚唐人講字法句法，確有許多繁瑣和過於碎細之處，但初學寫作的人是需要的。唐詩的繁榮不僅是體現在少數優秀或天才詩人身上，它是建築在普遍學習詩的寫作技巧、普遍提高詩歌藝術那樣一種基礎上的。而在這點，那種以啓蒙爲目的而編撰的詩格式書無疑會起相當大的普及知識的作用。這是我們過去的研究所忽視的，也就是說忽視唐詩的群衆基礎。《四庫提要》的作者，正是從其虛擬的「雅」的標準出發，孤立地、抽象地看問題，而沒有注意到唐詩是在怎麼樣的一種具體社會環境中逐步發展的。

在這樣的一種發展中，王昌齡《詩格》比起初唐類似的著作已經有很大的超越。可以看出，他對聲律的要求，已經不是那麼瑣細，而是轉移到詩歌創作一些更爲本質的東西，如前代詩歌的發展趣向，詩歌藝術的根本要求，構思的運用，藝術形象的捕捉，等等。在這些方面，他與前人有不少吻合之處。如《論文意》中談到作詩「即須凝心，目擊其物，便以心擊之」，而且要「意須出萬人之境，望古人於格下，攢天海於方寸」，也就是「凝心天海之外，用思元氣之前。」我們看《文選》中的陸機《文賦》，就有類似的意思：「其始也，皆收視反聽，耽思傍訊，精鶩八極，心游萬仞」；「罄澄心以凝思，眇衆慮而爲言：籠天地於形內，挫萬物於筆端。」又如《論文意》中強調作家先要有氣，有興，「興發意生，精神清爽，了了明白」，才能有所感，同時要「抄古今詩語精妙之處」，「作文興若不來，即須看隨身卷子，以發興也。」這些意思，在《文心雕龍．神思》篇中也能找到參證，如說：「神居胸臆，而志氣統其關鍵」；「是以陶鈞文思，貴在虛靜，疏瀹五藏，澡雪精神，積學以儲寶，酌理以富才」。不過一用駢文，一用淺顯的接近於口語的語錄體，似乎顯得有雅俗之別了。其實，王昌齡把創作心理說得更爲明白、更爲透徹，在這點上說，是對前代文論的一種發展。

當然，王昌齡《詩格》的價值並不在於「於古有徵」，而在於他的有時代特徵的獨創。我們可以看到他的某些理論與盛唐詩論的代表殷璠有極相似之處。殷璠當然是非常推重王昌齡的，他的《河岳英靈集》，收王詩最多，在評語中推他爲繼承建安的「中興高作」。當然，二人並無交往，殷璠也不可能知道王昌齡有《詩格》問世。但我們比較《論文意》與《河岳英靈集》的敘和論，他們對盛唐詩歌的要求竟是很一致的。如殷璠主張當代詩歌應聲律與風骨齊備，又說「焉寧預於詞場，不可不知音律焉」。《論文意》中多次提出文要立意，「意高則格高，聲辨則律清，格律全，然後始有調」，並說要有氣，又說「凡文章體例，不解清濁規矩，造次不得制作」，「今世間之人，或識清而不知濁」，等等。殷璠曾用「羅衣何飄飄，長裾隨風還」作爲聲韻的例子，王昌齡也用同樣的例句，立意相同。殷璠選詩以五言爲主，王昌齡也說「夫文章之體，五言最難，……句多精巧，理合陰陽。」這都可以看出王昌齡詩論的時代特徵，而這也正好證明《論文意》等確乎是盛唐時代精神的產物。

王昌齡詩論的一個很可貴之處，就是他不被儒家詩教說所束縛，而自出新見，強調創作的眞和新，強調作家個性對創作的積極作用，從而豐富了中國古代文學思想的內容。如對詩的六義的解釋，他一反傳統的見解，對「風」，他不講什麼「體一國之風教謂之風」，而說「天地之號令曰風」，對雅，他有異於皎然的「正四方之風謂雅」，而說「言其雅言典切」。這與他在《論文意》中所謂「自古文章，起於無作，興於自然」相符合。他明確提出詩要「意好言眞」，這對古代詩論是一個發展，因爲意好言眞既從創作主體出發，而又尊重客體，尊重創作的內在規律，因而也就反對代聖人立言，反對假飾。他說：「何以爲詩？是故詩者，書身心之行李，序當時之憤氣。氣來不適，心事不達，或以刺上，或以化下，或以中心，或以序事，皆爲中心不決（快），衆不我知。」這與《毛詩序》所謂「發乎情，止乎禮義」完全相對立，把過去的「文以氣爲主」發揮得更具體，而又下接韓愈的「不得其平則鳴」的創作主張。他一方面反對在字句上完全模仿前人，說「莫用古語及今爛字舊意。改他舊語，移頭換尾，如此之人，終不長進」，與韓愈的「唯陳言之務去」相通；一方面又大量引用漢魏六朝人的優秀詩句，表明他眼界的開闊。《論文意》中有一段還專門評論了兩漢至南朝的賦，提到司馬相如的《上諫獵書》，木華的《海賦》，賈誼的《鵩鳥賦》，孫綽的《天台山賦》，鮑照的《蕪城賦》，很値得研究。我們以爲，對建安以後的文學，特別是南朝文學，應當如何正確評價，如何既有批判又有繼承，只有到盛唐，才在創作上理論上得到眞正的解決。王昌齡的詩論正好提供了理論上的說明。

結論是什麼呢？結論是：王昌齡《詩格》是眞實存在的一部書，但它的流行情況複雜，需要細心的辨別整理；它是一部盛唐時代有獨特見解的詩論，有許多眞知灼見，它應該與殷璠的《河岳英靈集》同樣成爲盛唐詩論的代表，而在古代文學理論史上占一席之地；它在形式上又是一部帶有時代和民族特點的著作，這種研究格式、條目方式的詩論，從初唐至晚唐，數量衆多，在詩歌基本知識和寫作技巧的普及上起過不可忽視的作用，研究唐代詩歌如果漠視它們的存在，將會減弱我們對唐代詩歌群衆性的認識，而這則是非常可惜的。

盛唐詩風和殷璠詩論

在今存十種唐人選唐詩中，殷璠的《河岳英靈集》最具理論上的建樹。殷璠的詩論，是盛唐詩歌在理論上的反映。殷璠在他的論詩主張中，似乎已有意識地在構建其一定的理論體系，——對此，國內文學史研究界目前似還未能給以應有的注意。

《河岳英靈集》分集《敘》、集《論》和對所選詩人的「品藻」。《敘》著重於對詩歌內容、體裁以及詞句表現、文字使用等的探討和衡量，也談到了對唐代前期詩歌發展的看法；《論》則主要討論聲律問題。《河岳英靈集》的好處是它除了有《敘》、《論》，還有「品藻」，「品藻」中舉有例句，另外還選錄整首詩篇。研究者可以把《敘》、《論》以及對每個詩人的《品藻》中的一些術語加以比較，作一個整體的考察，同時用例句和詩篇來作印證，這樣就能對這些術語所表達的概念有所把握。名詞和術語是了解殷璠文藝批評的入門手段，我們的研究似也應由此著手。

一

殷璠在集《論》裡認爲，自蕭統《文選》以來的一些選集，有一個共同的缺點，即是一些選家沒有「審鑒諸體，委詳所來」，以致「銓簡不精，玉石相混」。要解這個問題，纂集者必須知道「文有神來、氣來、情來，有雅體、野體、鄙體、俗體」（按日本《文鏡秘府論》南卷《定位》所引殷璠此敘無野體）。雅體等等意義和內容比較單純，指的主要是詩歌因語言使用的不同而產生雅與俗的幾種文體區別（讀書人的語言──雅言以及接近口語的語言等）。當然，「雅」與「俗」正如「文」與「質」，也可形成批評和選錄的標準，如《文選》專心於「沈思翰藻」，而《玉台新詠》則爲「辟而不雅」（元兢《古今詩人秀句》序語）。這裡體的問題比較簡單，可不詳論。

殷璠提出「神來、氣來、情來」，是從作家的總體修養著眼的，神、氣、情都講的是作家的主體，這標明殷璠注意到盛唐詩人的獨特的個性，他們已不像前一時期詩人如沈佺期、宋之問、李嶠、崔融等那樣，依附於宮廷而缺少自己的特徵。殷璠正是在盛唐詩歌豐富多采的巨大成就的基礎上，提出神、氣、情三者，注意從精神面貌來探討文學創作過程。這種思維方法本身就是對初唐一些理論家們的超越。

從一個詩人的創作過程來說，神、氣、情（姑不論其各自內涵爲何）可以說是「源」，是「因」，是篇章的所來。當然，讀者既不是作者，唯一可憑以揣摩體會的只是作品所能提供的。這就是說，成功的篇章必能呈現神、氣或情。但它們又是什麼樣的東西呢？「神」這個術語在《河岳英靈集》全書中僅在《敘》裡出現過一次，它不像其他兩個術語多次被使用在品藻裡。在反復的排比後，我們在常建的評語裡找出一些線索。殷璠認爲讀常建的詩會給人這麼一個感覺：「建詩似初發通莊，卻尋野徑，百里之外，方歸大道。」另外，又說劉昚虛「至如『松色空照水，經聲時有人』，又『滄溟千萬里，日夜一孤舟』，……並方外之言也。」評綦毋潛「善寫方外之情」。所謂方外，本出《莊子·大宗師》：「孔子曰：彼游方之外者也。」即超然於世俗之外。綜觀殷璠對常建、劉昚虛、綦毋潛的評論，似乎他所講的「神」指的是一種脫俗的、超然的藝術境界。他評常建詩的幾句話，似乎把常建的創作過程歸納爲入世——出世——入世那樣的心路歷程。《河岳英靈集》中所選的常建《宿王昌齡隱處》，先寫隱居地之幽：「清溪深不極，隱處唯孤雲。」頷聯進一步寫景之幽：「松際露微月，清光猶爲君。」頸聯忽又推開去，寫花木之繁盛，清幽中一派生機：「茆亭宿花影，藥院滋苔紋。」而結聯卻又說自己將去西山與鸞鶴爲群：「予亦謝時去，西山鸞鶴群。」動靜相配。殷璠大約認爲這是一種神興，而要做到這一點，就要與外物拉開一定的距離，即所謂「初發通莊，卻尋野徑」，不爲世俗所累，方能深究事物的內蘊，對世情物理之變化有所啓悟。常建的《題破山寺禪院》也似有這種「神來」的意味，他寫了禪院的清幽之景後，結爲「萬籟此都寂，但餘鐘磬音」，這萬籟寂然中的鐘磬聲，更加深了人的清幽之感與出世之想。難怪深入禪機的宋人會激賞常建的這首詩。但殷璠的「神來」，卻與宋人的以禪說詩無關。宋代嚴羽也講神，他在《滄浪詩話》中說：「詩之極致有一，曰入神，詩而入神，至矣盡矣，蔑以加矣。」嚴羽是以禪說詩的，他以「鏡花」、「水月」喻詩，偏於空靈，與殷璠所講的「神」相距甚遠。清初王士禎講神韻，同時代的翁方綱說王的神韻說也來自殷璠（《石洲詩話》卷二）。

王士禛在《蠶尾續文》卷一《畫溪西堂詩序》中也曾舉常建的「松際露微月，清光猶爲君」與劉昚虛的「時有落花至，遠隨流水香」，以爲「妙諦微言，與世尊拈花，迦葉微笑，等無差別。」王士禛與殷璠所舉的例句雖然相同，但各人的理解不一。殷璠認爲是「方外之言」、「警策」之語，王氏認爲是禪機。更有甚者，王氏竟把所謂的禪機或三昧升格爲盛唐詩風的代表而名之曰神韻。這不但是偏頗，而且幾乎完全曲解了盛唐詩歌的眞意。他沒有或不屑注意到殷璠所提「神」的實際內涵，以及「神」和「氣」、「情」在盛唐詩歌作品中所表現的整體性。

在中國古代，第一個把神的概念引入文學理論並加以合理解釋的，是南朝的劉勰，《文心雕龍》中有《神思》篇。劉勰把神看成爲作家發揮主體的積極作用，在創作中產生奇妙的想像力。他說：「古人云：形在江海之上，心存魏闕之下。神思之謂也。文之思也，其神遠矣！故寂然凝慮，思接千載；悄然動容，視通萬里。」這是說想像力的極度發揮，可以突破空間和時間的限制。又說：「夫神思方運，萬涂競萌，規矩虛位，刻鏤無形，登山則情滿於山，觀海則意溢於海。」當想像力激發時，作家所描寫的大自然的一切都會洋溢著一種強烈而豐沛的感情。關於創作中的想像力，陸機《文賦》也作過形象描述，但沒有劉勰說得全面而且清晰。

但劉勰是把神與思聯繫起來講的，他並沒有把神作爲一個單獨的文學批評的概念提出來。後來蕭子顯的《南齊書·文學傳論》所謂「屬文之道，事出神思」，還是這個意思。但到唐朝，在一些詩人當中，卻漸漸單獨提出「神」來，與「思」分開，作爲評判作品高下的一個標準。如果王勃在《懷仙》詩的自序中說「神與道超，跡為形滯」（《全唐詩》卷五五）還偏重於神作為精神概念的話，那末張說《五君詠》中贊李嶠的詩，說「李公實神敏，才華乃天授」（同上，卷八六），則神已作為對李嶠才華的極度稱贊了。李白也用過這個字，說：「掃素寫道徑，筆精妙入神」。（《王右軍》），是講書法的。盛唐時期用得最多的是杜甫，他曾說：

鄧公馬癖人共知，初得花驄大宛種。夙昔傳聞思一見，牽來左右神皆竦。（《驄馬行》）

對此融心神，知君重毫素。（《奉先劉少府新畫山水障歌》）

讀書破萬卷，下筆如有神。（《奉贈韋左丞丈二十二韻》）

陸機二十作文賦，汝更小年能作文。總角草書又神速，世上兒子徒紛紛。（《醉歌行》）

豈知異物同精氣，雖未成龍亦已神。（《沙花行》）

文章有神交有道，端復得之名譽早。（《蘇端薛復筵簡薛華醉歌》）

天下幾人畫古松，畢宏已老韋偃少，絕筆長風起纖末，滿堂動色嗟神妙。（《戲為雙松圖歌》）

將軍善畫蓋有神。（《丹青引贈曹將軍霸》）

揮翰綺繡物，篇什若有神。（《八哀詩·汝南王璡》）

乃知蓋代手，才力老益神。（《寄薛三郎中》）

靜者心多妙，先生藝絕倫。草書何太苦，詩興無不神。（《寄張十二山人彪三十韻》）

以上十一個例子中，只有前兩個例子，神是作精神、神情講，其他都是一種極度贊美之詞。可以注意的是，杜甫已經用神來譬喻書法、繪畫、文章、詩歌，似乎當時存在的文學藝術品種，它們之中思想、藝術的最高造詣，都可用「神」這一字加以概括。

但殷璠對這一術語的運用，如上面所講過的，與杜甫等有所不同。殷璠顯然把神在創作過程中的作用看得很重要，比起他所談的氣、情等概念來，這在盛唐時似更爲新鮮。但可惜他自己沒有作更多的闡發，因此這個概念的內涵未能有充分的展示。目前，國內談到這個問題的似也不多，這裡僅根據個人的理解對其可能蘊含的意義作若干探索，以期引起注意，並希望通過討論使我們對這個概念能有進一步的了解。

二

在殷璠那裡，氣有不同的含義。《論》中說：「昔伶倫造律，蓋爲文章之本也。是以氣因律而生，節假律而明，才得律而清。」這裡的氣是指音律屬性。盛唐時人也有類似的用法，如李華《雜詩六首》之一：「黃鐘叩元音，律呂更循環。邪氣悖正聲，鄭衛生其間。典樂忽涓微，波浪與天渾。……」（《全唐詩》卷一五三）但在《河岳英靈集》的大部份場合裡，氣是作爲文學理論的範疇來用，是指內容而言的。

就內容而言，「氣」作爲一個術語見於評語裡的有：「兩賢氣同體別」（評王昌齡語，兩賢指王昌齡、儲光羲），「氣雖不高，調頗凌俗」（評祖詠語）。在對王昌齡的一段文字相當長的評語裡，有下面一段話，頗耐人尋味：「元嘉以還，四百年內，曹、劉、陸、謝，風骨頓盡。頃有太原王昌齡、魯國儲光羲，頗從厥游。且兩賢氣同體別，而王稍聲峻。」這是「氣」既與「風骨」並提，則意義當可相通。「曹、劉、陸、謝」指的是曹植、劉楨、陸機、謝靈運。曹、劉是建安文學的代表人物，以「風骨」著稱。「風骨」當然指的是建安詩歌中的一種特有風格。讀建安詩每給人一種「力」的感覺，這「力」的表現主要通過詩人的憂國傷時、慷慨任氣的情緒和江山城郭人事的結合而淋漓盡致地表現出來。《河岳英靈集》的《敘》就以「建安風骨」來名這種有內容、有感情、有非常抱負的，而感染性又極強的詩歌傳統。因之，「氣骨」可通「風骨」。「風骨」又可通「氣」。

此外，書中講到氣骨或風骨的，有：

《敘》：開元十五年後，聲律、風骨始備矣。

劉昚虛：頃東南高唱者數人，然聲律婉態無出其右，唯氣骨不逮諸公。

高適：適詩多胸臆語，兼有氣骨，故朝野通賞其文。

薛據：據爲人骨鯁有氣魄，其文亦爾。

陶翰：既多興象，復備風骨。

崔顥：晚節忽變常體，風骨凜然。

不難看出，這樣反復提到，可見氣骨或風骨是殷璠評詩的一個十分重要的標準。

風骨一詞，劉勰已經提出，《文心雕龍》專門有《風骨》篇。陳子昂在著名的《與東方左史虬修竹篇序》中說到「骨氣端翔」，骨氣與氣骨，從字面上看，應當說是相同的。那末殷璠與盛唐人賦與風骨（氣骨）以什麼新的內容呢？

《文心雕龍．風骨》篇中說：「故練於骨者，析辭必精；深於風者，述情必顯。」近代學者黃侃據此即作出「風即文意，骨即文辭」的解釋（《文心雕龍札記》），爲學術界不少人所遵循。我們認爲，劉勰的時代可能對風骨有作區別開來的解釋，但在盛唐時，人們已把風骨或氣骨作爲表達一個整體的概念來運用，已經沒有文意和文辭這兩個意念合成的涵義。那末，風骨或氣骨作爲文學理論的一個完整的概念，作爲美學思想的一個獨立的範疇，它的本質是什麼呢？我想，如從上面談到建安風骨時所說的，是一種力量之美。

無論從「風骨」作爲一個詞語來說，或者風與骨分別來說，都使人感到一種力。在美學上，美的表現是多種多樣的。有各種美，我們可以欣賞柔和的，輕盈的，恬靜的，悠閑的美，但在藝術史上，只有表現力量的美卻最能體現人類的生命力，也最能體現社會發展的本質。這種美往往與剛健、倔強、豪爽、樂觀相聯繫。而在中國古代，風骨就正是體現了這種力量之美，作品有風骨或氣骨，就是說有著強烈的、不同於世俗的精神力量，以及在藝術上有一種幾乎不可抗拒的感發或激發力量，這種感發或激發力量，李白曾用「猛氣英風」（《行行游且獵篇》）作過形象的比喻。

與建安不同的，盛唐人所要求的風骨，不是一般意義上的力，而是一種充分表現民族自信心和創造性的精神力量，是一種沖破傳統要求創新的激情，這是盛唐的時代精神，是那一時代國力恢張的表現。盛唐時，書法中最能表達時代精神的是草書，草書的飛動，就是借字體的飛躍騰挪，表現突破形體限制的力的擴展，給人一種健美的感覺。李白《草書歌行》（《全唐詩》卷一六七）中寫當代的草書大家張旭：「吾師醉後倚繩床，須臾掃盡數千張。飄風驟雨驚颯颯，落花飛雪何茫茫。起來向壁不停手，一行數字大如斗。怳怳如聞神鬼驚，時時只見龍蛇走。左盤右蹙如驚電，狀同楚漢相攻戰。」李白的詩句充分表現了草書內在的不可遏制的力之美，而詩的本身也體現了風骨之美。令人深思的是，正是草書的理論把力的概念與骨相聯繫。顏眞卿《張長史十二意筆法記》（《全唐文》卷三三七），記述從張旭問草書筆法，二人一問一答，有十二條，其中說：「（張旭）問：力謂骨體，子知之乎？（顏）曰：豈不謂趯筆則點畫皆有筋骨，字體自然雄媚之謂乎？」兩位書法大家對草書中力與骨爲一體的理解完全一致。這對於我們理解詩歌中的風骨含義，應該說是一個重要的啓發。

當時的書法家論到這一點的，還有好幾位，如與殷璠同時，殷璠曾選其詩入《丹陽集》的蔡希寂，其弟蔡希綜有一篇《書法論》（《全唐文》卷三六五），就說「每字皆須骨氣雄強，爽爽然有飛動之態」。徐浩《書法論》（同上，卷四四〇）談到書法要「骨勁而氣猛」，都是把氣、骨與力量相提並論，這就無怪杜甫說「若懸光和尙骨立，書貴瘦硬方通神」（《李潮八分小篆歌》）了。

從社會審美趣尙來說，藝術的各種樣式是相通的。草書是如此，盛唐時代的舞蹈也是如此。開元時公孫大娘舞劍器渾脫，「㸌如羿射九日落，矯如群帝驂龍翔，來如雷霆收震怒，罷如江海凝清光。」（杜甫《觀公孫大娘弟子舞劍器行》），就是力的表現。而根據杜甫這首詩的小序，恰恰是張旭觀看了公孫大娘的這種表現「瀏漓頓挫」的舞姿，使得他的草書有了長進：「往者吳人張旭，善草書帖，數常於鄴縣見公孫大娘舞西河劍器，自此草書長進，豪蕩感激。」這就是說，盛唐時代的藝術樣式，滲透盛唐的時代精神的，無不有一種力。即使是不動的建築物，也表現出一種凝聚著的力，李華《含元殿賦》寫唐代含元殿的壯麗規模，其中說：「聳大廈之奇傑，勢將頓而復飛」（《全唐文》卷三一四）。這就是凝重的、肅穆的力所表現出的飛動之勢，是特有的一種建築美。

氣本來是中國古代哲學上一個常用的概念，意爲宇宙萬物之本的元氣，但它也往往用作人的主觀力量，如孟子所說的「吾善養吾浩然之氣」。這裡的浩然之氣就是一種崇高的人格力量的基本元素。殷璠與盛唐時人也是從人的精神來理解和運用氣這一術語的，並把它與傳統的「風骨」、「氣骨」聯繫起來，要求詩歌有一種前所未有的骨力或風力。如殷璠評王昌齡詩，認爲王昌齡詩是眞正能繼承建安風骨的，他列舉了好幾首王昌齡的詩句，最後總括一句：「斯並驚耳駭目」。這就是他給風骨的一個形象描繪。顯然，要能驚耳駭目，就非要有一種強力不可，詩具有這種強力，就能超越前人，所以岑參說：「憶昨癸未歲，吾兄自江東，得君江湖詩，骨氣凌謝公」（《敬酬杜華淇上見贈兼呈熊曜》，《全唐詩》卷一九八）。據岑參看來，詩篇有氣骨，就能超越前朝，這種氣骨，正是南朝許多詩人所缺乏的力。也正是出於這種理解，殷璠很好地把握了岑參詩的基本風格。氣骨因爲表現力，所以往往可與奇、峻相連。峻是形容山高，是一種山勢，這種山勢本身就蘊含著一種大自然的創造力，給人一種挺拔峭麗的美感。殷璠評岑參詩，說：「參詩語奇體峻，意亦造奇」。應該說，岑參奇峻的風格在後期邊塞詩中表現得更充分，殷璠編選《河岳英靈集》時當然不及見到，但正因爲這種氣骨表現的是人的一種精神力量，是人和詩內在的統一整體，因此即使沒有看到他後期的詩，殷璠還是可以從岑參前期的作品中把握岑詩的風格特徵。——這就表現了氣骨或風骨作爲具有一定科學因素的概念所具有的理論力量，它既然從具體中抽象出來，就有一種概括性，一種預見性。

氣骨或風骨作爲一種表現力量之美，它不是脫離社會或人的思想而孤立存在的，它往往與作家的抱負相關係。在《河岳英靈集》中，凡殷璠認爲有風骨的詩人，像高適、薛據、王昌齡、岑參等人，都有一種強烈的建立功業的抱負。頗有意思的是，所有入選的二十四個詩人在此之前沒有一個是名位顯赫的，使他們徒有其才而無所作爲。「常建淪於一尉」，王季友「白首短竭」，李頎「只到黃綬」，孟浩然「淪落明代，終於布衣」。綜觀這些詩人的遭遇出處，殷璠不禁發出「高才無貴仕，誠哉是言」的感嘆。他一邊責備用事者的無識，「禰衡不遇，趙壹無祿，其過在人」，一邊激賞詩人們屢遭挫折而不氣餒的昂揚情緒。當詩人們的這種抱負不得展現，就發而爲抑鬱不平，產生一種怨憤。關於這一點，王昌齡有一段話說得很好，他說：「是以詩者，書身心之行李，序當時之憤氣。氣來不適，心事不達，或以刺上，或以化下，或以申心，或以序事，皆爲中心不快，衆不我知。由是言之，方識古人之本也。」（《文鏡秘府論》南卷《論文意》引）這段話的重點是說詩是抒發憤氣之作，由於「中心不快，衆不我知」，更需要詩歌用強烈的藝術力量表現之。殷璠對於薛據的評論與王昌齡的這段話是相通的，他說：「據爲人骨鯁，有氣魄，其文亦爾。自傷不早達，因著《古興》詩云：『投珠恐見疑，抱玉但垂泣，道在君不舉，功成嘆何及。』怨憤頗深。」薛據的氣骨從何而來？是因爲有抱負而不得實現，出於一種頗深的怨憤，這也就是王昌齡所說的「中心不快，衆不我知」。

高適也是那樣，他一再講到建安，說「故交負靈奇，逸氣抱謇諤，隱軫經濟具，縱橫建安時」（《淇上酬薛三據兼寄郭少府微》，《全唐詩》卷二一一）；「曾是不得意，適來兼別離。如何一尊酒，翻作滿堂悲。周子負高價，梁生多逸詞。周旋梁宋間，感激建安時」（《宋中別周梁李三子》，同上）。他這裡所說的建安，與王維的「盛得江左風，彌工建安體」（《別綦毋潛》）有所不同，王維是純粹就詩風說，而高適擴而大之就建安時代建功立業、慷慨任氣而言，因此他把「建安作」與「經濟具」相提並論，而在漫游梁宋時，有感於周、梁等都是有志而不稱意之輩，於是想起建安而心情激感（按高適詩中多次用「感激」一詞，如「四十能學劍，時人無此心，如何耿夫子，感激投知音」，「平生重離別，感激對孤琴」，「伊余寡栖托，感激多慍看」，「我行倦風湍，輟棹將問津，空傳歌瓠子，感烈獨愁人」，這些與杜甫在《八哀詩·李公邕》中的「感激懷未濟」，都有一種有志未伸而有所激發之意）。高適的事功之心是很切的，他說「萬里不惜死，一朝得成功。……大笑向文士，一經何足窮」（《塞下曲》），「一朝事將軍，出入有聲名」（《薊門行》），「君負縱橫才，如何尚顚顇。……窮達自有時，夫子莫下淚」（《效古贈崔二》），這都是殷璠所稱道的「多胸臆語，兼有氣骨」。殷璠還強調地說「且余所愛者，『未知肝膽向誰是，令人卻憶平原君』，吟諷不厭矣。」爲什麼呢？因爲這兩句詩表現了要求人們理解的強烈的願望，又因爲當世無人，只有將這顆心寄托於千百年前的歷史人物，就更使詩句頓挫有力。

在一個很長時期內，儲光羲是被評爲田園派詩人的，但作爲同時代的評論家，殷璠卻把他與王昌齡並提，推許爲繼承建安風骨的盛唐代表詩人。爲什麼呢？就因爲儲光羲「挾風雅之道，得浩然之氣」。殷璠選了儲光羲的《雜詩》，這首詩借用游仙詩的表現方式，抒發志趣的高潔：「達士志寥廓，所在能忘機。」而《效古二章》，則筆觸伸向當時的社會。第一首寫開邊戰爭造成人民生離死別：「婦人役州縣，丁男事徵討。老幼相別離，泣哭無昏早」；又使農村經濟破敗：「稼穡既殄絕，川澤復枯槁」。第二首一開始就筆力非常：「東風吹大河，河水爲倒流。」接著寫旱災，人們無地可以避害。面對這些天災人禍，有翰林客卿，「獨負蒼生憂，中夜不能寐」，抱著匡時濟世的滿腔熱情向皇帝獻策，而結果卻是「君門峻且深，踠足空夷猶」。顯然，殷璠沒有把「氣」這個概念局限在個人的得失上，他選儲光羲的這些詩，並且許之以「得浩然之氣」，說明他所理解和運用的「氣」，是有一定社會內容的。正如李白所說：「苟無濟代（世）心，獨善亦何益」，都表現了盛唐時代相當一部份知識分子的思想面貌。

風骨作爲表現力量之美，特別在盛唐的邊塞詩中得到充分的體現。盛唐詩人們生活的時代正是邊事頻仍的開、天盛世，雖然開元後期的戰爭有的是唐朝統治者喜於用兵所致，而前期則是衛邊的、正義的。對詩人們來說，投筆從戎是出身途徑之一，而邊塞風光，沙場生活，刀光劍影，又是很好的題材。在《河岳英靈集》裡，邊塞詩是「力」的最好表現之一。殷璠說崔顥「少年爲詩，屬意浮艷，多陷輕薄」，指的可能是因爲崔顥善於或多寫像《王家少婦》「十五嫁王昌，盈盈入畫堂」這一類的詩。但崔顥後期詩「忽變常體，風骨凜然」。從殷璠的評語和所選的詩來看，改變的主要原因是崔顥的「一窺塞垣」；而改變的主要表現是那些「說盡戎旅」的邊塞詩。這些邊塞詩篇正是從「屬意浮艷」變成「風骨凜然」的關鍵。有生命有內容的邊塞詩在殷璠來說是「力」的表現，「風骨」的一種依歸。細考集中陶翰的詩篇，「風骨」和邊塞詩的關係，也可獲得進一步的印證。陶翰的《出蕭關懷古》是十足的「既多興象，復備風骨」的代表作。同樣，在殷璠眼中，高適的《哭單父梁少府》、《宋中遇陳兼》、《送韋參軍》、《封丘作》等篇，感情充沛，脫口而出，「多胸臆語」，而他的《邯鄲少年行》、《燕歌行》，又「兼有氣骨」。

正因爲重視氣、風骨，與之相應的，殷璠比較強調直語、直置。殷璠在他另一部詩選《丹陽集》中也選了儲光羲的詩，其評語有「光羲詩，宏贍縱逸，務在直置」的話（《吟窗雜錄》卷二五《歷代吟譜》引）。推許儲詩直置，是與殷璠在《敘》中所說的「曹、劉詩多直語，少切對」一致的。他又講到開元時「惡華好朴，去僞從眞」的風氣。這都與「氣」、「氣骨」、「風骨」的概念相聯繫。要有氣，要有力，首先就要求眞，缺乏眞實，就不可能有力，而風骨、氣骨所要求的，又是朴質，反對多餘的、人爲的裝飾。李白《古風》第一首說：「自從建安來，綺麗不足珍；聖代復元古，垂衣貴清眞。」他在《古風》另一詩中又以邯鄲學步的古代寓言作比喻，指出「雕蟲喪天眞」。孟浩然在一首詩中也提到「清眞」（「朝來問疑義，夕話得清眞。」——《還山貽湛法師》。這大約是開元時的一種時代風尚。張九齡《集仙殿書院奉敕送學士張說上賜燕序》(《全唐文》卷二九〇),提到開元中期朝廷改集仙殿爲集賢殿,是「去華務實」。孫逖在《宰相及百官定昆明池旬宴序》(《全唐文》卷三一二)也記:「我上相裴公,中書令蕭公,保乂皇極,緝熙文教,以爲正國風、美王化者,莫近於詩,微言浸遠,大義將缺,乃命革刓浮靡,尋揚雅頌,所雕爲樸,取實棄華。」所雕爲樸,取實棄華,在當時的實際意義,就是要求貞實而有力的文學作品。殷璠的主張是體現了這個時代要求的。

與此相關聯的,還可以談一下《河岳英靈集》所選以五言古詩爲主的問題。

語言的運用也是《河岳英靈集》文學批評和欣賞的一個重要標準。內容(《敘》中所說的「詳所來」的「所來」)和形式(《敘》中所說的「審鑒諸體」的「體」)是相互表裡的。此外當然還有聲律,但殷璠是把它分別討論的。形式的構成原件是語言(這裡指的是書面語言,尤其是讀書人的語言,而不兼指口語)。語言又因辭藻的不同而分「雅、野、俗、鄙」等。辭藻的組合成句又因不同的組合方法而有「直語」和「雕飾」。中國古典詩歌一般是兩句一聯(或一「管」)。以五言詩爲例,古體詩,一般地說,詩意需靠全聯的十字來表達(如「行行重行行,與君生別離」),而新體詩則往往同一聯中的單句可以獨立(英文叫這樣的句子爲 endstopped)。一般說來,貫通十字的古體詩的聯語意偏於動態的流貫,而五字一頓的新體詩的聯語偏於靜態的細味。因此五言古體詩比較適合於敘事和表達充沛的、激昂的感情,而五言古體詩則長於抒情和表達宛轉纏綿的感情。成功的五言古詩給人的具體印象是親切自然,而成功的五言新體詩給人的是典重莊肅。《河岳英靈集》出於其本身的藝術批評要求,著重於動態的表現，所以《敘》中肯定曹（丕）劉（楨）的「直語」而不取「切對」。而這一點也正好部份地說明了爲什麼書中入選的詩五言古體多而近體極少的緣故。

三

在《河岳英靈集》的詩人小評中，「情」字數見如下：「情幽興遠」（劉昚虛評語），「在物情之外」（張謂評語），「愛奇務險，遠出常情之外」（王季友評語），「善寫方外之情」（綦毋潛評語），「諸公詩格高調逸，趣遠情深」（儲光羲評語）。其中作復句構成部份者有「物情」、「常情」及「方外之情」。「常情」和「方外之情」意義顯明，至於所謂「物情」，從整個評語及所舉張謂的兩首詩（《代北州老翁答》及《湖中對酒行》），指的應是因景物感染而生的個人感情。詩人每每尋找一種特別的幽境（即所謂「歷遐遠」）或歷史名勝（即所謂「探古跡」）以求詩興及感情的激發。張謂兩首詩的所以不同於一般「物情」，主要即因爲它們能從一個極平凡的農夫身上或極一般的景致裡取得詩和美感。「情」字的單用有「情幽」、「情深」兩項，它們的意義大概相同，說的都是一種情致。這種情致在劉昚虛和儲光羲某些詩裡所呈現的屬性是「幽」是「深」，而賴以產生這種「幽」、「深」屬性的媒介是景是物。這樣說，「情」與「物情」相通，它們共有的屬性是情致，它們共有的媒介是景物。有情致的詩篇可通過景物的描寫而耐人尋味，使人留連不舍。

在殷璠那裡，神、氣、情是統一的，似乎構成一個相當有啓發性的論詩體系。神好像看來是一種超然物外的境界，是詩人對宇宙之理有所把握，有所感悟之後，再來觀照人世社會，產生一種不爲世俗所累而又更能洞徹世俗之情的一種神理。有了這種神，詩似乎更有深度，更有理致，具有一種較高的，或者說可達到物我兩忘的境界。氣則是偏重於因現實社會之激發而產生的詩人種種抱負、理想，以及這種抱負、理想不得展現而產生的抑鬱不平，這就使作品有一種氣勢，一種剛健的力量。情似乎較著重於作家個人對自然、自我的一種富於情趣的感受，它有時比較細膩但卻深邃地對一種情懷的傾訴。殷璠把這三者結合起來，成爲一個整體，就是說，盛唐詩歌所能表現的內容，無比闊大，可以是宇宙萬物之理，經國濟世之業，一己深幽之情，它們既有神理，又有力量，復有情致。這樣，前人所未曾提出而爲殷璠所獨創的興象說就自然而然地形成了。

興差不多是中國文學理論最古老的詞語之一。它似乎是隨著《詩經》的研究開始就被人運用，這就是所謂《詩》的六義之一。唐朝的孔穎達引東漢的鄭玄（所謂鄭箋）謂：「興者，托事於物，則興者，起也，取譬引類，發起己心。」這算是經典式的說明。但「興」的含義，又因時因人而有變化。盛唐詩人中談到興的，孟浩然比較多。除了他的名句「愁因薄暮起，興是清秋發」（《秋登蘭山寄張五》）之外，詩中談到興的有：

> 清曉因興來，乘流越江峴。（《登鹿門山》）
>
> 晨興自多懷，晝坐常寡語。（《田園作》）
>
> 百里行春返，清流逸興多。（《陪盧明府泛舟回作》）

風俗因時見，湖山發興多。（《九日龍沙作寄劉大昚虛》）

款言忘景夕，清興屬涼初。（《西山尋辛諤》）

以上五例，前三項的「興」還可作情緒、感興講，後兩項則已與創作衝動有關了。就是說，在那時，人們已把興作爲外界與主觀相契合而產生的一種創作萌動，一種積極的藝術思維的閃光。正因如此，杜甫就索性把詩和興連起來用，說：「東閣官梅動詩興」（《和裴迪登蜀州東亭送客逢早梅相憶見寄》），「稼穡分詩興」（《偶題》）。

賈至曾說：「詩人之興，常在四時，四時之興，秋興最高」（《沔州秋興亭記》，《全唐文》卷三六八）。這是說，秋天最能引起詩興。盛唐詩人談及的還有：

老去才難盡，秋來興甚長。（杜甫：《寄彭州高三十五使君適虢州岑二十七長史參三十韻》）

試發清秋興，因爲吳會吟。（李白：《送麴少府》）

晚晴催翰墨，秋興引風騷。（高適：《同崔員外綦毋拾遺九日宴京兆府李士曹》）

以上三處，講到秋興時都與作詩聯繫在一起。我們可以說，在盛唐人的觀念裡，與這一詞已突破《詩經》六義之一的界說範圍，已經不是因事起興的那種靜態，而是詩人的一種創作躍動，既是外界的反映，又是對外界的把握，創作主體處在一種亢奮狀態，似乎有一種籠萬物於己有的情狀。

象也是中國古老的哲學上的概念，一般指事物的各種外觀，各種表現形式。盛唐時常常把它與「物」連用，稱「物象」，如：

高談懸物象，逸韻投翰墨。（高適：《酬龐十兵曹》）

城池滿窗下，物象歸掌內。（高適：《登廣陵栖靈寺塔》）

屈平、宋玉，其文宏而靡，則知楚都物象有以佐之。（李華：《登頭陁寺東樓詩序》，《全唐文》卷三一五

有時也稱「萬象」，如高適《答侯少府》：「性靈出萬象，風骨超常倫」。意義也相近。總之，「象」這一概念比較確定，指的是外界事物的各種表象。

殷璠也單獨使用過「興」，如他說常建詩「其旨遠，其興僻」，說劉昚虛詩「情幽興遠」，與盛唐時其他人用義相近。但是，他把興與象連起來，作爲一個詞語，一個概念，卻產生了意念的飛躍。在《河岳英靈集》裡，「形象」與「思維」不是分開來講的，而是統一的，整體的，這就是「興象」。興象不同於比興，也不是興寄，它指的是形象與思維的結合，或者說得窄一點，是情與景的相熔。殷璠除在《敘》中用到「興象」這一術語外，其他還有兩處，一是評論陶翰，一是評論孟浩然。細察陶翰入選的諸作，情景的熔合如《乘潮至漁浦作》，又《宿天竺寺》，《出蕭關懷古》，《仕破子谷》等，實「多興象」。其《出蕭關懷古》中的「孤城當翰海，落日照祁連」兩句，有近有遠，有上有下，有氣氛，有實物，有陪襯，有對比，可說是寫盡塞景邊情。再看殷璠對孟浩然的評論：

浩然詩文采豐茸，經緯綿密，半遵雅調，全削凡體。至如「眾山遙對酒，孤嶼共題詩」，無論興象，兼復故實。

豐茸是草樹茂密的樣子，出於司馬相如《長門賦》：「羅豐茸之游樹兮，離栖梧而相撐。」孟浩然也用過「豐茸」一詞，他的《襄陽公宅宴》說：「窈窕夕陽佳，豐茸春色好。」以窈窕比喻夕陽，以豐茸形容春色，大自然的生機給人帶來喜悅。殷璠用「文采豐茸」就是孟詩具有興象的具體說明。細讀《河岳英靈集》所舉孟浩然的「衆山遙對酒，孤嶼共題詩」兩句，寫永嘉江客舍的情景，衆山遙對寫空，孤嶼相峙寫獨，寫盡「鄉園萬餘里，失路一相悲」的心情。同時永嘉孤嶼又暗點謝靈運的《登江中孤嶼》，故評語說「無論興象，兼復故實」。

這就是殷璠所說的「興象」。從興象蘊含的內涵來說，是神、氣、情。在盛唐時代，特別是氣與情，對於創造具有興象那樣的詩境起了很大的作用；正由於有那樣一種表現力量之美的氣骨和體現豐富內心世界的情致，才促使詩人萌動著的創作欲與物象相結合，造成了一種晴朗透徹、豐滿闊大，能以深切的或強烈的情緒激發讀者的藝術境界。謝靈運的山水詩，精雕細刻，類似於金壁山水，但缺乏感人的力量，陳子昂的寄興，理則有餘，文則不足。盛唐是一個開闊的、向上的時代，杜甫《秋興八首》中說「彩筆昔曾干氣象」，是要用彩筆描繪這五光十色的氣象，而不是一般的小巧景致，而這就需要作家有飽滿的詩情，使形象帶有一層詩的、理想的光輝，這就是殷璠對盛唐詩論的貢獻。

殷璠在《敘》中曾批南朝那種「理則不足，文則有餘，都無興象，但貴輕艷」的詩風，於是提倡興象。但興象是他對一代詩風的總的要求，而對每一個具體的詩人來說，作品中所體現的興象，神、氣、情三者可各有側重。看來他似乎認爲王昌齡最能全面地體現興象的三要素，因此標舉其爲「中興高作」。無論選詩之多（十五首），所舉例句之衆（四十二句），或評語之長，都冠於全集其他二十三個詩人之上。再細察王氏入選的詩，合乎「神」的要求的似乎有《緱氏尉沈興宗置酒南溪留贈》及《齋心》，合乎「情」的則有《江山聞笛》和《聽人流水調子》等，而合乎「氣」的似占最多的篇幅，且比較全面：《詠史》、《少年行》、《城傍曲》、《塞下曲》、《從軍行》、《鄭縣陶大公館中贈馮六元二》等。其餘的詩都或多或少在各種程度上表現出「神」、「氣」或「情」。力或風骨在例句裡表現得尤其明顯，可以說無一句不是氣勢雄厚，懷撫古今，力蓋天地，心兼人寰，宜乎殷璠視之爲「驚耳駭目」而比之於曹、劉、陸、謝。

對於被稱爲「爲人骨鯁、有氣魄」的薛據，殷璠則盛贊其「寒風吹長林，白日原上沒」，說是「曠代之佳句」。這是因爲這兩句確實表現了一種氣勢，描畫了北方黃土高原寥闊荒涼，寄寓詩人有志不得伸的慷慨之情。而對於王維，則有所不同。王維也有形象闊大的邊塞詩，如「大漠孤煙直，長河落日圓」。寫出塞漠的曠遠和奇麗，但王維詩的基調還是在秀麗的山水煙嵐中抒發的一片空靈之感。其詩如《入山寄城中故人》簡直就如「道」的升華，讀他的詩就如入「道」、得「理」（「行到水窮處，坐看雲起時」），而至於無牽無掛無礙的超然境界（如「偶然値林叟，談笑無還期」）。因爲它的空靈靜寂異常，它的語言清澈如鏡，所以王維詩得到的總的評價是「詞秀調雅，意新理愜，在泉爲珠，著壁爲繪。一句一字，皆出常境。」薛據與王維的風格各異，一個主氣，一個主情，但都是具有興象的。

這裡我們可以看到，殷璠在提倡興象的總的原則下，注意到審美趣尚的多樣性，把握不同的層次。如對李白、岑參、高適的詩風，都用了「奇」字：說高適「甚有奇句」，稱岑參「語奇體峻，意亦造奇」，評李白「《蜀道難》等篇可謂奇之又奇，然自騷人以還鮮有此體調也。」這三人同是奇，對高適則又與「氣骨」相連，突出其壯懷激烈，對李白、岑參則又與「逸」並提，稱岑爲「逸才」，李爲「縱逸」。而這所謂奇，則又似乎開天寶之後至韓愈尙「奇」的新詩風。

另外，殷璠在品評李頎、綦毋潛時都提到「秀」，而劉昚虛雖說他「氣骨不逮諸公」，則仍欣賞其「情幽興遠，思苦語奇」，「聲律宛態」。這些都可看出，在盛唐這一充分發展的詩歌黃金時代，各種風格競放異采，殷璠也在理論觀念上反映了這種多樣性，而不強求一律。同時也可看出，他是力求用不同的詞匯來表現文學批評的不同範疇的，這應當說是中國古代文學理論在思維模式上的一個不小進展。

當然，也應該看到，殷璠在很大程度上還停留在直觀式的批評上，他的有些概念（如神），還不是太清晰的。而我們目前古代文論的研究和古漢語的研究，也還未能很好地對殷璠提出來的這些術語或概念作出精確的闡釋。本文雖然也作了一些分析，提供了我們認爲值得參考的材料，但這篇文章所做的也還只是一種描述。希望通過有關學科的共同努力，對於中國古代文學理論中的專門術語有科學的界定，那時就可以更進一步地作出理論上的綜合探索。

唐人選唐詩與《河岳英靈集》

《河岳英靈集》是專收盛唐詩的一部詩選，天寶後期丹陽殷璠編。在編選時，殷璠把他對同時代的詩人的評論寫進這部《河岳英靈集》中，使這本詩選帶有文學批評的性質，而他的評論又牽涉到詩歌的藝術表現，詩歌的發展道路，以及內容與形式等具有一定理論色彩的問題，這就使他的批評又進入文學理論的範疇。但是《河岳英靈集》畢竟是詩歌選集，我們首先要把它放在具體的歷史環境中考察。唐人編選本朝的詩歌，有它自身發展的軌跡。我們不妨循著這條軌跡，看看殷璠佔據著什麼樣的位置，他與其先行者相比，有否增加些什麼；與他以後的詩選家比較，他給予了什麼。在對他的詩歌批評與理論觀念進行具體的分析的同時，對唐人選唐詩的演進作一概括的考察，似也是合宜的。

殷璠以前的唐詩選本，據明胡震亨《唐音癸籤》卷三十一「集錄」所載，有《續古今詩苑英華集》、《麗則集》、《詩人秀句》、《古今詩人秀句》、《玉台後集》、《正聲集》、《奇章集》、《搜玉集》、《國秀集》等九種。其實還應當加一種，即崔融編的《珠英學士集》。這十種如《雨則集》、《奇章集》、《搜玉集》因不知編撰者姓名，其書早已亡佚①，具體情況不得而詳，又如《珠英學士集》只記武則天時修《三教珠英》諸臣的詩，其書僅存殘本②，這些都可不論。現在讓我們以確知其編撰者姓名，並可以考知其書的，作一個較爲系統的回顧，並以之與《河岳英靈集》作一些比較。通過這一回顧，希望對於從唐初至玄宗時期的唐詩編選，以及中晚唐時期的某些有代表性的選本，有一個大致的了解。

唐代前期的唐詩編選，也同當時的詩歌創作一樣，受六朝詩風的影響。似乎到高宗、武則天時，一些詩歌選本在編選本朝詩時，還是與前朝（尤其是與南朝）一起合編，這反映了當時一些編者們的文學觀念，他們還沒有認識到唐詩的獨立價值。

現今所知唐代第一個唐詩選本，是出於長安的一個僧人所編，即釋慧淨的《續古今詩苑英華集》③。與此同時，他的友人劉孝孫也編有一部類似的書，名《古今類聚詩苑》，三十卷。但劉孝孫所編已經亡佚，而他爲慧淨的書所寫的一篇序言卻保存下來，由此使我們得以窺見慧淨編選的宗旨。

《新唐書》卷六《藝文志》丁部集錄載《續古今詩苑英華》二十卷。《新唐書·藝文志》在另一處（丙部子錄釋氏類）著錄慧淨的另一部著作《雜心玄文》，並云：「姓房，隋國子博士徽遠從子。」關於慧淨的事跡，我們從《續高僧傳》卷三的傳文中可以得知，他俗姓房氏，常山眞定人，隋國子博士徽遠之侄。十四歲即出家，隋文帝、煬帝時就有聲譽。唐貞觀時爲長安紀國寺主持，大臣房玄齡與結爲法友。高宗李治爲太子時，就曾請他主持普光寺。《全唐文》卷九〇四所載慧淨《辭謝皇儲令知普光寺任啓》、《重上皇儲令知普光寺任謝啓》二文，即爲此而作（《全唐文》據《續高僧傳》輯錄），皇儲即指李治。慧淨卒於貞觀十九年（六四五），年八十六。

《續古今詩苑英華集》已佚，我們只能從《續高僧傳》中所載劉孝孫《沙門慧淨英華序》了解其情況（也載於《全唐文》卷一五四）。這裡似應對劉孝孫作一些介紹。他的事跡附見於《舊唐書》卷七十二《褚亮傳》後。《褚亮傳》中有一段話記敘唐太宗設文學館事：「始太宗既平寇亂，留意儒學，乃於宮城西起文學館以待四方學士。……諸學士並給珍膳，分爲三番更值，宿於閣下，每軍國務靜，參謁歸休，即便引見，討論墳籍，商略前載，預入館者，時所傾慕，謂之登瀛州」。在這之後，即記劉孝孫事：

劉孝孫者，荊州人也。……孝孫弱冠知名，與當時辭人虞世南、蔡君和、孔德紹、庾抱、庾自直、劉斌等登臨山水，結爲文會。大業末沒於王世充，世充弟僞杞王辯引爲行台郎中。洛陽平，辯面縛歸國，衆皆離散，孝孫尤攀援號慟，追送遠郊，時人義之。武德初，歷虞州錄事參軍，太宗召爲秦府學士。貞觀六年，遷著作佐郎，吳王友。嘗採歷代文集，爲王撰《古今類聚詩苑》四十卷。十五年，遷本府諮議參軍，尋遷太子洗馬，未拜卒。

又《新唐書》卷一〇二《褚亮傳》載秦府十八學士原有薛收，貞觀七年收卒，「復召東虞州錄事參軍劉孝孫補之」。據《新唐書·藝文志》，他的著作尚有《二儀實錄》一卷（屬乙部史錄儀注類），與房德懋合撰《事始》三卷（屬丙部子錄小說家類，當是《事物紀原》一類的書），又《隋開皇曆》一卷，《七曜雜術》一卷（屬曆算類）。

從以上記載可以看出，劉孝孫是在南朝的文學環境中成長起來的，他與南朝一些著名文人如虞世南、庾抱、孔德紹一樣，經過隋朝的短促時期，因其學識和文才而得到新建立起來的唐朝廷的重視。他的詩現存七首，特色不多，但似乎已多少擺脫六朝綺豔文風的影響。如《詠笛》一首：「涼秋夜鳴笛，流風詠九成。調高時慷慨，曲變成凄清。征客懷離緒，鄰人思舊情。幸以知音顧，千載有高聲。」又如《早發成皋望河》：「清晨發岩邑，車馬走轘轅，回瞰黃河上，惝恍屢飛魂。……懷古空延佇，嘆逝將何言。」（《全唐詩》卷三三）寫景抒情，行役懷古，已經向質樸方向發展。

《沙門慧淨詩英華序》開首稱頌慧淨於佛家教義涵養之深，後敘二人交誼：「予昔游京輦，得伸敬慕。寥寥淨域，披雲而見光景；落落閑居，入室而生虛白。法師導余以實際，誘余以眞如，挹海不知其淺深，學山徒仰其峻極。」這是唐初士大夫與佛教徒交往的一段很好的材料，對研究僧人怎樣以佛學奧義來吸引文士，很有幫助。文章接著說：

> 嘗以法師敷演之暇，商榷翰林，若乃園柳天榆之篇，阿閣綺窗之詠，魏王北上，陳思南國，嗣宗之賦日月，彭澤之摛微雨，逮乎顏、謝掞藻，任、沈遒文，足以理會八音，言諸四始，咸遞相祖述，鬱爲龜鏡。

從這段話中可以見出他們對建安至齊梁的詩歌有較廣泛的討論。接著說：

> 近世文人，才華間出。周武帝震彼雄圖，削平漳滏；隋高祖韞茲英略，龕定江淮。混一車書，大開學校。溫、邢譽高於東夏，徐、庾價重於南荊；王司空孤秀一時，沈恭子標奇絕代。凡此

英彥，安可闕如。自參墟洛祚，重光景曜，大宏文德，道冠前王，邁軸之士風趨，林壑之賓雲集。故能抑揚漢徹，孕育曹丕，文雅鬱興，於茲爲盛。……因請法師暫回清鑒，采摭詞實，耘剪繁蕪。

這說明慧淨所選起自北朝的周，南朝的梁陳。《唐音癸籤》說明此書所輯爲「自梁至唐初劉孝孫」，是不錯的（胡震亨所謂至劉孝孫止，也根據此篇序文末所云「予聊因暇日，敬述芳猷，俾郢唱楚謠，同管弦而播響」）。

由於這個選集已經亡佚，前代文獻記載缺乏，我們未能知道選目的詳細情況。但從以上所引，可知慧淨與劉孝孫對於建安文學的意義，對齊梁文風的柔弱，缺乏認識，又加以貞觀前期詩歌創作還仍沿六朝餘波，因此他們認爲唐初詩歌只不過是北朝溫（子升）、邢（邵），南朝徐（陵）、庾（信）的繼續，他們看不出新朝在文學上有什麼變化，因此將唐初詩歌與周、梁時的合編，在他們看來自是順理成章的事。

劉孝孫雖然參加了唐太宗的文學館，但他對前代詩歌的發展衍變，以及新時期詩風應當具有什麼新的特點，似都缺乏認識。慧淨得名於隋朝，作爲一個僧人，又囿於教義，他當然更不了解大唐帝國的建立會對文學發展具有怎樣的意義。他們的識見都落後於當時參預修史的大臣如魏徵、李百藥、令狐德棻等。唐朝建立之初，即命朝臣修梁、陳、北齊、北周、隋史，貞觀三年（六二九），唐太宗下令由魏徵總其成，加快修史的進度。貞觀十年（六三六）五史相繼完成。他們修史的時間與慧淨、劉孝孫討論、編撰詩選的時間是相近的。而魏徵等卻明確地提出了新建立的王朝對前朝文學提綱挈領式的看法。他們也肯定齊、梁時文人在藝術技巧方面的探討和成績，如說江淹、沈約等「縟彩鬱於雲霞，逸響振於金石，英華秀發，波瀾浩蕩，筆有餘力，詞無竭源」（見《隋書．文學傳序》）；又說徐陵「其文頗變舊體，緝裁巧密，多有新意」（《陳書．徐陵傳》）。但在總體上，也就是詩歌的發展方向上，他們是予以否定的，並且指出這種文風對於國家政權的危害：「梁自大同之後，雅道淪缺，漸乖典則，爭馳新巧。簡文、湘東，啓其淫放，徐陵、庾信，分路揚鑣。其意淺而繁，其文匿而彩，詞尚輕險，情多哀思。格以延陵之德，蓋亦亡國之音乎！」（《隋書．文學傳序》）為適應統一大帝國的建立，他們要求有這樣的一種文風，即取江左清綺，河朔剛貞，「掇彼清音，簡茲累句，各去所短，合其兩長，則文質彬彬，盡善盡美矣。」（同上）當然，這在當時只能是一種理想提出，文學創作的實際遠未具備這樣的條件，但畢竟發展的方向已經概括地、明確地指出。劉孝孫、慧淨反映的是當時一般文士的認識，也與當時詩歌創作的實際相適應。他們與殷璠，處於極不相同的文學環境，以至幾乎無法加以比較。

過了三、四十年，即唐高宗、武則天時期，我們看到另一種唐詩選本的出現，這就是元思敬的《古今詩人秀句》。

《舊唐書》卷一九〇上《文苑傳》上《崔行功傳》後附記元思敬事，謂：「元思敬者，總章中為協律郎，預修《芳林要覽》，又撰《詩人秀句》兩卷，傳於世。」《新唐書》卷六〇《藝文志》丁部集錄、載高宗、武后時期朝臣所修的大型類書、總集，有許敬宗、劉伯莊等《文館詞林》一千卷，《麗正文苑》二十卷，另有《芳林要覽》三百卷，參預編纂者有許敬章、顧胤、許圉師、上官儀、楊思儉、孟利貞、姚璹、竇德玄、郭瑜、董思恭、元思敬。《新唐書·藝文志》同卷並載元思敬《詩人秀句》二卷。

元思敬的其他事跡未詳。《全唐詩》、《全唐文》都未曾收錄其詩文。羅根澤《中國文學批評史》（三）第二章《詩的對偶及作法》曾疑元思敬即元兢。按羅說是。據《說文》，兢，敬也。元兢，字思敬，名與字正合。《文鏡秘府論》南卷「論文意」類引「或曰」論秀句一段，羅根澤謂即其《古今詩人秀句》序。這段文中說及參預修纂《芳林要覽》，時與事都與《舊唐書》所載元思敬事相合。④

按《古今詩人秀句》一書已佚。據日本小喜甚一《文鏡秘府論考》第一章《成立考》⑤，元兢此書曾著錄於《見在書目》中的總集類，載爲二卷。《見在書目》即《日本國見在書目錄》，編於日本陽成天皇、宇多天皇年間（公元八七六—八九八，即唐僖宗乾符三年—昭宗光化元年），大約也是中唐時流傳到日本去的。據《文鏡秘府論》南卷所載序，稱「時歷十代，人將四百，自古詩爲始，至上官儀爲終」，則似乎上溯兩漢。序中又云：

余以龍朔元年爲周王府參軍，與文學劉禕之、典籤范履冰書，東閣已建，斯竟撰成此錄。王家書既多缺，私室集更難求，所以遂歷十年，未終兩卷。今剪《芳林要覽》，討論諸集，人欲無從，果諧宿志。常與諸學者覽小謝詩，見和宋記室省中，銓其秀句。……

元兢總章中爲協律郎，總章爲公元六六八—六七〇年。又於龍朔元年爲周王府參軍，龍朔元年爲六六一年。又據《舊唐書》卷七《中宗紀》，中宗李顯，顯慶元年（六五六）十一月生，「明年封周王，授洛州牧，儀鳳二年徙封英王」。儀鳳二年爲六七七年。則李顯封周王在六五七—六七七的二十年間。《古今詩人秀句》序謂兢撰此書歷十年之久尚未終二卷，乃因爲「王家書既多缺，私室集更難求」，後因預修《芳林要覽》，又得與諸學士討論，「果諧宿志」。則此書之編撰爲元兢爲周王府參軍時，同時又參預編修《芳林要覽》，則兢當以協律郎又兼在周王府供職。《文鏡秘府論》天卷「調聲」引「元氏曰」，曾載元兢《蓬州野望》詩，爲《全唐詩》未收者：「飄飖宕渠域，曠望蜀門隈。水共三巴遠，山隨八陣開。橋形疑漢接，石勢似煙回。欲下他鄉淚，猿聲幾處催」。蓬州在今四川省。不知元兢因何而貶，也未知貶在何年。據《文鏡秘府論》所引，他尚著有《詩髓腦》一書。在上述所引《詩人秀句序》的一段文字之前，已稱「皇朝學士褚亮，貞觀中奉敕與諸學士撰古文章巧言語」，後又說「銓其秀句」，似所選並非全篇，像《芳林要覽》那樣，都是摘抄佳句。《玉海》卷五四載《瑤山玉彩》一書的編撰：「龍朔元年，命賓客許敬宗、右庶子許圉師、中書侍郎上官儀，中書舍人楊思儉，即文思殿，採摘古人文章英詞麗句，以類相從，號《瑤山玉彩》，凡五百篇。」可見採摘古今詩文中的「英詞麗句」，乃是當時的風氣，也是繼《藝文類聚》而來的把詩歌創作看成事類堆砌的一種作法。聞一多《類書與詩》（載《唐詩雜論》中）曾列舉唐初五十年間大量編修類書的情況，說：「

假如選出五種書，把它們排成下面這樣的次第：《文選注》，《北堂書鈔》，《藝文類聚》，《初學記》，初唐某家的詩集，我們便看出一首初唐詩在構成程序中的幾個階段。」因此他曾形象地比喻說：「唐初五十年間的類書是較粗糙的詩，他們的詩是較精密的類書。」

元兢（思敬）所參預編修的《芳林要覽》也就是這樣的把詩歌的創作與類書的編纂結合起來的工作，而歸結點則是在追求詞藻的雕飾。《芳林要覽》的修纂者有上官儀，而《古今詩人秀句》在唐人的終點又是上官儀，就可見元兢的審美追求是怎樣反映高宗前期的文學環境——那正是「四傑」已經登上詩壇，陳子昂還未出場，上官儀的綺靡錯媚的詩風正彌漫於一時的文苑。楊炯《王勃集序》曾對那一時期上官體文風作過描畫：

> 嘗以龍朔初載，文場變體，爭構纖微，競爲雕刻，糅之金玉龍鳳，亂之朱紫青黃，影帶以徇其功，假對以稱其美，骨氣都盡，剛健不聞。（《文苑英華》卷六九九）

不過，我們還應注意到的是，元兢序中稱他選詩的宗旨是：「以情緒爲先，其直置爲本，以物色留後，綺錯爲末，助之以質氣，潤之以流華。」元兢這裡提到選詩以情緒爲先，雖然他沒有具體闡述這個「情緒」究竟是什麼，但終究接觸到了詩歌創作的一些本質方面的東西。我們知道，陸機《文賦》是很重視情對於文學、特別對於詩歌創作的重要作用的，他在論述詩、賦、碑、誄、銘、箴、頌、論等文體時，特別提出「詩緣情而綺靡」；在論到創作過程時，講到感興，也即是創作靈感、想象問題說：「其始也，皆收視反聽，耽思傍訊，精騖八極，心游萬仞。其致也，情瞳矓而彌鮮，物昭晣而互進。」指出在創作過程中，物象的清晰，是與作者主觀情緒越來越鮮明有著極其密切的關係。而當興會過去時，則先是「六情底滯，志往神留」，於是就「兀若枯木，豁若涸流」，「理翳翳而愈伏，思軋軋其若抽」。元兢沒有象陸機那樣作細致的分析，但他概括地提出「以情緒爲先」，並說「其直置爲本」，雖然還失之籠統，但這與當時一味追求藻飾、失去眞情的台閣體詩已有所區別。而且他還提出「質氣」這一概念，這也是難能可貴的。不過他仍然把「質氣」放在輔助的地位（「助之以質氣」），這比起當時王勃所要求的「氣凌雲漢，字挾風霜」（王勃《平台秘略贊·藝文》）和「思飛情逸」、「興洽神清」（《山亭思友人序》）的詩風來，不免稍遜，比起後來殷璠在《河岳英靈集》中明確提出的「興象」、「氣骨」等概念來，就更有一段距離。但我們由此也可看出唐代詩選家漸進的痕跡。

這裡我們連類而及地介紹一下李康成的《玉台後集》，因爲據《唐音癸籤》，《玉台後集》也是「唐人選唐詩，其合前代選者」的一種，雖然編選者李康成的時代已晚，與殷璠同時，都是天寶時人。

《新唐書·藝文志》丁部集錄載李康《玉台後集》十卷，無「成」字，對其生平一無說明。後世有關李康成的記載，都是根據南宋劉克莊的《後村詩話》。《後村先生大全集》卷一七七《詩話續集》：

鄭左司子敬家有《玉台後集》，天寶間李康成所選，自陳後主、隋煬帝、江總、庾信、沈、宋、王、楊、盧、駱而下二百九人，詩六百七十首，匯爲十卷，與前集等，皆徐陵所遺落者，往往其時諸人之集尚存。今不能悉錄，姑摘其可存者於後。……天寶間大詩人如李、杜、高適、岑參輩迭出，康成同時，乃不爲世所稱，若非子敬家偶存此篇，則詩多佳句失傳矣。中間自載其詩八首。……

在此之前，晁公武《郡齋讀書志》卷四下也著錄《玉台後集》十卷，謂「唐李康成採梁蕭子範迄唐張赴三百九人所著樂府歌詩六百七十首，以續陵編」。則南宋時其書尙存，恐明以後亡佚。晁《志》謂所採爲「樂府歌詩」，今檢劉克莊所引詩有祖詠《愁怨》，《全唐詩》卷一三一祖詠詩題作《別怨》，爲五言四句：「送別到中流，秋船倚渡頭；相看尙不遠，未可即回舟。」又如張繼《望歸舟》：「暮暮望歸客，依依江上船，潮落猶有信，去楫未知旋」。今《全唐詩》張繼名下未收。崔國輔《採蓮》：「玉淑花紅發，金塘水碧流；相逢畏相失，並著採蓮舟」，見《全唐詩》卷一一九崔國輔詩，題《採蓮曲》。劉克莊在詩話中並記載李康成自作之詩，說「中間自載其詩八首，如『自君之出矣，弦吹絕無聲，思君如百草，撩亂逐春生』，似六朝人語。」由這些記載看來，李康成似有意在徐陵的《玉台新詠》之後，編一部梁至唐天寶年間文人仿作的樂府民歌詩⑥，但都爲五言四句，係仿南朝子夜歌體式。從其所選及自作的一些詩句看來，都還不失情趣，因篇帙散失，無從窺其全豹，也無從明了其選錄宗旨。但可看出唐代一些詩人向六朝民歌學習的情況，所選均爲五言，這與《河岳英靈集》所選也以五言爲主一樣，似可見出一定的時代風尙。

《正聲集》是唐人選本朝詩的第一部，唐朝中後期的選家對它評價很高。高仲武《中興間氣集》的序中稱許它說：「暨乎梁昭明，載述已往撰集者數家，推其風流，《正聲》最備，其餘著錄，或未至焉。」高仲武把《正聲集》推崇爲前此詩選之冠，未必確當，還是顧陶《唐詩類選序》（《文苑英華》卷七一四，《全唐文》卷七六五）較爲公允，序中將它與《河岳英靈集》、《中興間氣集》、《

南薰集》並列：「雖前賢纂錄不少，殊途同歸，《英靈》、《間氣》、《正聲》、《南薰》之類，朗照之下，罕有孑遺，而取捨之時，能無少誤。」顧陶對這四種書的取捨雖不無意見，但仍是把它們視爲在此之前唐人選唐詩的代表著作。

《正聲集》三卷，《新唐書·藝文志》（丁部集錄）記載爲孫季良撰。《舊唐書》卷一八九下《儒學傳》下《尹知章傳》後附載孫季良事：「孫季良者，河南偃師人也，一名翌。開元中爲左拾遺，集賢院直學士。撰《正聲詩集》三卷行於代。」孫季良之所以附於《尹知章傳》之後，是因爲他是尹知章的學生，尹知章是當時的一位著名的儒家經師，中書令張說於睿宗初曾推薦他「有古人之風，足以坐鎮雅俗」，授禮部員外郎，轉國子博士，「後秘書監馬懷素奏引知章就秘書省與學者刊定經史」。開元六年（七一八）卒，「所注《孝經》、《老子》、《莊子》、《韓子》、《管子》、《鬼谷子》，頗行於世」。可見是出入儒道、不拘一格的學者。知章卒後，「門人孫季良等立碑於東都國子監之外，以頌其德。」

《新唐書》卷五八《藝文志》乙部史錄職官類載《唐六典》云：「開元十年，起居舍人陸堅被詔集賢院修《六典》，玄宗手寫六條，曰理典、教典、禮典、政典、刑典、事典。張說知院，委徐堅，經歲無規制，乃命毋煚、余欽、咸廙業、孫季良、韋述參撰。」《六典》於開元二十六年（七三八）修成。又《新唐書·藝文志》丙部子錄類書類載《初學記》的纂修：「張說類集要事，以教諸王，徐堅、韋述、余欽、施敬本、張烜、李銳、孫季良等分撰。」《六典》和《初學記》是開元時纂修的兩部大書，一是政典，一是文藝性類書。孫季良先後參加編書工作，具體情況雖不得其詳，但也可見他是一位博達之士。《舊唐書》說他曾任集賢院直學士，而集賢院是開元中期張說主張下集文學、經學之士的著名學術機構，與貞觀時期的唐太宗文學館先後輝映。

《全唐詩》卷一一三載孫季良詩一首，但《全唐詩》作孫翃，翃應是翊（即翌）之形誤。詩題作《奉酬張洪州九齡江上贈》。《全唐詩》實本《唐詩記事》，其書卷二三有「孫雄」條：「張曲江在洪州，有《郡南江上別孫侍御》詩云：『雲障天涯盡，川途海縣窮。何言此地僻，忽與故人同。身負邦君弩，情行御史驄。王程我安駐，離思逐秋風。』翃時以監察御史奉使洪州，酬云：『受命議封疆，逢君牧豫章。於焉審虞芮，復爾共舟航。悵別秋陰盡，懷歸客思長。江皋枉離贈，持此慰他鄉。』」按這兩首詩也見於四部叢刊影印明成化本《曲江張先生文集》卷四，前詩題作《郡江南上別孫侍郎》，「侍郎」當依《唐詩紀事》作「侍御」。此詩之後題爲《奉酬洪州江上見贈監察御史孫翊》。這裡的「奉酬洪州江上見贈」當是詩題，而「監察御史孫翊」當是署名。唐集中往往附他人酬贈之作，並署官銜、姓名，後世不察，抄刻時與詩題連書，因而致誤。《曲江張生生文集》未曾附錄誥命，有開元十五年三月十三日《授洪州刺史制》，開元十八年七月三日《轉授桂州刺史兼嶺南按察使制》。張、孫詩中有「離思逐秋風」、「悵別秋陰盡」句，當作於開元十五年至十七年間。《六典》修成於開元二十六年，此後即未見孫季良事跡的記載，他當是開元時期的人。

《正聲集》已佚，無從知其詳情。《唐音癸籤》卷三十一記唐人選初唐詩者三家，《正聲集》是第一家。又《大唐新語》卷八「文章」門載劉希夷事謂：「後孫翌撰《正聲集》，以希夷爲集中之最，由是稍爲時人所稱。」劉希夷是初唐詩發展中的一個重要人物，聞一多《宮體詩的自贖》（《唐詩雜論》）論述初唐詩在揚棄宮體詩風的過程中，由盧、駱到張若虛，怎樣一步步地將男女之間的感情淨化，在這種發展中，劉希夷起了重要作用。他的「今年花落顏色改，明年花開復誰在」「年年歲歲花相似，歲歲年年人不同」（《代悲白頭翁》），與張若虛《春江花月夜》同是初唐八十年間歌行體的傑作。另外，唐趙儋於中唐時爲陳子昂作《旌德之碑》，說陳子昂「有詩十首入《正聲》」（《陳子昂集》附錄）。陳子昂詩的風格與劉希夷不同，但都同樣選入《正聲集》，可見孫翌是力圖反映初唐詩的全貌的，因而爲後來的詩選家所推重。

因此我們可以說，孫翌編《正聲集》，第一個把唐代詩歌作爲獨立的發展階段，而不是以前的一些選本那樣把初唐詩附麗於六朝之後，這是一個大功績。在這之後，《奇章集》（「錄李林甫至崔湜百餘家詩奇警者」⑦）、《搜玉集》（「自四傑至沈、宋三十七人，詩六十三篇」）相繼編出，皆以初唐斷代，這都標明開元時人文學觀念有異於他們的前輩，他們已經有眼光與魄力把本朝八十年間的詩歌與唐以前相並立，顯示出開元前期詩歌創作與詩歌理論的趨向成熟。

在這之後，就是略早於殷璠的芮挺章《國秀集》。胡震亨將《國秀集》列爲「合選初盛唐」，說「所載李嶠、沈、宋、迄祖詠、嚴維九十人詩二百二十篇，三卷。樓穎序稱其譴謫蕪穢，登納菁英，成一家之言」。這是根據今存《國秀集》前的一篇序的。其實這篇序中明確說明所選詩作乃「自開元以來，維天寶三載」，應當說是盛唐詩。序中敘述編選緣起時說：

近秘書監陳公、國子司業蘇公嘗從容謂芮侯曰：「風雅之後，數千載間，詞人才子，禮樂大壞，諷者溺於所譽，志者乖其所之，務以聲折爲宏壯，勢奔爲清逸，比蒿視者之目，聒聽者之耳，可爲長太息也。運屬皇家，否終復泰，憂游闕里，唯聞子夏之言；惆悵河梁，獨見少卿之作。及源流浸廣，風雲極致，雖發詞遺句，未協風騷，而披林擷秀，揭厲良多。自開元以來，維天寶三載，譴謫蕪穢，登納菁英，可被管弦者都爲一集。」芮侯即探書禹穴，求珠赤水，取太沖之清詞，無嫌近溷；得興公之佳句，寧止擲金。道苟可得，不棄於廝養；事非適理，何貴於膏粱。

這篇序言未署姓名，而稱編者爲芮侯。最早以此序屬之樓穎者，爲宋人曾彥和，現存《國秀集》後有宋「大觀戊子」龍溪曾彥和跋，說：「《國秀集》三卷，唐人詩總二百二十篇，天寶三載國子芮挺章撰，樓穎序之」。大觀爲宋徽宗年號（一一〇七—一一一〇）。可能曾彥和於北宋末所看到的本子，其序有樓穎署名，並載芮挺章爲國子生的。今存《國秀集》前目錄，於所選詩人姓名上各載其官職，未有官職者注明其身份，如處士、進士等。樓穎、芮挺章各冠以「進士」，按唐代科舉習稱，這是已被貢舉但尚未登第的舉子（已登進士第的稱前進士）。國子生即是在國子監所屬如太學、國子學、四門學等就讀以備應試的士子，因此也可稱進士。據此，則序作於樓穎，當屬可能。但《全唐文》未載樓穎文，而將此序屬於芮挺章（卷三五六）。按彥和在「事非適理，何貴於膏粱」下云：

其有岩壑孤貞，市朝大隱，神珠匿耀，剖巨蚌而寧周；寶劍韜精，望斗牛而未獲。目之縑素，有愧遺才。尚欲巡採風謠，旁求側陋，而陳公已化爲異物，堆案颯然，無與樂成，遂因絕筆。今略編次，見在者凡九十人，詩二百二十首，爲之小集，成一家之言。

這就是說，在編定之後，還擔心因囿於見聞，恐有遺珠之憾，擬再加搜採，但「陳公」已死，無人討論，只得就原所纂輯，略加編次。問題在於此處提到的秘書監陳公，國子司業蘇公是誰，如能考定這兩個人，則也能大致推測序的寫作時間。

今查史籍，此國子司業蘇公當爲蘇源明。《新唐書》卷二〇二《文藝傳》下有傳，稱其「工文辭，有名天寶間」。曾任東平太守，後爲國子司業，「安祿山陷京師，源明以病不受僞署。肅宗復兩京，擢考功郎中、知制誥」。後以秘書少監卒。《新傳》未載蘇源明任東平太守、國子司業的年月，而這可由蘇源明本人的詩文考知。《全唐詩》卷二五五載蘇源明《觴濮陽太守清河崔公季重……於洄源亭》。同卷又載其《秋夜小洞庭離宴詩》，自序有云：「源明從東平太守徵國子司業，須昌外尉袁廣載酒於洄源亭，明日遂行，及祖留宴」。由此可知蘇源明於天寶十二載（七五三）七月在東平太守任，不久徵調入京爲國子司業，其時在安祿山起兵前。總之，都在天寶三載（七四四）之後。而開元末至天寶時陳姓曾任秘書監而又著名者，只有陳希烈。《舊唐書》卷九十七《陳希烈傳》：「開元中，玄宗留意經義，自褚无量、元行沖卒後，得希烈與鳳翔人馮朝隱，常於禁中講《老》《易》。累遷至秘書少監。」天寶時與李林甫同在相位，楊國忠執政後，希烈失勢。安祿山攻占長安，陳又受僞職，肅宗復京城，「六等定罪，希烈當斬，肅宗以上皇素遇，賜死於家。」其時爲肅宗至德二載（七五七）十二月。

據以上所考，則樓穎這篇序文當作於至德二載以後。又今本《國秀集》目錄所載王維官職爲尙書右丞。按王維之任尙書右丞，兩《唐書》本傳都未有明確記載，但大致在肅宗乾元、上元間（七五九—七六〇）。根據這些材料，我們可以推定，芮挺章編《國秀集》，當在天寶三、四年間，其稿存於友人樓穎處，樓穎本擬續補，因循未果，約在肅宗上元中，就由樓穎爲之撰序，並編寫目錄，乃出以問世。

宋人曾彥和的《國秀集》跋，認爲《河岳英靈集》較《國秀集》成書在後，「然挺章所選，非璠之比，覽者自得之」。但我們今天看來，無論樓穎序文，或集中所選，都不足以與殷璠相比。假如樓穎的序也可代表芮挺章思想的話，則芮面對當時已日麗中天的盛唐詩壇，實在沒有提出什麼値得稱道的見解。蘇源明得名於開元、天寶間，與杜甫「結交三十載」（杜甫《八哀詩》），也與高適爲友。陳希烈在遷任秘書少監後，又曾代張九齡判集賢院事，「玄宗凡有撰述，必經希烈之手」（《舊唐書》本傳）。但經樓穎轉述的蘇、陳的話，也不過儒家傳統的詩教那一套話，至於芮挺章選錄的標準，雖然提出左思、孫綽（「太沖之清詞」、「興公之佳句」），但書中所選，實未能相稱。首先是斷限不明，序中說是：「自開元以來」，而劉希夷爲高宗武后時人，杜審言，沈佺期都死於開元之前。如果要兼收初唐之詩，則又須顧及四傑、陳子昂等。開元、天寶間詩人如李頎、常建、孟浩然、張九齡等，所選都非佳作，梁鍠的一首《觀美人臥》還明顯帶有宮體詩的餘風（如「落釵尤罥鬢，微汗欲銷黃，縱使朦朧覺，魂猶逐楚王」）。目錄中的官稱，疏誤殊多，如稱劉希夷爲「廣文進士」，實則廣文館之設乃在天寶時期（即在芮挺章所謂此集下限天寶三載之後），而劉希夷則遠在此以前。又稱高適爲「絳郡長史」，高適除了至德時曾一度任揚州大都督府長史外，更未有任他州長史的。唐人選詩選入編者本人之作，就現今所見，似也以《國秀集》爲始作俑者，而書中芮、樓二人所作，也甚平庸。

在殷璠以前，就現今所知，唐人選唐詩約有十種，我們重點考察了五種。應當說，《正聲集》的出現，是唐人選唐詩的一個突破，因爲它把唐詩和六朝詩清楚地劃出了一道界限，標明唐詩具有六朝詩無可代替的獨立的價值。而在唐詩本身的發展中，盛唐詩作爲古典詩歌的一個輝煌的高峰來說，也是明顯地與初唐劃了界限的；《國秀集》本應當負擔起把這一光輝的發展時期詩歌編選成集的任務，但由於編選者思想水平的局限，未能很好地肩起這一擔子。在這種情況下，殷璠的《河岳英靈集》出現了。在殷璠面前，就文學背景來說，他面對著這樣幾個實際：一是詩歌創作從初唐到盛唐的業績，特別是開元及天寶前期詩歌所表現出的那從未有過的種種奇姿壯態，應當怎麼認識。二是從魏徵、令狐德棻以來，經四傑、陳子昂，詩歌思想的演進，對這八十餘年來人們期望出現的、堪與這一鼎盛發達的古代社會相輝映的那種詩風，應有怎樣的具體要求。三是對在他之前的文學選本，那種在平靜狀態下緩慢行進的情況，應該怎樣要求在觀點和形式上有所突破。四是初唐詩學的另一側面，就是隨著律體的講求，由上官儀《筆札華梁》、元兢《詩髓腦》、崔融《新定詩體》所代表的探究詩的聲韻、對仗、用字等一系列著作，怎麼把它們從純技術形態上提高一步。關於殷璠的文學思想，將另撰文論述，這裡擬結合選本的考查，概括地提一下，那就是殷璠是比較自覺地企望將這四個方面結合起來的。在他之前詩歌選本一個很大的缺陷，就是未能很好地與當時的先進文學思想和業已前進了的創作實踐相配合，以致大多數選本缺乏理論上的吸引力。殷璠《河岳英靈集》出現於盛唐詩歌的高峰期，它不滿足於單純的選詩，而是對不少還在創作中的詩人加以評論，它是如此切近現實，使得評論與創作同步前進。殷璠提出的幾個詩歌概念，似乎一下子把人們對新時期詩風的要求明確了，而對於聲韻、用字的要求，也更從文學本身規律出發。這種種，使得文學選本不是作爲創作的一個無足輕重的附庸，而是作爲與文學創作並肩前進的文學伙伴。中國古代，選本在文學思想批評史上有著重要的地位，就是由於產生過像《昭明文選》、《河岳英靈集》那樣一批有獨立思想價值的文學選本。但可惜的是，唐人選唐詩，在殷璠之後，未能在已經達到的高度上繼續攀登，又流於平坡滑行的狀態。

現在讓我們進一步來考察殷璠以後的唐詩選本。

中晚唐及五代人編撰唐詩選集，數量繁多，蔚爲風氣。其中不少是友朋之間的唱和集，如李逢吉、令孤楚的《斷金集》一卷（陳振孫《直齋書錄解題》卷十五作十五卷，云「唐令孤楚、李逢吉自進士以至宦達所與酬唱之詩」），元稹、白居易的《元白繼和集》一卷，元稹、白居易、崔玄亮的《三州唱和集》一卷，令孤楚、劉禹錫的《彭陽唱和集》三卷，劉禹錫、李德裕的《吳蜀集》一卷，王涯、令孤楚、張仲素的《三舍人集》一卷，段成式、溫庭筠、余知古的《漢上題襟集》十卷，另外還有父子兄弟合編的詩集，如《李氏花萼集》、《竇氏聯珠集》等。這些詩集除了反映中晚唐文人詩酒唱和的雅韻逸興，以便後世可籍此考知某些詩人的事跡以外，在文學思想上沒有什麼價值，而且它們也幾乎都未保存下來，因此擬不論述。以下主要談幾種現存的選本。

在殷璠編成《河岳英靈集》後約七、八年，元結編《篋中集》。其書爲一卷，收沈千運、王季友、孟雲卿、張彪、趙微明、元季川七人詩共二十四首。這幾個人都是盛唐過來的，《篋中集》所收大部份是安史亂前的詩作，其中有的也已爲《河岳英靈集》所收（如王季友《寄韋子春》，《河岳英靈集》卷上所錄題作《山中贈十四秘書山兄》，且多四句，文字亦有異同）。元結在自序中敘其編選緣起云：

> 風雅不興，幾及千歲，溺於時者，世無人哉。……近世作者，互相沿襲，拘限聲病，喜尚形勢，且以流易爲詞，不知喪於雅正。然哉彼此則指詠時物，會諧絲竹，與歌兒舞女，生污惑之聲於私室可矣，若今方直之士，大雅君子，聽而誦之，則未見其可矣。

這幾句話，如果在四傑、陳子昂時，或在開元之初，人們將會容易理解，問題在於這是元結在肅宗乾元三年（七六〇）寫的，而在此之前，盛唐詩人們已用創作實踐比較徹底地清除了齊、梁以來綺艷詩風的影響，一些在創作上有成就的詩人以及像殷璠那樣的評論家，已經對盛唐詩歌中所表現的某些藝術特質（如聲律風骨兼備、興象、追求清眞自然之美）作了很好的闡釋。在這樣的一個詩歌高峰已經到達，還未成爲過去之時，元結卻來指責詩壇現狀，批評他所謂的「近世」作者的種種弊端，並以此作爲當前存在的一個主要不良傾向來加以批判，這就顯然缺乏時代感了。

因此，我們可以說，從詩歌理論的發展上來看，元結的觀念是陳舊的，他似乎缺乏整體把握的能力。他在創作上側重於質樸，有時不免枯槁，於是對盛唐詩歌中所表現的闊大壯麗，就較爲忽視，或者竟而視作「以流易為詞」。因此，面對前一時期創作的豐富實績，元結不但沒有作出相應的理論上的總結或開拓，而且顯出受儒家傳統的詩教觀念的極大束縛，使人感到一種濃厚的復古氣息。

但《篋中集》仍有其意義。元結在序中說：

> 吳興沈千運，獨挺於流俗之中，弘攘於已溺之後，窮老不惑，五十餘年，凡所為文，皆與時異。故朋友後生，稍見師效，能侶類者，有五六人。嗚呼，自沈公及二三子，皆以正直而無祿位，皆以忠信而久貧賤，皆以仁讓而至喪亡，異於是者，顯榮當世。誰為辨士，吾欲問之！

正如元結所說，《篋中集》所收的這幾位詩人，在此之前，是「無祿位」、「久貧賤」的。這七人中，王季友後來仕宦稍達，做到江西觀察副使，見于邵《送王司議赴洪州序》（《全唐文》卷二四七），又見南宋王應麟《困學紀聞》卷十八引鮑止欽云：「江西觀察使李勉，時季友兼監察御史，為副使。」李勉於代宗廣德（七六三—七六四）中任江西觀察使。但此前三、四年，即肅宗上元元年（七六〇）冬，王季友與張彪都還是處士（見清趙搢《金石存》卷四《上元元年華岳題名》：「大唐上元元年冬十有二月十一日同謁華岳詞書記」，署名者有「處士王季友，張彪」）。除王季友外，其他都終生未仕，不得志於當世。

沈千運等既然大半生處於開元、天寶之世，他們現存的作品主要也寫於安史亂前，但《篋中集》所收，卻絲毫沒有慷慨任氣、建功立業的盛世之音，反而充滿不得志者的愁怨，人生短促的嘆息，他們棲遲於山野，而不求過問世事。如：

聖朝優賢良，草澤無遺匿。……一生但區區，五十無寸祿。衰退當棄捐，貧賤招毀讟。栖栖去人世，屯躓日窮迫。不如守田園，歲晏望豐熟。（沈千運《濮中言懷》）

山中誰余密，白髮惟相親。雀鼠晝夜無，知我廚廩貧。依依北舍松，不厭吾南鄰。有情盡棄捐，土石為同身。（王季友《寄韋子春》）

老病無樂事，歲秋悲更長。窮郊日蕭索，生意已蒼黃。……有才且未達，況我非賢良。幸以朽鈍姿，野外老風霜。（于逖《野外行》）

忽忽望前事，志願能相乖。衣馬久羸弊，誰信文與才。善道居貧賤，潔服蒙塵埃。行行無定心，壈坎難歸來。慈母憂疢疾，至家念栖栖。與君宿姻親，深見中外懷。俟余惜時節，悵望臨高台。（張彪《北游還酬孟雲卿》）

這些詩人似乎都把視線從社會轉向自身，題材範圍狹窄，但感情是誠摯的，筆力是深沈的。他們代表了盛唐之世的另一方面，即社會的不平對於某些詩人心理上的壓力。他們雖與盛唐的一些大家有交往（如李白《留別于十一兄逖裴十三游塞垣》，杜甫《寄張十二山人彪》，高適《賦得還山吟送沈西山人》），但他們在詩歌史上的意義已屬於下一階段，中唐詩人張籍在《過千運舊居》詩中說：「時當無知者，莫能敦此風。浩蕩意無睹，我將安所從。」《篋中集》的詩人在當世是寂寞者，要過了三、四十年，才在孟郊、張籍等詩人那裡找到同調。

《中興間氣集》約編於貞元初。據編選者高仲武自序，謂此書所選，「起自至德元首，終於大曆暮年」，又稱「唐興一百七十載，屬方隅叛渙，戎事紛綸，業文之人，述作中廢。粤若肅宗、先帝，以殷憂啓聖，反正中原。」這裡的「先帝」，應指代宗。安史之亂是在代宗即位後才最後平定的，因此以肅宗、代宗並稱，而唐建國一百七十年，則已至貞元初，故稱代宗爲先帝。此書共分兩卷，所選者有二十六人，詩一百三十二首。按緯書《春秋演孔圖》：「正氣爲帝，間氣爲臣。」《中興間氣集》得名，或即本此。

顧陶《唐詩類選序》舉出在他之前的四部詩選，即《英靈》、《間氣》、《正聲》、《南薰》。《正聲集》、《南薰集》已佚，以《英靈》、《間氣》兩集來看，《間氣》受《英靈》的影響是很顯然的。《河岳英靈集》分兩卷，《中興間氣集》也分兩卷。前者選詩至天寶十二載，近乎天寶末，後者則從至德元載開始，也似乎有意按時間順序接續。《英靈》所收絕大部份爲五言，《間氣》收詩一百三十餘首，七言（包括五七言雜體）不過十一首，不到十分之一，⑧連韓翃以七絕著稱的，也一首未收。特別是《英靈》人各有評，而《間氣》也是如此，雖然內容和深度不一，但體例非常接近，先是總論大體，後則列舉佳句，不過高仲武摘句較多，這也反映了大曆時期追求雕琢的詩風。晁公武《郡齋讀書志》說《南薰集》所收詩「人各繫名繫贊」（見注⑨），可見《南薰集》也是於所選詩人名下有評贊的。我們有理由揣測，這種人各繫以評贊的體例可能即起自殷璠，他的《丹陽集》也是這樣做的。這無疑是我國文學批評一個重要形式的創設。

高仲武的序中說：「古之作者，因事造端，敷弘體要，立義以全其制，因文以寄其心，著王政之興衰，表國風之善否，豈其苟悅權後，取媚薄俗者。今之所收，殆革前弊，但使體狀風雅，理致清新，觀者易心，聽者竦耳，則朝野通取，格律兼收。」他所要革的「前弊」不知何所指，當不是指前面的「古之作者」，可能是指序中舉出的幾種唐詩選本，即「《英華》失於浮游，《玉台》陷於淫靡，《珠英》但記朝士，《丹陽》止錄吳人。」高仲武雖然也標榜儒家的詩教說，但其重點在於「體狀風雅，理致清新」。尤其是後一方面。其「觀者易心，聽者竦耳」也當是指詩歌的辭藻、音律。這部詩選正好是大曆詩風的反映，這是它的特點，也是其價值所在。晚唐時，鄭谷曾有詩云：「殷璠裁鑒英靈集，頗覺同才得旨深。何事後來高仲武，品題間氣未公心。」（《讀前集二首》之一，《全唐詩》卷六七五）鄭谷確認《河岳英靈集》的價值，這是對的，但把《中興間氣集》否定太過，恐未見妥當。在唐代，選錄能代表一代詩風的作品，選者又具有一定詩歌史發展眼光的，應當說要算是《中興間氣集》和它的前行者《河岳英靈集》了。

在這之後，有令狐楚的《御覽詩》一卷。據陸游跋，此書收三十人，詩二百八十九首，「元和學士令狐楚所集也。」跋又云：「按盧綸碑云，元和中，章武皇帝命侍丞採詩第名家得三百一十篇，公之章句，奏御者居十之一。今《御覽》所載綸詩正三十二篇，所謂居十之一者也。據此，則《御覽》爲唐舊本不疑。……《御覽》一名《新唐詩》，一名《選進者》，一名《元和御覽》云。」（《渭南文集》卷二十六）毛晉跋也說：「唐至元和間，風會幾更，章武帝命採新詩備覽，學士彙次名流，選集妍艷短章三百有奇。」據此，則《御覽》詩是令狐楚於元和年間任翰林學士時所編。

按令狐楚爲翰林學士在元和九年（八一四）十一月至十二年（八一七）八月（據岑仲勉《翰林學士壁記注補》，載《郎官石柱題名新考訂》，上海古籍出版社一九六四年五月版）。令狐楚於元和年間享有文名，得憲宗賞識，劉禹錫說他在任翰林學士、中書舍人等內職時，「武帳通奏，柏梁陪燕，嘉猷高韻，冠於一時」（《唐故相國贈司空令狐公集序》）（《全唐文》卷六〇五）。《舊唐書》卷一六六《元稹傳》稱其爲「一代文宗」。元稹於元和十四年自虢州長史還朝，這時令狐楚居相位，向元稹問起他的辭學；元稹感到受寵若驚，趕忙向令狐楚上書，其中說：「竊承相公於廓廟間道稹詩句，昨又面奉教約，令獻舊文，戰汗悚踊，慚愧無地。」

正因爲《御覽》詩是備皇帝觀覽的，編選者又是身居華閣的翰林學士，所以這個選本就有如毛晉所說的「妍艷短章」的特點。所選的詩人自劉方平、皇甫冉起，至楊巨源、梁鍠，都選的是五七言律絕，尤以絕句較多，可以看出大曆至貞元年間近體詩發展的情況，這方面可以補《中興間氣集》的不足。作品的藝術風格是趨向於清麗明快、講究詞藻雕飾。元稹在上述的給令狐楚書啓中曾說到：「常欲得思深語近，韻律調新，屬對無差，而風情宛然，而病未能也。」元稹這裡講的是元和體詩，而他所自謙爲「病未能也」的「韻律調新，風情宛然」這樣一種藝術追求，正好是令狐楚編選《御覽詩》的宗旨。從這裡可以看出近體詩從大曆至元和演進的痕跡。

中晚唐的幾種唐詩選本，姚合《極玄集》主要選大曆時期詩人（盛唐只王維、祖詠二人），而且主要選錄五言（七言只韓翃七絕一首，朱放七絕一首）；其他幾種選本，如《又玄集》、《才調集》

及已佚的《唐詩類選》，都有一種共同傾向，即他們已不是像以前的選家那樣，只選某一時期（如初唐、盛唐、或大曆、貞元），而是企圖通觀初唐以來的詩歌全貌，嘗試於做集大成的工作，但由於編選者才識不足，未能使這些選本反映唐詩多種風格、多種流派的豐富面貌。

《又玄集》的編者韋莊和《才調集》的編者韋縠，都先後仕宦於唐末五代的西蜀，一爲前蜀，一爲後蜀。五代十國是一個紛亂、割據的時代，戰爭頻繁，經濟受到極大的破壞，當時西南的蜀和東南的吳、南唐，相對安定，文學藝術在這兩個區域也相對發達。但這兩個地區的統治者在政治上也未有所作爲，相反地，這幾個小朝廷的君臣所追求的也無非是聲色犬馬，反映在文學上，也就像唐以前的南朝梁陳時那樣，把創作的題材局限於宮廷生活和男女私情，而藝術上則追求繁縟綺麗之美。這種審美風尚也反映在韋莊、韋縠的選本中。

《又玄集》共三卷，據其自序，選詩家一百五十人，詩三百首，初唐有宋之問，盛唐有李白、杜甫、張九齡、王維等十九人，曆中唐、晚唐至鄭谷、羅隱，最後選詩僧如皎然、無可、清江等十人，還選有婦人能詩者如李季蘭、薛濤、魚玄機等十九人，應當說是相當全面的。但韋莊在自序中說：「自國朝大手名人，以至今之作者，或百篇之內，時記一章；或全集之中，唯徵數首。但掇其清詞麗句，錄在西齋，莫窮其巨派洪瀾，任歸東海。」可見他的選錄標準是清麗詞句。雖然韋莊本人有較高的藝術修養，其中所選的詩，如高適一首選其《燕歌行》，張九齡一首選其《望月懷遠》，李賀三首選其《雁門太守行》、《劍子歌》、《杜家唐兒歌》，都是他們的代表佳作。⑩但總的說來，取捨的標準是較爲褊狹的，其中像李頎選其《漁父歌》一首，白居易選其《答夢得》、《送鶴上裴相公》等二首，則連「清詞麗句」也說不上了。

《才調集》的編者韋縠仕於後蜀，其書的規模是這幾種唐詩選本中的較大的，選詩一千首，共十卷，初唐有沈佺期、王泠然，盛唐有崔國輔、孟浩然、王維、常建、李昂、高適、李白、岑參、劉方平、王昌齡、陶翰、祖詠、賀知章等，而大多數則是中晚唐，卷九後部份爲僧人，卷十全爲婦女，與《又玄集》大致相同。白居易選其《秦中吟》數首，這是前此選本所未有的，但未選杜甫。所編各家次序也很混亂，無一定章法，如卷一以白居易爲首，後面接著是薛能、崔國輔，後又是中唐的劉長卿、韋應物，其後又是時代較前的王維，王維之後又是賈島，眞不明究竟。其他卷也大體類似。且有重複收錄的，如白居易兩見（卷一、卷五），高適兩見（卷三、卷八），王昌齡兩見（卷八、卷九），也未知何故。編者在自序中說：「暇日因閱李、杜集，元、白詩，其間天海混茫，風流挺特，遂采摭奧妙，並諸賢達章句，不可備錄，各有編次。或閑窗展卷，或月榭行吟，韻高而桂魄爭光，詞麗而春色鬥美。但貴自樂所好，豈敢垂諸後昆。」可見他的審美趣向也是「韻高」、「詞麗」，與莊相似。而且照自序的這幾句話看來，似隨得隨抄，個人把玩，因此既無一定的編次，又前後重複。

已佚的《唐詩類選》編於宣宗至僖宗年間，顧陶說他編此書歷時三十年，可見是經過幾次選揀而編定的。從現在保存的顧陶《唐詩類選序》和《後序》看來，他的選詩標準還是儒家的詩教說，主張通過詩作「以察風俗之邪正，以審王化之興廢」，而且認爲自春秋至漢魏，「莫不由政治以諷諭，繫國家之盛衰」。至齊梁以後，則詩風隨著朝政不修而衰頹：「逮齊梁陳隋，德祚淺薄，無能激切於事，皆以浮艷相夸，風雅大變，不隨流俗者無幾，所謂亡國之音哀以思，王澤竭而詩不作。」他把詩歌的興衰原因完全歸結於政治得失。也正因如此，他推崇杜甫和李白說：「國朝以來，人多反古，德澤廣被，詩之作者繼出。則有杜、李挺生於時，群才莫得而並，其亞則昌齡、伯玉、雲卿、千運、應物、益、適、建、況、鵠、當、光羲、郊、愈、籍、合十數子，挺然頽波間，得蘇、李、劉、謝之風骨，多為清德之所諷覽，乃能抑退浮僞流艷之辭，宜矣。」這樣的敘述，大體上是不錯的。同時，他對於藝術上有所創新的詩人，也並不排斥，說：「爰有律體，祖尙清巧，以切語對為工，以絕聲病為能，則有、沈、宋、燕公、九齡、嚴、劉、錢、孟、司空曙、李瑞、二皇甫之流，實繁其數，皆妙於新韻，播名當時，亦可謂守章句之範，不失其正者矣。」雖然這幾個人風格不盡相同，把他們排列在一起未必合適，但顧陶能把「切語對」、「妙於新韻」與「浮僞流艷之辭」區別開來，說明他還是有識別力的，這一點比元結前進了一步。

《唐詩類選》最大的不足在於貴遠而略近。他不選元、白的詩，曾有所辯解，說：「若元相國稹、白尙書居易，擅名一時，天下稱為元白，學者翕然，號元和詩，其家集浩大，不可雕摘，今共無所取，蓋微志存焉。」說因為元、白詩集太大，沒有辦法選取，顯然不成理由，顧陶不取的「微志」究竟何在，未得而詳。又說：

如相國令狐楚、李涼國逢吉、李淮海紳、劉賓客禹錫、楊茂卿、盧仝、沈亞之、劉猛、李涉、李璆、陸暢、章孝標、陳罕等十數公詩，猶在世及稍淪謝，即文集未行，縱有一篇一詠得於人者，亦未稱所錄，僻遠孤儒，有志難就，粗隨所見，不可殫論，終愧力不及心，庶非耳目之過也。近則杜舍人牧、許鄂州渾，洎張祜、趙嘏、顧非熊數公，並有詩句，播在人口，身沒才二三年，亦正集未得，絕筆之文若有所得，別爲卷軸，附於二十卷之外。若須待見全本，則撰集必無成功；若止泛取傳聞，則篇章不得其美。以上並無采摭。（《唐詩類選序》，見《全唐文》卷七六五）。

根據他的說法，如劉禹錫、李紳等雖早已逝世，但文集未行，恐未能選得恰當，杜牧、許渾等去世不過二、三年，亦不便選，這其實都不是正當的理由。而李商隱、溫庭筠等當時已享盛名，顧陶在序中根本未加提及。這就使人感覺到他是有意略去近世詩人的。這與殷璠以選當時人詩爲主相比較，顧陶的識力與勇氣不免差遠了。

上面我們依次考察了殷璠前後唐詩選本的情況，從這個考察中可以得到什麼呢？應當說，與中國古典詩歌在唐代的高度發展相適應，唐代的評論家是很重視詩歌的評選的，而且比較自覺地通過評選表達各自的文學主張和審美意向。在這一點上，他們各有自己的貢獻。但比較起來，《河岳英靈集》最爲突出，首先，殷璠非常明確地試圖通過盛唐詩歌的評選提出他的詩歌主張，那就是詩要有「神來、氣來、情來」，要求建立「既多興象，復備風骨」，「既閑新聲，復曉古體」，「言氣骨則建安爲儔，論宮商則太康不逮」的一種既繼承前人遺產、又超越前人成就的詩風，這正是盛唐詩在理論上的反映。特別是在盛唐時期，別無其他評論家來做這方面的理論概括，唐代中後期的詩人和詩評家也缺乏對盛唐詩作整體的研究，因此殷璠對盛唐詩風的理論上的探討，就更顯得突出。尤其是，盛唐詩還在進行之中，殷璠是濯足於活水來探測其流向的，他所評選的詩人都與他生活於同時，而且在他編定此集時，大部份詩人還在世，有些作家的創作風格還正在發展（如高適、岑參的邊塞詩），而殷璠就以理論家的敏感及時捕捉住詩人們獨有的風格特點。唯一缺憾是他未選錄杜甫。但這主要只能歸因於客觀條件的限制：一是杜甫那時剛進入詩壇不久，二是由於當時的交通條件，在杜甫困居長安開始絡繹寫出有特色的詩作時，僻居於江東丹陽一個小縣的殷璠還不可能及時得到信息（在杜甫死後，大曆中期，潤州刺史樊晃努力收集其遺作，也只能輯得《小集》六卷，就可想見當時詩歌流傳的困難）。

其次，殷璠異於其他選家的，是他提出了好幾個值得作理論探索的美學概念。如上面提到的他的三「來」說，以及繼陳子昂的寄興說以後所提出的興象說，他的聲律理論（據專家研究，在他之前，詩歌創作中雖已運用平仄，但平仄之名，是殷璠首先使用的）。這些理論上的建樹是其他幾種選集所缺乏的，而且即使放在古代文學理論思想史上來評價，也有一定的地位。

後世的評論也注意到了《河岳英靈集》的地位與影響，如沈德潛《說詩晬語》卷下說：「唐詩選自殷璠、高仲武後，雖不皆盡善，然觀其去取，皆有旨歸。」以《河岳英靈集》與《中興間氣集》並提，作爲唐人選唐詩的代表。翁方綱《石洲詩話》卷二又謂：「漁洋十選，大意歸重在殷璠、元結二本。」指出《河岳英靈集》與《篋中集》對王士禎編纂他的唐詩選的影響。清朝修的《四庫全書總目提要》曾稱許爲「凡所品題，類多精愜」（卷一八六《河岳英靈集》）提要）。而差不多同時的吳喬在《圍爐詩話》中對殷璠的品題又作了具體的評論：

> 崔顥因李北海一言，殷璠目爲清秀，詩實不然，五古奇崛，五律精能，七律尤勝。崔曙五古，載《河岳英靈集》五篇，高妙沉著，殷璠謂其吐詞委婉，情意悲涼，未盡其美。璠謂薛據骨鯁有氣魄，斯言得之。陶翰詩，沉健、眞惻、高曠俱有之。璠又謂劉愼虛情幽興遠，思苦語奇，得其眞矣。

按吳喬的評論有失實的地方，如殷璠評崔顥，並沒有提到「清秀」，相反地，他說崔顥少時爲詩有「浮艷」的毛病，後來身經邊塞戎旅，「忽變常體，風骨凜然」。崔曙詩，殷璠評爲「言詞款要，情興悲涼」（此據宋本，明刻本作「款詞要妙，情意悲涼」），與吳喬所謂「高妙沈著」意亦相近，不能說「未盡其美」。不過，無論如何，吳喬也同其他詩評家一樣，雖然還未能從總體上認識《河岳英靈集》的理論上的價值，但還是想對殷璠的品評作具體的商議，並給以程度不等的肯定的評價。就我們所見，在歷代的評論中，對《河岳英靈集》批評最酷刻，近於基本否定的，是清朝的何焯。

何焯對《河岳英靈集》作過批校，我們所見到的何焯批語，是北京圖書館善本部藏傅增湘校本《唐人選唐詩》八種，此爲明崇禎元年毛氏汲古閣刻本，藏園老人臨何焯批校。何焯對《河岳英靈集》所選，有一個總的評價，這就是：

> 此集所取不越齊、梁詩格，但稍汰其靡麗者耳。唐天寶以前詩人能窺建安門徑者，惟陳拾遺、

杜拾遺、李供奉、元容州，諸人集中獨取供奉，又持擇未當；他如常建、王維則古詩僅能法謝元暉，近體僅能法何仲容，殆不足以傳建安氣骨也。此書多取警秀之句，緣情言志，理或未當。

何焯此處陳義甚高，卻不切合實際。初盛唐詩之所以能上繼建安並向前發展，並不只是靠幾個大家，而是靠幾十年來幾輩詩人的努力，集大成者的杜甫就曾高度評價過四傑、沈、宋，以及同時期的王維、孟浩然、高適、岑參、薛據等，李白對崔顥的欽仰是衆所周知的。說殷璠所選不越齊、梁詩格，實際上《河岳英靈集》除了杜甫外，盛唐名家都已收羅，則不啻說盛唐詩還未越出齊梁那種綺靡輕巧的格調，這恐怕稍具文學史常識的人也不能同意的。如果說殷璠所收未足以代表這些詩人的創作實際，這當然可以討論，但第一，殷璠是以當時人選當時人詩，有些詩人還正處於創作的高峰，他們正在發展，有些優秀的作品還產生於《河岳英靈集》編定之後，而且即使同時，限於當時的交通條件和詩歌的傳布條件，殷璠不可能在短期內就能獲知，如高、岑西北邊塞的詩，李白天寶末及安史亂後詩，王維後期詩，等等。第二，即就《河岳英靈集》所選，已經是後世經常引用的各家優秀之作，如常建的《弔王將軍墓》、《宿王昌齡隱處》、《題破山寺後禪院》，李白《戰城南》、《蜀道難》、《行路難》、《夢游天姥山別東魯諸公》、《憶舊游寄譙郡元參軍》、《古意》、《將進酒》、《烏栖曲》，王維的《入山寄城中故人》、《隴頭吟》、《少年行》，李頎的《古意》、《送陳章甫》，《聽董大彈胡笳聲兼語弄寄房給事》，高適的《封丘作》、《燕歌行》、《營州歌》，崔顥的《古游俠呈軍中諸將》、《雁門胡人歌》、《黃鶴樓》，孟浩然的《歸故園作》、《夜歸鹿門歌》，崔國輔的幾首樂府短章，王昌齡的《少年行》、《長信宮》、《從軍行》，王灣的《江南意》，祖詠的《終南望餘雪作》，限於篇幅，不能盡舉。這些詩，豈齊、梁詩格所能牢籠？何焯說所選李白詩「持擇未當」。殷璠選李白詩十三首，大部份是古今傳誦的名篇，足可代表他前期詩的最高水平。又說此集所收「多取警秀之句，緣情言志，理或未當」。恰恰相反，殷璠的這部詩選，大部份是古詩，近體甚少，不像《中興間氣集》那樣以摘取佳句爲勝事的。

在一些批語中，何焯往往以齊、梁詩人作爲標的，評論盛唐諸家出自齊、梁的某家，或未及齊、梁的某家，如說常建的《弔王將軍墓》，「此詩極爲雅健，然只似虞羲《出塞》，到不得鮑明遠也」。說王維《春閨》「似陰鏗」。即使肯定的評價，亦以六朝詩作標準，如說常建《題破山寺後禪院》「此篇何減沈、謝」。說劉沓虛「宗仰二謝，氣骨亦復清峻」，又評劉沓虛《暮秋楊子江寄孟浩然》，謂「元暉、仲言不復能過」。評陶翰《乘潮至溢浦作》「何減謝元暉」。對於一部詩選，可以評論其所選是否得當，是否能反映某一時期詩歌的概貌和水平，對於所選的詩人，也可以探討他與前代作家在風格上的某些聯繫，但像何焯那樣，處處以六朝甚至齊梁來作評判標準，這不能不說是一種不值得肯定的復古思想。

何焯，字屺瞻，號義門，蘇州長洲人，生活於清初康熙時代。康熙二十四年（一六八五），年二十三，由崇明縣學生拔貢國子監，曾得到當時在京都的大名人徐乾學、翁叔元的賞識。康熙四十一年（一七〇二），因直隸巡撫李光地薦，召直南書房，後又兼武英殿纂修、武英殿編修，其間雖一度陷入文字獄，但不久即釋，他始終在這個皇朝的中心圖書館做編纂、校勘古書的工作，因此學問面還是比較廣的，據其學生沈彤所作《翰林院編修贈侍讀學士義門何先生行狀》所說：「先生蓄書數萬卷，凡經傳、子史、詩文集、雜記、小學，多參稽互證，以得指歸，於其眞僞、是非、密疏、隱顯、工拙、源流，皆各有提識，如別黑白，及刊本之僞闕同異，字體之正俗，亦分辨而補正之。其校定兩《漢書》、《三國志》，最有名，乾隆五年，從禮部侍郎方苞請，令寫其本付國子監，爲新刊本所取正。」何焯是一個認眞的校勘學家，由於他學問的廣博，又所見書籍版本較多，因此經他所校的本子，往往成爲善本。但從見識來說，並未見佳。他自己不僅險些因文字賈禍，在他那時，文字獄已時有發生，他是謹小愼微地怕涉及古代的某些大膽議論的，即使在古代詩文的注釋中有某些對封建帝王怨憤的詞句，他爲避嫌，也要特爲駁正，如其所著《義門讀書記》卷五十一杜詩評，談到明人的杜集注，說：「而明人注杜，則文多曲爲遷就，以自發其怨懟君父之私，其爲害蓋又有甚焉者矣。」他完全是自覺地把學術工作用來爲當代的政治服務的。也正因此，他對殷璠所選李白某些直接抨擊朝政、抒發有志不得伸的詩篇，就深致不滿，如說李白《將進酒》「是供奉率爾游戲之作，不爲豪也」；說《戰城南》「才豪味短」。他之所以說殷璠對李白詩「持擇未當」，也以此。何焯又受到當時八股取士的深刻影響，爲迎合當時舉子應試的需要，他也像《儒林外史》中的馬二先生那樣編八股制藝的參考讀本，並且由於他對儒家經書較爲熟悉，因此他所編的這些制藝書籍更得到當朝大臣的贊賞。據沈彤所作的行狀，說：

初，先生選刻四書文行遠集數種，流播遠近，皆能變學者舊習。既從安溪相國游，得成宏先輩宗傳，復刻示歷科程墨三百篇。及以丁艱家居，益勸勵其窮六經，玩五子，以究極四書精蘊，爲著文之根本。李相國聞而喜，貽先生書曰：「有明盛時，治太平而俗淳厚，士大夫明理者多，蓋經義之學有助焉。今無論已仕未仕，稍有才氣，輒慕爲詩古文，視經義如土苴，子誠諄諄以此指授，甚善。」

明清時期，受考試的影響，一些評論家往往用八股制藝的格式和腔調來評論詩文，他們不看整體，只講究枝節字句的前後照應，而且復古氣息濃厚。何焯也是如此，不僅對《河岳英靈集》，就是對他十分崇仰的杜甫詩，有時也是以齊、梁詩爲標準而加以評論。如《義門讀書記》卷五十一評杜甫名篇《洗兵馬》，說是「齊梁體」。不過在《義門讀書記》中，還是可以看出他受到殷璠詩歌理論啓發的痕跡。在評詩時，他在《義門讀書記》中至少兩次用了「興象」一詞，如卷四十六評蕭統《文選》中謝朓《新亭渚別范零陵》詩，說：「雲去一聯，即有興象，兼之故實。」這與殷璠評孟浩然詩所說的「無論興象，兼復故實」，字句幾乎完全相同。又其書卷四十七評蕭統《文選》中丘遲《旦發漁浦驛》詩，謂「體物工矣，興象不逮」，用「興象」一詞對詩作提出更高的要求。這都可見出殷璠所提出的「興象」的概念所產生的久遠的影響。

【附註】：

①現存的《搜玉小集》是否即爲《新唐書·藝文志》中的《搜玉集》，還不易確定。何焯疑爲後人僞托。傅增湘謂：「《搜玉》之名見於《通志》、《通考》，然與今本撰人、錄詩之數均不相合。此本經毛氏刪并重訂，《四庫提要》頗議其非，以其次第紊亂，參差重出，舊時義例，無可尋考也。」因而以爲「義門以其書爲後人僞托，其說宜可信矣」（《藏園群書題記續集》卷五《校唐人選唐詩八種跋》）。

②《新唐書》卷六〇《藝文志》丁部集錄載《珠英學士集》五卷，謂：「崔融集武后時修《三教珠英》學士李嶠、張說等詩。」元馬端臨《文獻通考》卷二四八《經籍考》載云：「崔融《珠英學士集》五卷，在唐武后朝嘗詔武三思等修《三朝珠英》一千三百卷，預修書者凡四十七人，崔融編集其所賦詩，各題爵里，以官班爲次，融爲之序。」此書元代以後，當已散佚，敦煌石窟中發現其殘卷，共有詩四十餘首，詳見王重民《敦煌古籍敘錄》。

③諸書所載，慧有作惠，淨有作靜的，今據《續高僧傳》、《新唐書·藝文志》作慧淨，詳參《唐五代人物傳記資料綜合索引》（傅璇琮、張忱石、許逸民編撰，中華書局一九八二年四月版）第五九二—五九三頁慧淨條及注（六）—（八）所考。

④《唐音癸籤》卷三十一《集錄》二，稱「唐人選唐詩，其合前代選者」，於元思敬的《詩人秀句》後，又列此《古今詩人秀句》，謂「吳兢同越僧立監撰，二卷。皎然訾其所選不精，多採浮淺之言，無益詩教」。則似《古今詩人秀句》爲吳兢所撰。查《新唐書·藝文志》，有吳兢所編《唐名臣奏》十卷，未載有《古今詩人秀句》。《舊唐書》卷一〇二有《吳兢傳》，稱其「勵志勤學，博通經史」。直史館，修國史。「神龍中，

遷右補闕，與韋承天、崔融、劉子玄撰則天實錄」。天寶八年卒。吳兢一生修史，與詩歌無緣，且時代已晚。《唐音癸籤》之吳兢，當是元兢之僞。

⑤ 小西甚一《文鏡秘府論考》，日本昭和二十三年四月出版發行。

⑥ 劉克莊所摘抄的《玉台後集》詩句中，有「常聞浣紗女，復有弄珠姬」二句，下注「張祜《採花》」。今查《全唐詩》，張祜名下無此二句。張祜爲中晚唐時人，李康成爲天寶時人，不可能採祜詩。按晁公武《郡齋讀書志》稱《玉台後集》所錄「迄唐張赴」，今查《全唐詩》，亦無張赴其人。是否劉克莊《詩話》中之「張祜」爲「張赴」之誤，待考。

⑦ 此據《唐音癸籤》卷三十一。根據《舊唐書》卷七十四《崔湜傳》，湜得名於武后及中宗時，因交結太平公主，玄宗即位之初即將崔湜貶死。李林甫則是開元後至天寶時宰相。二人時代不相及，崔湜在前。此處「李林甫」字有誤，或爲「李義府」之訛。

⑧ 所收七言，爲皇甫冉二首，杜誦五七言雜體一首，郎士元七律一首，五七言雜體一首，崔峒七律一首，張繼七絕一首，劉長卿七律一首，李季蘭七古一首，皇甫曾七律一首，張南史七律一首。

⑨ 《郡齋讀書志》卷二十《南薰集》云：「右唐竇常集韓翃至皎然三十人約三百六十篇，凡三卷。其序云：「欲勒上中下，則近褒貶；題二三，則有等衰，故以西掖、南宮、外台爲目，人各繫名繫贊」。

⑩ 所選孟郊詩，有《歲暮歸南山》，此當爲孟浩然詩。

天寶詩風的演變

很久以來，評述盛唐的詩歌，幾乎形成一種公認的框架和模式：王、孟山水詩派和高、岑邊塞詩派，浪漫主義詩人李白和現實主義詩人杜甫，概括地代表了整個盛唐詩歌的發展、特點和成就，其他的一些詩人則分別納入這兩大詩派、兩大詩人的範圍及影響之中。應當說，這一流行的模式是有缺陷的，缺陷的主要點是把複雜的文學現象簡單化。現實生活是豐富多采，而又矛盾複雜的，文學現象也同樣如此。古代社會生活的節奏沒有我們今天的快，古代文學的發展變化也沒有現當代文學那樣的多層次多結構，但在歷史發展的某些重大的、關鍵性時刻，社會生活和文學的發展，也會出現驚人的飛躍和似乎令人捉摸不定的流向。天寶時期的詩風，就有這樣一種歷史傾向。

上面所說的模式，既不適用於天寶，也概括不了開元時期詩歌發展的特點和成就。除了孟浩然確屬開元時期代表詩人之一以外，高、岑、李、杜和王維的主要成就並不在開元時期；而把王昌齡、常建、儲光羲、李頎及王之渙、王翰、王灣等著名詩人列入兩大詩派，顯然存在許多不相適合的問題；同時像蕭穎士、李華、賈至、元結等當時有論有詩的作家僅僅視爲古文運動的先驅，摒除在外，甚至列入中唐詩人，也是未爲妥當的。倘使橫向地看，則似乎除了李、杜交誼的佳話外，盛唐詩人之間似乎甚少聯繫，很少互相影響。複雜而生動的歷史內容被簡單化了，豐富可貴的歷史經驗也只剩下若干抽象的概念。

丹麥文學史家格奧爾格·勃蘭兌斯的《十九世紀文學主流》有一句名言：「文學史，就其最深刻的意義來說，是一種心理學，研究人的靈魂，是靈魂的歷史。」（第一分冊《流亡文學》，人民文學出版社一九八〇年九月譯版）按照作者的意圖，他這個六卷本的巨著，就是想通過對歐洲文學中某些主要作家集團和運動的探討，「勾畫出十九世紀上半葉的心理輪廓」。勃蘭兌斯注意於社會生活與文學流派的多樣化聯繫，並努力從整體上來把握作家群的時代情緒和心理活動，這種研究方法對我們還是可以借鑒的。

縱觀天寶時期的詩壇，使我們感覺到不少詩人似乎從開元盛世的光圈中走出來，他們慢慢驅散籠罩著他們的幻想式的霧氣，而逐漸學會用一雙清醒的眼睛來看現實，我們發現他們飽含詩意的眼神中竟如此的憂鬱，人們可以感覺到一種深刻的不安。

是不是可以說，深刻的不安，是那個時期社會上帶有普遍性的情緒，而在文學上，這種詩化了的深刻的不安，則是天寶詩風的基調。

這種深刻的不安，在不同作家群中有不同的反映，下面讓我們來作一些具體的分析。

一

站在時代前列的詩人感覺是敏銳的，他們的詩歌傳達時代脈搏是靈敏的，反映現實矛盾是迅速的。但是，在古代金字塔結構的封建社會裡，處於不同階層和地位的詩人，生活感受和體驗並不等同。又由於古代社會經濟發展緩慢，社會信息傳遞滯留，因而他們的創作在反映時代變化的敏捷和步調上並不一致，表現在創作趨勢上便顯得錯綜起伏。這種現象，看起來似乎是不同流派的結果，其實並非如此。唐玄宗天寶年間的詩風演變，便是這樣。

唐玄宗開元年間太平鼎盛，天寶政治黑暗腐敗。這一歷史現實在詩人創作中普遍得到反映，也是決定詩歌創作趨勢發生變化的主要原因。從開元末到天寶年間，至安史之亂爆發之前，詩歌創作有三個趨勢是明顯的：一是超脫現實，清高隱逸；一是正視現實，抨擊黑暗；一是憤世疾俗，崇儒復古。這三個詩歌創作趨勢先後起伏，錯綜發展，而隨著政治現實日益腐敗黑暗，正視現實的走勢迅速擴大，鮮明突出，成爲主導的創作思潮，直接啓發和哺育著中唐詩人。

開元二十四年（七三六），以正直著稱的賢相張九齡罷政，口蜜腹劍的權奸李林甫執政。次年，張九齡貶任荊州長史。調動執宰，原是玄宗朝常有的事，但這次變動不同往常，「自是朝廷之士皆容身保位，無復直言」（《資治通鑑》卷二一四）。張九齡不僅是宰相，而且是開元間繼張說而爲詞宗的大手筆，在文壇甚有聲望。因此這一變動在他和接近他的詩人創作中迅速得到反映。他在荊州創作的一組《感遇》詩，以五古的形式，興寄的手法，樸質的語言，抒寫堅守志操、不苟污濁、避禍自全的情懷，便是針對李林甫黑暗專政的。他諷勸朝士不要貪戀高位，要提防暗算：「矯矯珍木巔，得無金丸懼。美服患人指，高明逼神惡。」而慶幸於「今我游冥冥，弋者何所慕」。他贊美江南丹橘經冬不凋，「自有歲寒心」，同時感慨「運命唯所遇」，寄托了深沈的不平。這組詩保持著盛世志士風度，同時又有著一種預感到不祥變化的不安情緒，儘管這種情緒還是很朦朧的，但卻正是盛唐詩人從理想的追求轉變爲對現實的不平的表現，既表明詩人清高超脫的政治態度，也體現詩風轉變的最初趨勢。

大約在開元二十三年（七三五）張九齡爲相之際，襄州刺史韓朝宗偕本州名士兼隱士孟浩然入京，要爲孟的入仕延譽。韓的好意雖因孟的狂狷失約而掃興，但孟浩然卻在長安結識了張九齡，成爲「忘形之交」（見王士源《孟浩然集序》）。兩年後，張九齡在荊州召浩然入幕，兩人又在一起吟詠了幾個月，然後再度分別。可以想見，這幾年涉歷仕途和結交張九齡，使孟浩然多少了解到朝政的實情，因而使這位以平淡沖和著稱的布衣詩人創作中，增添了惋惜和惆悵，而終於潛心歸隱，超脫現實。他在《歲暮歸南山》中唱道：「北闕休上書，南山歸敝廬。不才明主棄，多病故人疏。」感到失志蹉跎，爲此長夜難眠。而在辭別荊州幕府的那首《望洞庭贈張丞相》中，他激憤了：「氣蒸雲夢澤，波撼岳陽城。」心潮洶湧不平，如浩渺波濤，震撼天地。然而他理解、同情張九齡的處境和心情，想到古諺所云「臨淵羨魚，不如歸家織網」，在李林甫專政下，張九齡也是徒有薦賢之心，已無舉能之力了。孟浩然終於在《夜歸鹿門歌》中，聽著醒世的「山寺鐘鳴」，望著爭喧的「魚梁渡頭」，與世人分道揚鑣，獨自走向「唯有幽人自來去」的歸宿，超脫隱逸。從詩歌的創作趨勢看，這正表現一部分詩人從官闕朝廷漸漸走向江湖山林。

張九齡和孟浩然都在開元二十八年（七四〇）去世。這似乎是文學歷史的一個轉折點，因而也是一個分界線。在這以後，文學活動就向多樣化發展。

把張、孟開端的清高超脫的詩歌趨勢進一步推進發展的代表詩人是王維。開元二十二年，張九齡爲中書令，擢升王維爲右拾遺。王維和孟浩然結識，大約就在孟進京那一年。張九齡貶荊州時，王維爲監察御史。當時他雖是三十幾歲的成名詩人，卻是開元時年輩較小的作家。由於這幾年任職御史台，又受張的賞識，他是比較了解朝政內情的。他正直，因而對張九齡說：「方將與農圃，藝植老丘園。」想要歸隱。但他軟弱，「恐招負時累（《贈從弟司庫員外郎絿》），怕得罪李林甫，終於沒有辭官。於是他選擇了一條半官半隱、「無可無不可」的生活道路。他認爲「君子以布仁施義、治國濟人爲適意；縱其道不行，亦無意爲不適意也」（《與魏居士書》），清高超脫，適意自在。晚年更好禪理，虔信佛教。衆所周知，在張九齡被貶以前，王維詩的主要傾向是積極開朗的，富有理想和展望，洋溢熱忱和激情。此後則先後常住於輞川別業。「興來每獨往，勝事空自知，行到水窮處，坐看雲起時」（《終南別業》），優閑優隱，獨樂自適；「空山不見人，但聞人語響，返景入深林，復照青苔上」（《輞川集．鹿柴》），醉心空寂，勝似遯世。他不辭官而歸隱，改大隱爲中隱，從躲避客觀污濁變爲追求內心清靜，悟禪理，得禪悅。他爲天寶年間一部份正直而軟弱的士大夫開闢了一條容身保位的便道，把清高超脫的詩歌創作趨勢引向更加脫離現實的自我精神滿足，使山水田園的自然美也在他的詩歌中變成「色相俱泯」的空寂意境，甚至「讀之身世兩忘，萬念皆寂」（胡應麟《詩藪．內編》）。

我們可以注意到這一個現實，就是王維是怎樣在「適時」的外表下掩飾內心的不安。張九齡在開元二十四年十一月罷相，開元二十五年正月朝廷就設置玄學博士，以《老》、《莊》作爲科試的內容，並且任命道士尹愔爲諫議大夫、集賢學士、兼知史館事，王維在此後就寫有《和尹諫議史館山池》詩，說「君恩深漢帝，且莫上空虛」，把詩歌作爲崇道活動的粉飾。更有甚者，王維在天寶初還直接稱頌過李林甫，說「長吟吉甫頌，朝夕仰清風」（《和僕射晉公扈從溫湯》）。他又與李林甫的得力文臣苑咸過往很密，苑咸稱他爲「當代詩匠」，王維奉和苑咸的詩則一並與李林甫也稱頌了：「仙郎有意憐同舍，丞相無私斷掃門」（《重酬苑郎中》）又可參見《舊唐書．李林甫傳》：「自無學術，僅能秉筆，有才名於時者尤忌之。而郭愼微、苑咸文士之闒茸者，代爲題尺」。但是儘管如此，他作爲中上層的官員，對於朝政的惡化，終於不能無動於衷，他在詩中說：「寂寞掩柴扉，蒼茫對落暉。」（《山居即事》）這裡面蘊含著詩人多深的意緒，他所欽仰的賢相張九齡和詩友孟浩然去世了，時世是無可挽回地向壞的方向發展，而自己又無能爲力，他感到深深的寂寞，這寂寞中又透露出一種不安。

從開元末到天寶年間出現的超脫現實、清高隱逸的詩歌創作趨勢，首先來自統治階級上層比較正直的士大夫。他們比較了解朝政形勢，一方面敏銳覺察，迅速反映，爲之憂憤，而同時又受上層士大夫固有局限，往往從不苟污濁、潔身自好而清高超脫，反抗軟弱。從這一趨勢的作品看，大體從關心政治到超脫現實而追求內心滿足，從諷刺朝政的興寄到歌詠隱逸田園的寫意，從五古到律絕，而以抒情詩為主。在一個時期內，這一趨勢適應中下層士大夫的情緒意願，反響較廣，發展較快。但隨著李林甫以及楊國忠專政的罪惡暴露於天下，這類超脫現實的山水田園詩逐漸見弱，而為正視現實及憤世嫉俗的創作潮流所取代。

二

事實上，當張九齡罷相、李林甫執政之際，文壇上還有兩類詩人活躍著。一類如王昌齡、常建、李頎等久已入仕或剛剛擢第的詩人，他們關心政治，並不超脫現實。另一類如李白、高適、杜甫及岑參等尚未入仕，猶屬布衣的詩人，他們還都滿懷壯志豪情，展望遠大前程。而使天寶年間詩歌波瀾起伏、絢爛壯觀的，恰是他們的創作，尤其是李白等人。

王昌齡和常建是開元十五（七二七）同榜進士擢第的，李頎則在開元二十三年（七三四）進士及第。王昌齡曾任校書郎，兩為丞尉，兩度貶謫南荒。常建和李頎則都是一尉之後，久不調遷，棄官歸隱。他們的經歷歸宿並不相同，但都屬於下層士大夫，中年擢第，仕途不達，接觸社會現實，生活體驗和思想傾向有相近之處，詩歌創作上有共同特點和趨勢。就主題而言，他們的邊塞詩和山水詩比較突出地表現出：熱切關心國力的強弱、朝政的得失；對個人出處雖然消極，但並不追求內心滿足，而是顯示出與世俗的對抗。

王昌齡早年到過邊塞，寫了許多滿懷愛國豪情、歌唱邊塞將士、感慨邊愁不解的優秀詩篇，對邊塞問題有切實了解和明確見解。至天寶中，他的認識更爲清晰。在貶龍標尉時所作的《箜篌引》中，通過敘述一個從西北邊塞遠流南邊的胡族「遷客」的悲憤控訴，揭露唐朝邊師窮兵黷武，邀功求賞，背信棄義，殘害世代歸唐的胡族部落，破壞邊塞民族和睦，挑起戰爭，製造仇恨；同時明確主張「紫宸詔發遠懷柔」，要求「憐愛蒼生比蚍蜉」，以期「海內休戈矛，何用班超定遠侯」。詩人以前主張良將鎮邊，如今主張懷柔政策，反對開邊黷武，同情胡族人民，這個轉變顯然針對天寶間邊政腐敗，是切實而進步的。而這詩用樂府舊題敘事，描述典型而如實。比較起來，常建、李頎的邊塞詩則具有以古諷今的詠史特點，思想則與王昌齡一致。常建《塞下曲四首》之一，咏嘆漢代西域烏孫玉帛朝回的歷史，贊美懷柔政策的功澤：「天涯靜處無征戰，兵氣銷爲日月光。」其三云：「龍鬥雌雄勢已分，山崩鬼哭恨將軍。黃河直此千餘里，冤氣蒼茫成黑雲。」則明顯抨擊邊將黷武擴邊所造成的禍患。李頎《古從軍行》則借漢武帝故事，諷刺唐朝擴邊之患，造成漢軍士兵犧牲，「胡兒眼淚雙雙落」，而結果只是「空見蒲桃入漢家」，點綴了漢家宮苑。不難看出，這些邊塞詩的鋒芒已從反對異族侵擾變爲反對唐玄宗擴邊禍害漢胡各族人民，是天寶間邊塞詩的一種明顯的變化趨勢。

在李林甫專政下，正直士大夫仕途不平，容易產生歸隱之想。王昌齡曾經隱居，常建、李頎都一尉即隱。他們都有山水趨勢。開元末，王昌齡因事被謫嶺南，路過荊州，有詩贈張九齡說：「邑西有路緣石壁，我欲從之臥穹嵌。魚有心兮脫網罟，江無人兮鳴楓杉。」明白表示有心擺脫網羅而隱逸，清高自適，但他更關心國家遭遇，感慨地想起《招魂》的名句，體驗到屈原流放的心情。他曾從釣魚體會到仕隱不同境遇，「手攜雙鯉魚，目送千里雁，悟彼飛有適，知此罹憂患」，理解隱士必須「神超物無違，豈繫名與宦」（《獨游》），從生活到思想都徹底擺脫名宦束縛，做個眞隱士。但他終於沒有隱逸，也沒有逃脫羅網，而是在「寒雨連江夜入吳」的宦途中，吟賞著「一片冰心在玉壺」（《芙蓉樓送辛漸》之二），磊落正直，堅持志節，不羈不屈，顯示出反抗精神。比較起來，常建、李頎的田園水山詩是直截歌詠隱逸情懷的。王昌齡遭貶時，常建有《鄂渚招王昌齡、張僨》，勸他歸隱，指出「世上徒紛紛」，認爲「翻覆古共然，宦宦安足云；貧士仕枯槁，捕魚清江濆」，表明對時世的深刻失望和對歷史的清醒認識。他是要眞隱的，做個「別家投釣翁，今世滄浪情」，斷絕宦宦，存眞無名，「碧水月自闊，安流淨而平，扁舟與天際，獨往誰能名」（《漁浦》）。正是這種情操，使他寫出著名的《題破山寺後禪院》，深情贊美這山林禪房環境幽深優美，令人清淨自在，「山光悅鳥性，潭影空人心」，既有禪悅，更見眞隱，寄托清高志趣，與塵世喧雜相對。而善寫人物神情的李頎，其山水詩顯得清新活躍，但思想實質與常建相近。《漁父歌》寫一位「避世長不仕，釣魚清江濱」的隱者，他「浦沙明濯足，山月靜垂綸，寓宿湍與瀨，行歌秋復春」，竹竿蘆薪，水飯荷鱗，自樂全眞，「而笑獨醒者，臨流多苦辛」，對奔波仕途的轗軻志士施以同情的微笑，顯示出詩人對時世的清醒而失望的認識。在一個秋天早晨，他遠望京畿秦川的壯觀景象，「遠近山河淨，逶迤城闕重，秋聲萬戶竹，寒色五陵松」（《望秦川》），敏感到秋寒嚴霜籠罩大地，發出歲暮歸去的感嘆，有盛世的憂患和失時的慷慨。因而他們歌詠隱逸的山水詩，更接近孟浩然，而與王維不同。他們心裡關切現實。

總起來看，王昌齡等代表著一部份下層士大夫的思想情緒和創作趨勢。他們關心國家命運，反對腐敗政治，認識清醒，態度不苟，逐漸轉向正視現實，揭露黑暗，但對底層人民生活和情緒則較少了解，也少反映：藝術上仍有盛世氣派，多用興寄的抒情和諷今的詠史詩，但已有寫實的趨勢。如果以張九齡《感遇》作爲詩風轉變的開端標誌，則可以看到以京洛爲中心的詩壇出現了兩個趨勢，一部份比較軟弱的詩人日益脫離現實，一部份比較堅強的詩人則逐漸正視現實。後一種趨勢顯然符合時代進程，因而隨之而來的是一些下層布衣詩人，大步走向詩壇中心，站在時代前列。

三

李林甫專政之初，朝政腐敗黑暗尚未充分暴露，大唐帝國表面依然繁榮昌盛。許多尚未入仕的下層布衣之士，遠離政治中心，並不了解朝政實情，還沒有體驗政治黑暗，因而仍自胸懷壯志，充滿展望，歌唱理想，情調高揚。開元後期，中年李白在武昌曾結交孟浩然，「吾愛孟夫子，風流天下聞」（《贈孟浩然》），熱情贊美孟浩然清高隱逸、傲視王侯的品性風度，寄托他自己「不屈己、不干人」的志趣情懷，信心充沛。高適當時正在浪游宋中，窮困而不消沉。他對朋友說：「惆悵春光裡，蹉跎柳色前，逢時當自取，有爾欲先鞭。」（《別韋兵曹》）志向依然，待時進取。開元二十六年（七三六）寫出《燕歌行》，在思想上仍屬諷諭朝廷任用邊師不當，具有開元邊塞詩的特點。青年杜甫在開元二十三年（七三五）應試不第，便「放蕩齊趙間，裘馬頗清狂」（《壯游》），路過泰山，「會當凌絕頂，一覽衆山小」（《望岳》），宏願豪邁，壯心可觀。還有那位宰執後世的青年岑參，這幾年來往京洛，遠游河朔，「酩酊醉時月正午，一曲王歌壚上眠」（《邯鄲客舍歌》）；對貶官江寧的王昌齡誠摯慰勉，「潛虬且深蟠，黃鶴飛來晚」（《送王大昌齡赴江寧》），滿腔熱情，一片任眞。儘管他們年齡大小、出身經歷、思想性格並不相同，但朝士「皆容身保位，無復直言」的那種政治氣氛，顯然還沒有傳染到他們身上。然而恰是他們的詩歌，在天寶年間發出激發人心的力量。

歷史的安排是偶然的，但似乎也有意。開元二十三年，張九齡、孟浩然和王維的相遇結交，成爲詩風轉變趨勢的前奏。十年以後，天寶三載（七四四），李白、杜甫和高適的梁宋之游，歷來傳爲詩史佳話，在詩歌發展中，其實也具有一個新的創作趨勢開端的意義。衆所周知，李白在天寶元年（七四二）應詔進京，當了兩年御用文人，光寵而不遇，得意而失志，終於在天寶三載辭官離京。他深感朝政黑暗，「卻憶蓬池阮公詠，因吟淥水揚洪波」，竟覺得有魏、晉之際那樣形勢嚴峻；但他不學伯夷叔齊，而是「東山高臥時起來，欲濟蒼生未應晚」（《梁園吟》），壯志不滅，要待時而起。在這樣的思想狀況下，遇見杜甫、高適。當時高適長期浪游，深感壓抑，牢騷不平。「燕雀滿簷楹，鴻鵠搏扶搖。物性各自得，我心在漁樵」（《同群公秋登琴台》），似乎甘於浪跡，而其實埋怨得志的朋友不相提攜，「京洛多知己，誰能憶左思」（《宋中別周、梁、李三子》），正表明他渴望「鉛刀貴一割」（左思《詠史》之一）。杜甫這時三十三歲，比李、高小十歲左右。他與李白在一起，快意之中不免受到影響，「向來吟《橘頌》，誰與討蓴羹？不願論簪笏，悠悠滄海情」（《與李十二白同尋范十隱居》），也有過逍遙之想。但他畢竟要奉儒守官，並不願意「痛飲狂歌空度日」（《贈李白》）。正因爲他們對政治黑暗，仕途險阻，都有了不同程度的體驗和認識，所以先後相遇於梁宋，酣歌射獵，訪古論文，痛快一時，長懷慷慨。此後他們的經歷表現各不相同，李白在新的思想基礎上重新漫游待時，高適登科不得意而改投軍幕，杜甫則在長安渡過十個辛酸屈辱的年頭。但他們的詩歌創作有明顯的變化，對朝政無多幻想，把眼光從注視上層轉爲正視國家人民的現實和前途，胸懷日益博大，思想日益深刻，感情日益激憤，傾向日益鮮明，體現了一個新的趨勢。

李白是偉大的浪漫主義詩人。從辭別長安到安史亂起的十年之間，他漫游南北，不涉仕途，依然那樣傲岸不群，穎脫不群，詩歌充滿浪漫精神。但這位「謫仙」卻日益把眼光投向現實。値得注意的是，這位偉大的浪漫主義詩人的創作中，出現了具有現實色彩的作品。《古風》三十四「羽檄如流星」，批評天寶十載（七五一）征伐南詔的不義戰爭及其禍害。詩中設問作答，夾敘夾議，敘事如史，筆法《春秋》，同情人民，指斥朝廷，深爲國家擔憂。在嚴峻的事實面前，詩人的自我形象是清醒的，沉重的，認眞思索國家大事和人民苦難，毫不狂放。《丁都護歌》寫縴夫勞役艱苦，使詩人看到交通發達、商業繁榮的景象中，包含勞動人民的血汗，想到開鑿運河的苦難。對人民苦難的同情，對人民創造的崇敬，使詩人陷於歷史的沉思悲慨。因而這詩沒有神奇的幻想、驚人的誇張，而是使藝術的誇張從屬於如實的描寫，讓浪漫的想像含蓄於不盡的言外。應當說，諸如此類的作品在李白詩中不占多數，但在這樣一位偉大的浪漫主義詩人創作中出現如此明顯的現實色彩的作品，恰可說明，是黑暗的政治、災難的現實使他的創作方法有所變化，是時代的使然、現實的需要使現實主義創作趨勢必定要發展壯大。

高適在天寶八載（七四八）應試中第，得了個封丘縣尉。任滿後轉入哥舒翰幕府掌書記。在安史亂起之際才拜爲左拾遺，轉監察御史，算成了正式朝士。在與李、杜分別後的十年中，前四年依然混跡漁樵，後六年仕途並不平坦。就在天寶四載（七四五）秋天，他在河南遭遇大水災，作《東平路中遇大水》，記述了駭聞的天災，「虫蛇擁獨樹，麋鹿奔行舟。稼穡隨波瀾，西成不可求。室居相枕藉，蛙黽聲啾啾」；表達了深切的同情，「農夫無衣著，野老生殷憂」；發爲民請命的慷慨，有懷才不遇的憂傷。這首平鋪直敘、樸實明快的古詩，出自親歷，發自肺腑，眞切中肯。稍後，他有《自淇涉黃河途中作十三首》，其中「朝從北岸來」一首記述「農夫苦」，「耕耘日勤勞，租稅兼鳥鹵」，連不收的鹽鹼地都要徵收租稅，可見苛政甚於天災。這詩明白如話，深中要害，樸實感人。在任職封丘尉中，他體驗到「拜迎長官心欲碎，鞭撻黎庶令人悲」（《封丘作》），道盡一個正直有爲的封建小官的矛盾痛苦。而在河西幕府時，他更深刻感到邊塞形勢嚴重，國家前途可危，借西晉故事嘆古諷今，認爲「晉武輕後事，惠皇終已昏」，指出「而今白庭路，猶對青陽門。朝市不足問，君臣隨草報」（《登百丈峰二首》之一，題一作《武威作二首》），語重心長，憂心如焚。在直接反映勞動人民生活苦難方面，高適是盛唐詩人較早而突出的一位。

杜甫這十年是在京城長安度過的。在這繁華的都城，帝國的中心，他處於封建階級的下層。爲了仕進與生存，他受盡屈辱，飽嘗辛酸，到天寶十四載才得到一個卑微官職。他奉儒守官之性不渝，忠君報國之心未泯，但日益深切看到帝國的腐敗黑暗，更爲國家前途憂慮。針對征伐南詔的不義戰爭，他寫了《兵車行》，用即事名篇的樂府體詠古諷今，鋒芒直指當今皇上，深刻揭露窮兵黷武的開邊戰爭，大膽表達了老百姓和普通士兵反戰情緒。針對楊貴妃、楊國忠擅政專權，寫了《麗人行》，用即事名篇的樂府體直寫時事，借三月三日上巳節修禊游春情景，揭露諷刺宮廷和朝廷淫奢靡爛，皮裏陽秋地嘲弄唐玄宗昏庸。而最能代表他在天寶時期成就的，便是天寶十四載寫的《自京赴奉先縣詠懷五百字》。在這篇敘事詠懷的長篇政治抒情詩中，他慷慨坦蕩地披露了失志不遇的窘困處境、思想鬥爭和守志不移；悲憤激烈地敘述了夜過驪山腳下想到皇帝昏庸，外戚驕寵，宮廷淫佚，朝政黑暗，人民遭殃；憂心如焚地陳述了渡過渭河橋時的感觸，回家遇見幼子餓死的悲淒，想到國家人民危難的形勢，心潮如湧。詩中不僅寫出了千古名句「朱門酒肉臭，路有凍死骨」，反映了封建社會階級剝削的眞實面貌；而且從自己「生常免租稅，外不隸征伐」，想到沒有特權的平民百姓，「默思失業徒，因念遠戍卒」，充分理解廣大人民的不安不滿，深刻看到帝國失去人心而基礎動搖，憂慮至極。大約就在這詩寫成之際，安祿山叛軍已從薊城出發，帝國動亂從此開始。杜甫也許並沒有料到這一點。然而歷史進程卻證明詩人思想認識的敏銳深刻，表現出驚人的預見。他深爲憂慮的大不幸，竟迅速成爲災難的現實。如果結合這詩明顯的現實主義精神和特點來看，那麼它不僅足以在思想性、藝術性、現實性上代表天寶詩歌創作的最高成就，而且表明詩歌創作的發展，現實主義已在事實上居於主流地位。從這個意義上說，盛唐詩歌的最後一幕就在這首憂國憂民的咏嘆調中漸漸落下幕布了。

四

唐玄宗在開元前期勵精圖治，尊儒崇禮，整頓佛道；約奢節儉，惡華好樸；也曾使風氣「翕然尊古」，使一部分士大夫欣然古道。元德秀苦行僧似地遵行儒家道德，奉母盡孝而終生不娶；刻板地恪守先秦辭章，依照商周經典作唐代樂舞《破陣樂》的歌詞；被敬爲一代賢者，名高望重。實際上，有相當一部分青年士子便是在道德文章並重的儒家教養熏陶下成長的。但當他們登上仕途或者正要踏上仕途，卻碰上開元末的轉折年頭，唐玄宗昏庸，李林甫執政，政治黑暗，風氣敗壞，與他們的抱負、理想發生抵牾，仕途當然也不順利。他們具體的經歷各有不同，但他們共同的思想要求則是崇儒復古。這一股憤世疾俗、崇儒復古的思潮不僅表現在文章寫作上，也代表著一種詩歌創作的趨勢。

開元二十三年同榜進士中，除李頎外，有蕭穎士、李華和賈至三個著名作家詩人。他們當時都是二三十歲的青年儒生，風華正茂，卻在登第的次年就趕上李林甫執政，都未獲官職。狀元賈至在天寶二年再由明經擢第而爲校書郎；蕭穎士又經制科對策第一而在天寶初授秘書正字；李華也在天寶二年舉博學宏詞科而任南和尉。可以想見，進士擢第後的幾年間，他們在長安謀仕，對朝政黑暗是有所體會的。因而蕭穎士奉命至趙、衛間搜集圖書，因拖延而被彈劾免官，就留在濮陽招收門生。「蕭夫子」之名揚海內外。而他也一再諷刺、頂撞李林甫，以致坎坷仕途。賈至做了幾年校書郎後，遷單父尉。在單父，他高唱崇儒復古，「誓將以儒，訓齊斯民」，「復雕爲樸，正始是崇」（獨孤及《祭賈尙書文》）。李華比較軟弱，仕途也比較平穩，但在天寶十一載（七五二）任監察御史時，卻曾彈劾楊國忠黨羽而被降職。他們在天寶年間以文章著稱，但也都有詩歌創作體現他們崇儒復古的主張。

蕭穎士今存詩二十首，其中十四首五古，還有四首仿《詩經》的四言五首二十六章，表現出明顯的復古傾向。其內容則多以興寄手法抒寫復古志向和遭際，語言典雅明暢。如《菊榮五章》有小序說明「酬贈離，且申志也」。其末章寫歲暮殘促中菊花傲霜的興象，蘊含時代感慨和詩人自況，鮮明抒寫正直不屈的志向，「人之侮我，混於薪棘，詩人有言，好是正直」。李華今存詩二十九首，大多爲古詩及絕句。其中《詠史十一首》、《雜詩六首》顯然繼承阮籍《詠懷》、陳子昂《感遇》傳統，借古諷今，針對時政，大抵爲天寶時作。其特點是所謂「吟詠情性，達於事變」（獨孤及《趙郡李公〈中集〉序》），思想敏銳，指向分明，感情激憤，語言質直。如《詠史》之一「昂藏獬豸獸」，詠傳說神獸獬豸明斷是非，感慨「亂代乃潛伏，縱人爲禍愆」；贊漢代諍臣朱雲請斬佞臣故事，「身死名不滅，寒風吹墓田，精靈如有在，幽憤滿松煙」。又如《雜詩》之六「結交得書生」，比較歷史上「書生」和「縱橫者」二類人在政治鬥爭中的表現，揭露「縱橫者」不仁不義，得意時「相旋如疾風，並命趨紫極」，失勢後則「風火何相通」，「肝膽反爲仇」；奉勸主上「勿嫌書生直，鈍直深可憶」；顯然針對當時士大夫中傾軋爭奪、趨炎附勢之風而發。比較起來，賈至詩多即興感懷的絕句，但幾首天寶間作品則爲五言古詩，如天寶八載在單父所作《閑居秋懷寄陽翟陸贊府、封丘高少府》，抒發「秋風吹二毛，烈士加慷慨」的不遇情懷；天寶十五載所作《自蜀奉冊命往朔方途中呈事左相等》，陳述從成都到靈武奉送唐玄宗讓位冊命途中感慨，更被稱爲「直敘時事，煌煌大文」（沈德潛《唐詩別裁》）；而《寓言二首》之一「春草紛碧色」，則以香草美人的傳統比興，熔爍黃鶴千里、商山四皓兩個隱而擇時的典故，抒寫不遇感慨，「嘆息良會晚，如何桃李時」；表達忠悃憂思，「懷君晴川上，停立夏雲滋」；頗有風骨，富於情思。誠如獨孤及所說，天寶中，李華、蕭穎士、賈至，「勃焉復起，振中古之風」，復古思潮是從天寶年間興起的，並且指出「二十年間，學者稍厭《折揚》、《皇華》，而窺《咸》、《韶》之音者十五六」，他們的復古思潮不僅針對文章，也包括詩歌。

比較起來，另一些在天寶年間出來謀仕的下層儒生，遭際感受要更爲激切。元德秀的族弟、學生元結二十八歲前在家鄉學習道德文章。天寶五載（七四六）離家出游，一接觸社會現實便激烈不平，憤世疾俗。他沿運河到淮陰，遇見「水壞河防」，托言「得隋人冤歌五篇」，作《閔荒詩》，覺得這些冤歌充滿「怨氣」，感慨「奈何昏王心，不覺此怨尤，遂令一夫唱，四海忻提矛」，借隋煬帝亡國教訓，對天寶奢華腐敗進行諷刺。明年他以布衣之士進京應試，結果等於被李林甫捉弄一番，所謂「徵天下通一藝以上者」的考試是做給唐玄宗看的戲。這使他寫了仿《詩經》的四言詩《補樂歌十首》和《二風詩》，要「極帝王理亂之道，繫古人規勸之流」（《二風詩序》），歌頌上古三皇五帝至夏禹商湯的歷史功德，概括古來治君和亂君的各種表現和功過。這兩組詩內容明白，語言古樸，但缺乏個性，說教味重，顯然受他族兄元德秀的影響。然後他便回家閉門著作。天寶十載（七五一），他又托於「前世嘗可稱嘆者」，作《系樂府十二首》，揭露時政世風腐敗，抒發崇儒復古、憤世疾俗情緒，感慨「吾行遍九州，此風皆已無，吁嗟聖賢教，不覺久踟躕」（《思太古》），厭惡「諂競實多路，苟邪皆共求」（《賤士吟》）。其中也有反映民生疾苦之作，如《貧婦詞》、《農臣怨》等，旨在批評吏治暴政，要求施行仁政。可見元結在天寶年間詩歌創作，幾乎都是追隨元德秀，以擬古補亡而嘆古諷今之作。

元結在乾元三年（七六〇）撰輯《篋中集》，所收七人，都是天寶窮困詩人，「名位不顯，年壽不終，獨無知音，不見稱頌」（《篋中集序》）。其實，以沈千運爲首的這批詩人在天寶詩壇上並非無名，對後世也不無影響。沈千運在天寶中數舉不第，游河南一帶，年已五十，於是歸隱。唐肅宗曾擬禮徵，但他已去世。元結說他「獨挺於流俗之中，強攘於已溺之後」，「凡所爲文，皆與時異，故朋友後生稍見師效」。可見在他周圍也有一批同情共鳴的詩人。高適任封丘尉時，曾與他來往，稱他「沈四逸士」「沈四山人」。高仲武《中興間氣集》評孟雲卿曰：「祖述沈千運，漁獵陳子昂。」還認爲「雖效于沈、陳，方得升堂，猶未入室」（引見孫毓修《中興間氣集校文》）。而孟雲卿是元結二十年同州里的詩友，「聲名滿天下，知己在朝廷」（元結《送孟校書往南海序》）。還有王季友，博學通經，窮困不遇，老暮甚至賣履爲生，但在天寶至大曆初也頗有文名，與沈千運、杜甫、岑參、郎士元、戎昱、獨孤及等都有往來。《河岳英靈集》收其詩六首，可見他在天寶十二載前已有詩名。

《篋中集》詩人今存詩不多，總的看來，這是一部份窮困的下層士大夫的呼聲。他們從儒家思想教養出發，在生活經歷中體驗到天寶政治、道德上的某些弊敗，時有眞切痛心的憤懣，如「咳唾矜崇華，迂俯相屈伸，如何巢與由，天子不得臣」（沈千運《山中作》），又如「虎豹不相食，哀哉人食人，豈伊逢世運，天道亮云云」（孟雲卿《傷時二首》之二）；時有透闢入裏的精警諷喻，如「昔時聞遠路，謂是等閑行，及到求人地，始知爲客情」（孟雲卿《途中寄友人》），又如「雀鼠晝夜無，知我廚廩貧，有情盡捐棄，土石爲周身」（王季友《贈韋子春》）；也有哀嘆人生的苦難寫照，如孤苦少年他鄉作客，「朝亦常苦飢，暮亦常苦飢，飄飄萬餘里，貧賤多是非」（孟雲卿《悲哉行》），又如戍邊老兵殘廢回鄉，「一枝假枯木，步步向南行」，「所願死鄉裡，到日不願生」（趙微明《回軍跛者》）。他們的詩歌內容是針對現實的，形式則要求直接明了，淺顯易曉，多用樂府古體。應當說，他們的顯著缺點是流於議論說教，失於質直枯燥，因而經過歷史淘汰而留傳的作品很少。但在當時卻有相當廣泛的社會影響，反映著下層人民的一種情緒。

綜上可見，從天寶中到天寶末的十年中，與正視現實、抨擊黑暗的趨勢相隨出現的這一崇儒復古、憤世疾俗趨勢，實際上也是一批在開元盛世熏陶培育出來的中青年詩人作家。不過，他們的思想和理想有著較深固的儒家傳統基礎，比較正經而鯁直，也比較拘謹而刻板，思想行爲都要求以儒家經典爲準則，因而詩文創作在語言和體裁上都要求復古，對近體幾乎完全否定，而內容上則側重於倫理道德的教化。但由於蕭穎士及元結等人正好碰上天寶腐敗黑暗的年代，因而便表現爲崇儒復古，憤世疾俗，從而在創作上成爲現實思潮的一個組成部份。

天寶十一載秋，幾位詩人同登長安慈恩寺塔（即今西安大雁塔），他們是那一時期的代表詩人：杜甫、高適、岑參、儲光羲、薛據。値得思索的一個文學事實是，這幾位的詩風各有不同，但他們除了薛據所作已佚、儲光羲意別有指外，杜、高、岑在登塔時所作的詩，都蘊含有一種共同的時代情緒，這種情緒，概括起來，就是本文開頭所說的「深刻的不安」。杜甫詩中：「秦山忽破碎，涇渭不可求」、「回首叫虞舜，蒼梧雲正愁。」岑參：「秋色從西來，蒼然滿關中；五陵北原上，萬古青濛濛。」高適：「秋風昨夜至，秦塞多清曠；千里何蒼蒼，五陵鬱相望。」薛據的和作沒有傳下來，天寶時期的詩評家殷璠說「據爲人骨鯁有氣魄」、「怨憤頗深」，並且特地舉出他的「寒風吹長林，白日原上沒」、「孟冬時短晷，日盡西南天」，稱贊其爲「曠代之佳句」（《河岳英靈集》）。這些詩句有一個共同的藝術特色，就是自然景色深深爲作家的憂鬱與不安所浸染，使人感到一個大的變亂就要到來，而這個變亂究竟如何到來，如何發展，人們又應如何採取對策，這幾位作家卻又對此茫然。——整個天寶詩風似乎都帶有這種時代心理。《封氏聞見記》卷五《第宅》有一個很好的描述：「則天以後，王侯妃主，京城第宅，日加崇麗。至天寶中，御史大夫王鉷，有罪賜死，縣官簿錄鉷太平坊宅，數日不能遍。宅內有自雨亭子，檐上飛流四注，當夏處之，凜若高秋。又有寶鈿井欄，不知其價。他物稱是。安祿山初承寵遇，敕營甲第，瓌材之美，爲京城第一。太眞妃諸姊妹第宅，競爲宏壯。曾不十年，皆相次覆滅。」天寶時期，統治集團上層的追求享樂生活，已到了病態的程度，這標明這個社會行將有大的變動。天寶時期的詩作，當然不可能像安史之亂時期那樣對現實作深刻的揭發，因爲實際生活還未能提供矛盾充分展開的素材，他們只能表現出不安，但這種不安卻是寶貴的，它們表現了詩人們對時代、對人民的責任感，使詩風有多樣化的發展，也預示我國古典詩歌一個更偉大的發展（即產生《三吏》、《三別》、《北征》的詩的高峰）即將到來。

李商隱研究中的一些問題

李商隱研究中一個最爲聚訟紛紜的問題，是他與牛李黨爭的關係。從五代、北宋以來，這個問題一直爭論不休。有的說他是牛黨，有的說他是李黨，有的說他依違於兩黨之間而終於受到兩黨的排擠，一九四九年以後的一些文學史著作、唐詩選本及有關論著，則大多傾向於說他是牛李黨爭的無辜犧牲品。但有一個說法是共同的，那就是，李商隱卷入黨爭，是從他在令狐楚死後，轉入王茂元幕府並成爲王茂元的女婿開始的，王茂元是李德裕一黨，從此牛黨就把李商隱恨得要死。這就決定了李商隱坎坷一生的命運，他從此就擺脫不開黨爭這一可怕的魔影和羈繩。

本文將要說明，王茂元既不是李黨，也不是牛黨，他與黨爭無關。當時無論哪一派，都不把王茂元看成黨人。因此，李商隱入王茂元幕，也根本不存在卷入黨爭的問題。我們研究會昌以前李商隱大半生的事跡和思想，不應當受到傳統說法的影響，而應當從客觀的史料出發，對李商隱的這段歷史作實事求是的分析。

本文還將說明，李商隱確實是卷入了黨爭的。李德裕一派在中晚唐時是一個要求改革、要求有所作爲的政治集團，他們與牛僧孺、李宗閔等因循保守、依附腐朽勢力的一派鮮明對立。由於中晚唐社會極端腐敗，李黨終於失勢，而李商隱正是在李黨面臨失敗的無可挽回的情況下表同情於李黨，並用自己的一支筆爲李黨辨誣申冤，因而受到牛黨的打擊。李商隱這樣做，表現了明確的是非觀念，堅持了傾向進步、追求理想的氣概和品質。我們對李商隱的政治態度也應作出新的估價。這對於進一步研究他的創作是會有好處的。

一

李商隱死後不久，當時的一位詩人崔珏有《哭李商隱》二首，詩寫得很沉痛，其中說：「虛負凌雲萬丈才，一生襟抱未曾開。」①崔珏沒有說李商隱的襟抱是什麽，也不曾說他一生的襟抱未曾開的原因，可能在大中年間牛黨勢盛之時，政治氣氛使得崔珏不能把這些說得明明白白。但有一點是清楚的，他與李商隱生前的友人喻鳧、薛逢、溫庭筠贈詩同樣，都未說到過李商隱與王茂元的關係。

最先正式講到這事的是《舊唐書·李商隱傳》。李傳先敘述李商隱早年受知於令狐楚，曾在令狐楚的節度使幕府，並因令狐楚的資助，才得以進士登第，然後說：

> 王茂元鎭河陽，辟爲掌書記，得侍御史。茂元愛其才，以子妻之。茂元雖讀書爲儒，然本將家子，李德裕素遇之，時德裕秉政，用爲河陽帥。德裕與李宗閔、楊嗣復、令狐楚大相仇怨。商隱既爲茂元從事，宗閔黨大薄之。時令狐楚已卒，子綯爲員外郎，以商隱背恩，尤惡其無行。

在這之後，《新唐書．李商隱傳》也說：

王茂元鎮河陽，愛其才，表掌書記，以子妻之，得侍御史。茂元善李德裕，而牛李黨人蚩謫商隱，以為詭薄無行，共排笮之。

《新唐書》的記載基本上是依據《舊唐書》的，《舊唐書》這短短的幾行字卻有不少錯誤。如說李商隱為王茂元所辟，為其掌書記，而且做他的女婿，是在王茂元鎮河陽時，這在時間上就有大錯。王茂元為河陽節度使是在武宗會昌三年（八四三），那時王茂元正受命與劉稹作戰，不久即死於軍中，而李商隱這時正居母喪。《兩唐書》的紀時之誤，已受到馮浩、張采田等有力的駁正，而據馮、張等考證，李商隱入王茂元幕，應當在文宗開成三年（八三八）王茂元為涇原節度使之時。但張采田仍認為：「義山以婚於王氏，致觸朋黨之忌，黨局嫌猜，一生坎壈，自此基矣。」②這點似乎已成定論，認為王茂元就是李德裕的一黨，有的甚至引申說「令狐楚和王茂元是政敵。」③

到底有什麼根據說王茂元是李黨呢？我們如果查一下史料，可以說，沒有一條是能證明這一點的，過去的說法只不過人云亦云，似乎新舊《唐書》都這麼說，就自然是如此了。即使像張采田那樣對李商隱生平研究較深的學者，對此也沒有作過懷疑。

應當從整理史料著手，讓我們來查閱一下有關王茂元生平的材料。

王茂元為濮州濮陽人。他的祖父王崇術，官只做到鄜州伏陸縣令。據權德輿所作的神道碑，王崇術的曾祖為集州司倉參軍，祖父為滑州衛南縣令，父為蔚州司法參軍，都是地方州縣的基層官吏，因此權德輿說「故纓轂未華，仕不過群掾史、縣大夫。」④王崇術有三子，幼子名栖曜，也就是王茂元的父親。王家自王栖曜才顯赫起來。王栖曜從軍功起家，安史亂起，他征討有功，從牙將開始上升，德宗時官做到鄜坊節度使、檢校禮部尚書、兼御史大夫。貞元十九年（八〇三）卒。⑤王茂元在德宗時曾授校書郎、太子贊善大夫之職。元和時對李師道等用兵，他在東都留守呂元膺手下做事，署防御判官，對平定李師道叛亂有功。元和十四五年間曾爲歸州刺史。⑥此後曾歷守郢州、蔡州等地，大和二年（八二八）四月，由邕管經略使改爲容管經略使。大和七年，爲廣州刺史、嶺南節度使。大和九年十月，改爲涇原節度使。⑦在這之前，王茂元的官職遷轉，都與李德裕無關。大和九年十一月，發生甘露之變，宦官大殺宰相王涯、李訓等人，當時宦官中有人曾指控王茂元因王涯、鄭注見用，王茂元害怕，就把在嶺南任官時積存的家財拿出不少來賄賂宦官，史稱「李訓之敗，中官利其財，掎摭其事」，從中可看出王茂元之任涇原，可能與李訓、鄭注等有關，而李德裕恰恰因受李、鄭的排擠而不得在朝中任職，出守浙西。會昌元年（八四一），王茂元改忠武軍節度使，鎭守陳、許。會昌三年，唐朝廷討伐公然抗命的昭義劉稹，調陳、蔡兵任澤潞南面攻討，因此授王茂元爲河陽節度使；只幾個月，王茂元兵敗，病死軍中。這時確是李德裕當政，但這已經是李商隱入王茂元幕以後好幾年的事了。這就是說，王茂元從他父親起，王家兩代都長期擔任地方節鎭，並沒有與中央政局的變動有什麼牽涉。說王茂元是李黨，從這方面是找不到證據的。

另外，我們倒可以看到王茂元與牛黨人物的交往。開成三年（八三八），楊嗣復、李珏拜相，王茂元這時在涇原節度使任上，馬上送去一封賀狀，這封賀狀是由李商隱起草的，其中說：「伏見今月某日制書，伏承相公由大司徒之率屬，掌中秘書之樞務，寵延注意，榮叶沃心，凡備生靈，莫非陶冶。」⑧楊嗣復本來就是牛黨的骨幹，他在開成時執政，就排擠李黨，大批起用牛黨人物。

如果說給楊嗣復的賀狀還可用一般例行公文來解釋的話，那末會昌元年（八四一）王茂元出任忠武節度使時給李宗閔的兩封書信，就應當是足夠說明問題的了。原先李訓、鄭注為了排擠掉李德裕，在大和後期把李宗閔從山南西道節度使召回入相，利用他來排除掉李德裕。等到李德裕被迫出守浙西，李訓、鄭注就抓住李宗閔勾結宦官、戚屬的把柄，一連把他貶為明州、處州刺史、潮州司戶⑨。後來由於楊嗣復拜相，才將李宗閔內遷，並於開成四年冬由杭州刺史遷轉為太子賓客分司東都。會昌元年王茂元出鎮忠武軍時，正是李德裕當國，李宗閔在洛陽擔任這一閑職，當然是不會得意的。但恰恰在這時，王茂元給李宗閔送去了兩封信，信也是由李商隱起草的⑩。第一封信中說：「某早蒙恩顧，累忝藩方。本冀征轅，得由東洛，伏以延英奉辭之日，宰臣俟對之時，止得便奏發期，不敢更求枉路。限於流例，莫獲起居，瞻望恩光，不任攀戀。儻蒙知其丹赤，賜以始終，則雖間山川，若在軒屏。」這裡說的是兩方面的內容：一是王茂元自謂早時曾得到李宗閔的提拔獎引，得以任職節鎮；二是此次出守陳州，限於成例，不能前來洛陽相見，實在是「不任攀戀」，並且希望李宗閔能諒察他的這一片丹誠。

接著是第二封信，也可分幾點說。第一：「相公昔在先朝，實秉大政，當君子信讒之日，稟達人大觀之規。」——對李宗閔大和末年的被貶寄予同情，給以慰問。第二：「某早蒙獎拔，得被寵榮，番禺將去之時，獲醉上尊之酒；許下出征之日，猶蒙尺素之書。」——再次表示早歲蒙李宗閔獎拔的謝忱，並且透露出，王茂元出鎮嶺南，是李宗閔爲之出力的。第三：「便道是拘，登門莫遂，向風弭節，掩泣裁牋，思幄戀軒，不勝丹款。」——又一次表示此次不能相晤的遺憾心情。

我們知道，會昌元年正是李德裕當政時，李宗閔在洛陽擔任賓客分司的閑職，實在是無足輕重的。如果王茂元是李黨，他有必要連續寫這兩封信，而且在信中表達那樣的一種感恩與惋惜之情嗎？

與上述給楊嗣復、李宗閔信的差不多同時，王茂元也有給李德裕的書信，時間是在開成五年（八四〇），共三封，也是李商隱起草的⑪。第一封寫於王茂元罷鎮涇原入爲司農卿之時，這時武宗初即位，李德裕尚未命相，在淮南曾有書與王茂元，王茂元作書答復，內容一般。第二封作於已任德裕爲相而尚未從淮南啓程之時，當在七八月間，因此說：「伏承恩詔，榮徵聖上，肇自海藩，顯當殷鼎」。第三封作於李德裕赴京途中，謂「不審自跋涉道路，尊體何如，伏計不失調護」。這封信中追敘了李德裕父親李吉甫在元和中爲相時對藩鎮用兵的功績：「某竊思章武皇帝之朝，元和六年之事，鎮南建議，初召羊功，征北求人，先咨謝傅。故得齊剳封豕，蔡剔長鯨。」憲宗朝先後平定劉闢、李錡、吳元濟、李師道等公然抗命的方鎮，李吉甫有謀畫之功，這封信中予以充分的肯定。信中也讚揚了李德裕在淮南的治績。史書對李德裕在淮南興修水利等也作了記載，信中所寫並無誇大失實之處。信中又敘述了與李德裕個人的關係：「某早塵下顧，曾奉指蹤，江左單衣，每留夢寐，柳城素几，行睹尊顏。」這幾句也不過是說過去曾有交往，與上面說過的與李宗閔的關係相比較，王、李之間的個人關係就顯得浮泛多了。

新舊《唐書》本傳都提到王茂元鎮河陽與李德裕的關係，似乎說王茂元是李黨，因此李德裕任王茂元爲何陽節度使。這事也應當談一談。

會昌三年（八四三）四月，昭義節度使劉從諫卒，其侄劉稹秘不發喪，自稱留後，迫脅朝廷給予節度使的名號。這是大曆以後強藩割據、不聽朝命的故技重演。李德裕力排衆議，不予妥協，決定用兵討伐，就在四月中下旬部署了軍力，以成德節度使王元逵、魏博節度使何弘敬爲東面軍，河東節度使劉沔爲北面軍，河中節度使陳夷行（後爲李彥佐）爲西面軍（不久又調石雄接替），以王茂元爲南面軍，鎮河陽，並調王智興的兒子王宰（原邠寧節度使）代王茂元爲忠武節度使。同年八月，王茂元軍爲劉稹部將所敗，王茂元也隨即病於軍中。這一戰役的失利很影響士氣，李德裕馬上採取果斷措施，命王宰接替王茂元爲河陽行營攻討使⑫。在九月初，李德裕明確地說：「緣王茂元雖是將家，久習吏事，深入攻討，非其所長」。⑬實際上罷了王茂元的軍權。

從李德裕對王茂元的任免上，我們實在看不出李德裕有什麼偏私的地方。四、五月間命各方鎮合圍攻討，王茂元只是幾個節度使之一，假如說因爲李黨才任命，那末王元逵、劉沔、石雄等人卻從來沒有人說過是李黨，這又如何解釋呢？八月間王茂元兵敗，影響了整個戰局的發展，李德裕堅決調王宰來代替王茂元，並指出王茂元的短處。人們也並不把王宰視爲李黨。因此，任王茂元爲河陽節度使，實在算不上王是李黨的證據。

二

現在，讓我們再進一步來分析令狐楚的情況，他與李德裕的關係怎樣，他與王茂元是不是政敵。過去的一些歷史記載和史學論著，大多把令狐楚說成牛黨，其實令狐楚的情況較爲復雜，不能簡單地一刀切。他的年輩比李德裕、王茂元要大。元和十二年（八一七），唐朝廷任命裴度專任討伐淮西事，這時另一宰相李逢吉與裴度不和，而與令狐楚相善，共同阻撓用兵，裴度借故奏請罷免了令狐楚的翰林學士之職。李逢吉是牛黨早期的庇護者，如果從這一點看，把令狐楚算作牛黨，也未始不可。過了不久，皇甫鎛因言財利得到憲宗的寵信，排擠掉裴度，皇甫鎛又引用令狐楚爲相，執掌朝政。穆宗即位，殺皇甫鎛，也就貶令狐楚爲衡州刺史，貶謫的制詞是元稹起草的，說令狐楚爲「異端斯害，獨見不明，密隳討伐之謀，潛附奸邪之黨。因緣得地，進取多門，遂忝台階，實妨賢路」⑭元稹這幾句話是指令狐楚元和時附和李逢吉阻撓軍情，以及巴結皇甫鎛而說的，並無誇大失實之處。這時元稹與李德裕同在翰林，結爲好友，和李紳一起號稱「三俊」。中晚唐人可能就因此以爲令狐楚與李德裕相對立，實際上這是元稹的事，與李德裕無涉。

但有一件事是涉及令狐楚與李德裕關係的。令狐楚於敬宗寶曆年間任汴宋觀察使，曾上奏說亳州出聖水，「飲者疾輒愈」，曾受到當時宰相裴度的斥責，裴度判之爲「妖由人興，水不自作。」⑮李德裕這時任浙西觀察使，鎮潤州（今江蘇鎮江），也曾上奏言其事，說這本是「妖僧誑惑，狡計丐錢」，由於此而使得「數月以來，江南之人，奔走塞路，每三二十家，都顧一人取水」。請求朝廷「下本道觀察使令狐楚，速令塡塞，以絕妖源。」⑯

在這之後，令狐楚的官職屢有升降，看不出他與牛黨有什麼政治上的聯繫，在任地方官時也有一些政績可紀。大和九年甘露事變後，宦官氣焰囂張，令狐楚還與李黨的鄭覃共事，對宦官專權作過抵制。開成二年卒於山南西道節度使任，年七十二⑰。

綜觀令狐楚的一生，他早期與李逢吉等人交結，與裴度等主張對藩鎮用兵的意見相左，但後來與李德裕等人沒有發生過重大的政治分歧，他後期與黨爭無涉，嚴格說來，把他說成牛黨是並不妥當的。至於說他與王茂元爲政敵，實在找不出任何史料依據，他的行跡與王茂元可以說毫不發生關係。如果我們拋棄掉王茂元是李黨、令狐楚是牛黨這種先入爲主的成見，平心靜氣地來考查一下李商隱入王茂元幕府後他與令狐綯等人的關係，那麼，就會與過去有不同的看法。

令狐楚死時李商隱還只有二十五歲，按照我們現在的情況，恐怕只能說是一個剛步入社會的青年。那時他剛剛進士登第，還沒有正式官職，有一大堆家口要養，而這時令狐綯不過是一個左拾遺，又丁父憂免職。李商隱要取得仕途上的依靠，並取得經濟上的資助，在當時的實際情況下，只能是投靠在某一節度使的幕下，做一些文字工作。這在唐代社會中是極爲常見的，對讀書人來說也是一件很自然的事，不會受到人們的責難，更不存在背恩忘德的問題。

第二年，也就是開成三年，他在王茂元的涇原節度使幕，並得到王茂元的賞識，做了王家的東床快婿。《樊南文集補編》卷八有《獻舍人彭城公啓》、《獻舍人河東公啓》兩文。錢振倫注謂：「義山登第，多借令狐綯延譽之力，此彭城公，下篇河東公，皆子直爲之介紹。綯之爲補闕在開成初年，……其由補闕爲戶部員外郎在會昌二年。」張采田《玉溪生年譜會箋》繫這兩文於開成五年武宗即位以後，並考河東公爲柳璟，據《重修承旨學士壁記》，柳璟於開成三年二月九日遷中書舍人（時爲翰林學士），五年十月改禮部侍郎出院。彭城公則待考。張采田的說法是可信的。《獻舍人彭城公啓》中說：「方今聖政維新，朝綱大舉，徵伊皋爲輔佐，用褒向以論思，大窒澆風，廓開雅道。」這也合於武宗即位時的情況。

《獻舍人彭城公啓》中說：「某啓。即日補闕令狐子直顧及，伏話恩憐，猥加庸濫，惶惕所至，感結仍深。」《獻舍人河東公啓》說：「前月十日輒以舊文一軸上獻，即日補闕令狐子直至，伏知猥賜披閱，今日重於令狐君處伏奉二十三日榮示，特汚尊嚴，曲加褒飾，捧緘伸紙，終慚且驚。」

這些話說明了什麼呢？它說明了，在李商隱入王茂元幕以後，令狐綯仍爲之延譽，以使得李商隱在仕途上能有所進展。保存下來的有關事跡當然只是這兩封書狀，沒有保存下來的當不止於此。如果令狐綯認爲李商隱背恩忘德，投靠敵黨，他還能爲李商隱到處揄揚，使他能因此而取得進身之階嗎？正因爲令狐綯並不如此看，所以他還像過去那樣，爲李商隱出力。這難道不是順理成章的事嗎？

除了令狐綯之外，還可舉出他與楊嗣復、周墀的關係。據馮浩和張采田的考證，開成五年，李商隱曾應楊嗣復之招，赴湖南觀察使幕，張采田甚至還認爲「九月湖南之行，亦必子直（令狐綯）薦達之力，楊嗣復本牛黨也。」⑱那時王茂元由涇原入爲朝官，因此李商隱就改入湘幕。可見，當時令狐、楊等人並不因李商隱曾入王茂元幕而拒之以千里之外的。

周墀與李宗閔的關係密切，文宗時李宗閔爲山南西道節度使，曾辟周墀爲行軍司馬。周墀後來入朝爲翰林學士、中書舍人；武宗即位，出爲工部侍郎、華州刺史。杜牧認爲，這是李德裕故意排斥周墀的結果⑲。宣宗時，周墀也加入對李德裕攻擊詆毀的行列，說李德裕當國時改憲宗實錄，美化德裕父李吉甫的功績。可見當時人是把周墀歸入牛黨的。但恰恰就在會昌元年周墀任華州刺史時，李商隱與周墀有交往，他曾給周墀上書，表示想要入幕之意，又在周墀幕府中會宴賦詩⑳。他在華州曾代周墀起草過不少奏表㉑。

以上的這些材料說明什麼問題呢？它們說明了，李商隱由令狐楚改入王茂元幕之後，牛黨人物令狐綯等並不對他加以排斥，不僅如此，還在某些實際行動中資助李商隱在仕宦上找出路。我們評價歷史事件，只能從現存的歷史材料出發，有幾分材料說幾分話，既不能縮小，也不能誇大。歷史材料沒有記載的，只能抱闕疑的態度。而傳統的說法，無論歷時多久，影響多廣，也必須根據現在所能見到的材料，重新加以考核。囿於舊說，限於成見，就不可能在研究上取得突破。所謂李商隱入王茂元幕，從此就卷入黨爭，我個人認爲就是這樣的一種舊說和成見。

要討論李商隱與牛李黨爭關係的問題，應當首先弄清牛李黨爭的性質。牛李黨爭並不是如有些論著所說的純粹是無原則的權力之爭。牛李兩黨，在唐代中後期，反覆鬥爭，持續將近半個世紀，對當時的政治以至文學都發生過很大的影響。很難設想，這種牽涉面如此大、經歷的時間如此久的政治鬥爭僅僅是一種人事糾紛。

三

過去有一種流行觀點，以陳寅恪先生爲代表，認爲牛黨重進士科，代表「寒門」，李黨重門第，代表「山東士族」；前者進步，後者落後甚至反動。岑仲勉先生不同意這種觀點，在他所著的《隋唐史》、《唐史餘瀋》、《通鑑隋唐紀比事質疑》中曾列舉史實，說明上述論點並無材料依據。近些年來，史學家對李德裕則傾向於持肯定的態度㉒。筆者爲了較深入地研究唐代中後期文學與牛李黨爭的關係，正在從事李德裕《會昌一品集》的整理點校，並撰寫《李德裕年譜》。本文主要是談李商隱，不可能用很多篇幅來談李德裕及其與牛黨的鬥爭，但爲了說明李商隱的政治態度，有必要對牛李黨爭的性質作一個概括的論述。

牛李兩黨對當時幾個重大的政治問題都持針鋒相對的意見。分析歷史上的黨爭，應當抓住黨派的政治見解、政治態度這一原則問題，而不要被紛繁的次要問題所纏住而迷失方向。

唐代中後期政治生活中一個突出的問題是藩鎮割據。李德裕是反對藩鎮割據，維護中央集權的。

會昌年間他當政時，力排衆議，堅決主張對擁兵擅命、盤踞澤潞的劉稹進行軍事討伐，就是明顯的例子。戰爭進行了一年多一些，平定澤潞五州，打擊了藩鎮勢力，鞏固了國家統一，振奮了全國的軍心民心。正如《舊唐書》所說，在這次平叛戰爭中，「籌度機宜，選用將帥，軍中書詔，奏請雲合，起草指蹤，皆獨決於德裕，諸相無預焉。」㉓而與此相對立，李宗閔等早與昭義節度使劉從諫交通往來，牛僧孺居洛陽時，聞劉稹敗訊，每「恨嘆之」㉔。態度明顯不同。

宦官專權是唐代中後期政治腐敗的又一表現。宦官主持了好幾個皇帝的廢立，操縱朝政，並且直接與一些朝臣勾結。李德裕是主張抑制宦官的權力的，他在抗擊回紇、平定劉稹的戰爭中，不許宦官干預軍政，加強了將帥的權力，使得指揮統一，軍權集中，保證戰爭的勝利。他在會昌時的一些實施，都可看出是主張抑制和削奪宦官干政的。清初王夫之曾明確指出：「唐自肅宗以來，內豎之不得專政者，僅見於會昌。德裕之翼贊密勿、曲施銜勒，不爲無力。」㉗而李宗閔等人，卻有巴結宦官的事例。

唐朝中後期，西北和西南邊防相當緊張，經常受到回紇、吐蕃和南詔的侵擾。李德裕在文宗大和年間任劍南西川節度使，整頓巴蜀的兵力，成績斐然，並使得相陷已久的西川入吐蕃的門戶維州歸附唐朝；而這時牛僧孺爲相，卻執意放棄維州，結果是平白丟掉重要的邊防重地，並使得降人受到吐蕃奴隸主貴族殘酷的報復性殺戮。在對回紇的戰爭中，李德裕也是與牛僧孺相對立的。李德裕主張積極鞏固國防，保護邊疆地區的正常生產，在此基礎上與一些有關的少數民族政權保持和好關係；而牛僧孺則一味主張退讓，所執行的完全是一種民族投降的政策。

佛教在唐代中期以後大爲發展，使得「中外臣民承流相比，皆廢人事而奉佛，刑政日紊。」㉖李德裕明確指出，釋氏之教「殫竭財力，蠹耗生靈。」㉗他贊助武宗滅佛，是歷史上的有名事例。這次滅佛，涉及面很廣，日本僧人圓仁的《入唐求法巡禮行記》有具體生動的記載。但宣宗即位，白敏中等人執政，馬上宣布興佛，恢復佛教勢力。這點，連杜牧、孫樵等在大中時也是不贊成的㉘。

即使以科舉考試來說，李德裕也並不是一般地反對進士試，相反，他卻是採取措施來革除科試中的一些弊病，並且注意獎拔中下地主的士人。李德裕貶後，所謂「八百孤寒齊下淚，一時南望李崖州」，不是沒有根據的㉙。而我們從牛黨人物中卻可以看到他們利用科舉試的弊端，爲貴門子弟入仕而互通關節，朋比爲奸，以致「妨平人道路」等事例。㉚。

李德裕在任地方官時還有如興修水利、廢除奴役、破除迷信等政績，而李宗閔等則一無可記。這些，本文不擬再一一列舉。

當然，李德裕並不是完人，他有種種缺陷和弱點，作爲地主階級的一員，他有他的局限。這是可以分析的，也是可以理解的。但是，我們要看到，他的一些在重大政治問題上的主張和行動，在歷史上是屬於進步的，他是一個要求改革、要求有所作爲的政治家。北宋時「慶曆革新」的名臣范沖淹就從這點著眼，對李德裕作了充分的肯定，說他「獨立不懼，經制四方，有相之功，雖奸黨營陷，而義不朽矣。」㉛清朝人毛鳳枝認爲他「料事明決，號令整齊，其才不在諸葛下」㉜。如果我們把他的政見放在歷史的聯繫上來看，可以說，會昌政治是永貞革新的繼續。剝奪藩鎮和宦官之權，革除朝政的種種弊端，對當時社會上的一些腐敗現象進行整頓，這是德宗末期以來要求改革之士的共同願望。順宗時永貞革新是一個高潮，憲宗元和前期是又一個高潮，第三個高潮就是武宗會昌時期。會昌以後，唐朝就再也沒有出現這樣的高潮，唐王朝就在腐敗中走向滅亡。唐中期以後，腐朽勢力越來越強大，革新力量無不以失敗而告終。會昌、大中之際是這兩大勢力最後一次的大搏鬥，結果以李德裕的貶死而宣告革新力量的失敗。李商隱以自己的詩文表同情於李德裕，在當時的政治鬥爭中，就是表明他是將自己置身於從永貞、元和以來政治革新的行列的。而腐朽勢力的強大，革新派的最終被扼殺，唐朝廷從此一蹶不振，腐敗的風氣重又彌漫朝野，這，就是李商隱悲劇的眞正根源。我們研究和分析李商隱瑰麗奇偉而又撲朔迷離的富有悲劇色彩的詩歌，是不能離開這一主要脈絡的。

四

會昌五年新春，由於連續取得對回紇、對澤潞的軍事上的勝利，朝廷政治進行了一些整頓改革，京城內外有著一種豐樂熙和的氣象。李商隱在會昌前期因母喪丁憂，家居於山西永樂，這時也不禁爲太平興象所鼓舞，寫了《正月十五夜聞京有燈恨不得觀》這樣一首在他的詩作中少有的樂觀情緒的詩篇：

月色燈光滿帝都，香車寶輦隘通衢。身閑不睹中興盛，羞逐鄉人賽紫姑㉝。

他對會昌的政事是逐步認識的，對重大事件採取積極擁護的態度。《行次昭應縣道上送戶部李郎中充昭義攻討》詩中說：「將軍大旆掃狂童，詔選名賢贊武功。」贊揚對澤潞的用兵。會昌四年《爲李貽孫上李相公德裕啓》，對李德裕的文治武功備加贊頌㉞。然而好景不常，會昌六年三月，武宗病死，宣宗即位，政局急轉直下，其變化之快，一切都出於人們的意料之外。

宣宗於三月下旬即位，四月，就出李德裕爲荊南節度使，同時貶李德裕所賞識的工部尚書判鹽鐵轉運使薛元賞爲忠州刺史，其弟京兆少尹權知府事薛元龜爲崖州司戶。這是一個信號，標明李黨從此開始要遭到一連串的打擊了。與這差不多同時，牛黨人物白敏中由翰林學士承旨拜相。五月，增修佛寺，接著，牛黨骨幹大批內調，逐步安排重要官職。八月，下令牛僧孺、李宗閔、崔珙、楊嗣復、李珏皆由貶所北遷（李宗閔未離貶所病卒）。九月，李德裕又由荊南改調洛陽，爲東都留守，解平章事，把「使相」的虛銜也給摘掉了。第二年，大中元年二月，又唆使人告李德裕會昌執政時的所謂「陰事」（但又舉不出具體罪狀），又降爲太子少保分司，名義上是在洛陽閑居，實際上是把李德裕在洛陽看管起來了。也在同年二月，鄭亞由給事中出爲桂管觀察使。鄭亞早年曾入李德裕的浙西觀察使幕府，會昌時受到重用，對會昌政事多有裨益㉟，這次也因牽連李德裕事外出。接著，會昌時的宰相李回外出爲西川節度使。會昌時興舉的一些改革措施，在短短的一年多中全部停止。

明眼人不難看出政局變化的動向。宣宗即位剛剛一年多，所有措施，差不多都是爲打擊李德裕一派而布置的。打擊的矛頭指向哪裡，是再也清楚不過的了。

恰恰就在這時，李商隱入鄭亞幕府，爲其掌書記，遠赴桂林。這難道是偶然的，毫無政治含義的舉動嗎？這個時候，擺在李商隱面前的，可以有幾種選擇：他仍然可以在長安繼續擔任秘書省正字的職務，慢慢得到升遷；他也可以挑選與李黨沒有關係的節度使做一些文字工作；他甚至可以表白心跡，直接投靠牛黨。這些路子他都不走，卻在李黨明白無誤地走下坡路的時刻，進一步把自己的仕途放在李黨一邊，用世俗的眼光看，這不是太傻了嗎？如果沒有一種堅定的是非觀念，沒有一種政治上的正義感，確是不可能這樣做的。李商隱，作爲一個傑出的詩人，可貴就在這裡。這難道是詭薄無行的文人所能望其項背的嗎？

大中元年二月鄭亞爲桂管觀察使命下之時，在洛陽的李德裕曾寫了一封信給鄭亞（這封信沒有保存下來），鄭亞就委托李商隱起草作書答復㊱。政治形勢的險惡使得書信只能用象徵性的文字來表達相互慰藉之意，說：「伏惟愼保起居，俯鎭風俗，俟金縢之有見，俾玉鉉之重光」；又再三叮嚀：「伏惟少以家國爲念也。」這不只顯示了文字的巧妙，更是表達了書信作者的深切同情。

政治迫害的日益臨近，使得李德裕感到有必要把他在武宗朝所起草的文書及奏章匯爲一編，不致散失，以保存這一時代的歷史眞實。於是他把這些篇章編成十五卷，寄給鄭亞，並請鄭亞爲其作序㊲。鄭亞請李商隱起草，後又自己重加改定，現在李商隱的原稿與鄭亞的改稿都保存下來㊳，可以比較而觀。鄭亞除了改駢爲散作些文字上的修改外，主要使得贊頌的詞句不太明顯，在當時的政治氣候下，這是可以理解的。如李商隱原稿中，對李德裕有這樣的稱頌：「成萬古之良相，爲一代之高士！緊爾來者，景山仰之。」鄭亞的原稿就刪去了。這不是可以看作李商隱對李德裕的評價嗎？李商隱爲鄭亞起草的《上李太尉狀》也用同樣的語句推崇李德裕：「太尉妙簡宸襟，式光洪祚，有大手筆，居第一功」；又稱李德裕之文「言不失誣，事皆傳信，固合藏於中禁，付在有司，居徵誥說命之簡，爲帝典皇墳之式。」這些話，在當時一片討李聲中，眞成爲空谷足音。李商隱從這時起，眞正爲令狐綯等人所嫉恨，這不是很自然嗎？

令狐綯等人實在拿不出像樣的證據足以制李德裕之罪，但又想把李黨一網打盡，於是抓住了前幾年李紳在任淮南節度使時處理過的一樁案件，大作文章。李紳生前把他屬下一個名叫吳湘的官吏，因爲犯貪贓罪，又強娶民女，依法處以死刑。大中元年底、二年初，令狐綯等人起用原推勘官崔元藻，硬說這是李德裕包庇李紳製造成一件冤案，鄭亞、李回等人也都有罪責。於是鬨鬧一時，把李德裕貶爲崖州司戶，鄭亞、李回也都進一步貶官，而崔元藻等人卻論功行賞，超擢官職。在這一新的冤案鑄成之時，李商隱爲鄭亞起草了幾封給朝中公卿的書信，詳細剖析案情，指明崔元藻誣陷不實之詞，嚴正指出：「逝者難誣，言之罔愧」；斥責崔元藻等「乘時幸遠，背惠加誣」[39]。當然，人們可以說這些是李商隱爲鄭亞代寫的書稿，但信中嚴密的推理，明確的愛憎，不包含有李商隱個人的思想和見解嗎？李商隱把這些篇章編收進集中，不表示自己的一種政治態度嗎？

與此同時，李商隱還寫了感嘆李德裕遠貶的詩，如著名的《李衛公》：「絳紗弟子音塵絕，鸞鏡佳人舊會稀。今日致身歌舞地，木棉花暖鷓鴣飛。」《舊將軍》：「雲台高議正紛紛，誰定當時蕩寇勛？日暮灞橋原上獵，李將軍是舊將軍。」前人早已指出，前詩是感傷李德裕之遠貶崖州，後詩是諷刺宣宗朝進封一批新貴，而對昔日攘回紇、定澤潞之舊將軍不但無人顧及，而且還想置於死地而後快。在當時，這樣的詩作，其政治含義是一望而知的。這也就使李商隱進一步遭到牛黨人物的痛恨。張采田《玉溪生年譜會箋》舉出了不少李商隱後期的詩，認爲是哀李黨、刺牛黨而作，有些固然求之過深，強爲比附，但他說這一時期李商隱「所賦篇什，幽憶怨斷，恍惚迷離，其詞有文焉，其聲有哀焉，義山始願，不負李黨，亦可見已」，又說「《漫成五章》明揭生平，以表襮其始終欽仰衛公之初心」。這些話都是有見地的

李商隱在這以後還曾入盧弘止、柳仲郢幕，盧、柳等都與李德裕關係甚深。大中年間李德裕的靈柩北返，李商隱還奉柳仲郢之命，特地從西川趕到江陵致奠㊵。關於李商隱後期的行蹤，限於篇幅，這裡就不談了。總括本文所論，可以歸結爲一點，就是：所謂李商隱卷入黨爭，是會昌末、大中初代表進步傾向的李黨走向失敗的時候開始的，它顯示了李商隱極爲可貴的政治品質，表示了李商隱絕不是歷史上所說的汲汲於功名仕途、依違於兩黨之間的軟弱文人。李商隱前期也寫過一些優秀作品，但他的創作的眞正收穫期是在後期，這恰恰是與他的政治態度分不開的。前人評論他的藝術風格，大多說他寄托深遠、沉博絕麗、深情綿邈、包蘊密致，等等。藝術風格當然有作家個人的因素，但主要是時代的產物。李商隱的後期，正是進步的、革新的政治遭到打擊，理想變成幻滅，社會的前途看不到什麼希望的時代，政治的高壓使得他只能用象徵的手法來吐露他對美好事物的嚮往與追求，以及對理想破滅所表達的哀傷。時代的病態造成李商隱詩作中的某些感傷情調，但我們仍可從他的婉麗的詩句

中體察到對美好事物、對理想的執著追求，因而並不使人頹傷。他的詩歌的力量就在於此。這之中，如果沒有進步的政治信念的支持，而僅僅是個人的身世不遇的感傷，能夠達到這樣的思想和藝術境界嗎？中唐以後，文學創作的高峰，總是與每一次的政治革新相聯繫的，貞元、元和之間是一個高峰，出現了韓、柳、元、白、柳、李（賀）、張（籍）、王（建）等各具特色的詩人；會昌、大中之際是一個高峰，則以李商隱、杜牧爲代表。在這之後，唐代詩歌就再也沒有形成可以矚目的高峰，而這正與那時的政治日益腐敗、朝政日益不振密切相關。李商隱，正是出於一種天才的藝術敏感，爲唐王朝的衰落唱出了挽歌——李商隱的時代意義就在這裡。

【附註】：

①　崔珏爲宣宗大中年間進士，曾從事西川幕府。關於他的材料，可參見《新唐書》卷六十《藝文志》四集錄別集類，卷七十二下《宰相世系表》二下崔氏清河小房，《唐詩紀事》卷五十八，《唐才子傳》卷九，《全唐詩》卷五九一，徐松《登科記考》卷二十七。

②　《玉溪生年譜會箋》開成三年條。

③　文學研究所編選《唐詩選》下冊第二五八頁李商隱小傳。

④　《故鄜州伏陸縣令贈左散騎常侍王府君神道碑》，四部叢刊本《權載之文集》卷十六，又見《全唐文》卷五〇〇。

⑤王栖曜，見《舊唐書》卷一五二、《新唐者》卷一七〇本傳。

⑥參王茂元《楚三閭大夫屈先生祠堂銘》（《全唐文》卷六八四），及李商隱《爲外姑隴西郡君祭張氏女文》（馮浩《樊南文集詳注》卷六）。

⑦王茂元官職遷轉，據《舊唐書》本紀，並參張采田《玉溪生年譜會箋》所考。王茂元又有傳附於王栖曜傳之後。

⑧《樊南文集詳注》卷二《爲濮陽公上楊相公狀》。

⑨《唐大詔令集》卷五十七《貶李宗閔明州刺史制》、《再貶李宗閔處州刺史制》、《三貶李宗閔潮州司戶制》。

⑩見《樊南文集補編》卷二《爲濮陽公上賓客李相公狀》二首。按，錢振倫箋注謂此賓客李相公指李德裕，張采田考證謂指李宗閔，張說是，已可成定論，見《玉溪生年譜會箋》會昌元年條。

⑪《樊南文集補編》卷二《爲汝南公上淮南李相公狀》。錢振倫考證謂此汝南公乃濮陽公之訛，因所敘之事與周墀事跡不合，而與王茂元合。張采田採其說。

⑫見李德裕《會昌一品集》卷十五《論河陽事宜》第一狀、第二狀，及《通鑑》的有關記載。

⑬同上《請授王宰兼行營諸軍攻討使制》。

⑭見《舊唐書》卷一七二《令狐楚傳》。查今傳《元氏長慶集》未載此文。

⑮《新唐書》卷一七三《裴度傳》。

⑯《舊唐書》卷一七四《李德裕傳》；又《會昌一品集》別集卷五《亳州聖水狀》。

⑰ 關於令狐楚的事跡，可參見新舊《唐書・令狐楚傳》，以及劉禹錫《唐故相國贈司空令狐公集紀》（《劉禹錫集》）卷十九）。

⑱ 《玉溪生年譜會箋》開成五年條。

⑲ 參見杜牧《祭周相公文》（《樊川文集》卷十四）、《贈司徒周公墓志銘》（同上卷七）。周墀，新舊《唐書》均有傳，大致本杜牧所作墓志。

⑳ 《樊南文集補編》卷六《上華州周侍郎狀》，《玉溪生詩集箋注》卷一《華州周大夫宴席》。

㉑ 如《樊南文集詳注》卷一《爲汝南公華州賀赦表》，《爲汝南公以妖星見賀德音表》，卷二《爲侍郎汝南公華州謝加階狀》等，不具列。

㉒ 如《歷史研究》一九七九年第六期胡如雷先生《唐代牛李黨爭研究》。筆者同意胡如雷先生這篇文章的基本觀點。

㉓ 《舊唐書》卷一七四《李德裕傳》；又參見《會昌一品集》卷十八《讓太尉第三表》附武宗批答。

㉔ 《新唐書》卷一七四《牛僧孺傳》。

㉕ 王夫之《讀通鑑論》卷二十六。

㉖ 《通鑑》卷二二三唐代宗永泰元年。

㉗ 《會昌一品集》卷二十《祈祭西岳文》。

㉘ 見杜牧《樊川文集》卷十《杭州新造南亭子記》，《通鑑》二四九大中五年六月條引孫樵語。

㉙ 見五代王定保《唐摭言》卷七「好放孤寒」條，並參《玉泉子》。

㉚ 可參見《舊唐書・武宗紀》，及新舊《唐書・楊虞卿傳》。

㉛ 范仲淹《述夢詩序》（《范文正公集》卷六）。

㉜ 清毛鳳枝《關中金石文字存逸考》卷九。

㉝ 《玉溪生詩集箋注》卷二。關於此詩繫年，據張采田說。

㉞ 《樊南文集詳注》卷三。

㉟ 《全唐文》卷七二六崔嘏《授鄭亞桂府觀察使制》中曾說：「入贊黃樞，超居青瑣。彌縫闕漏，袞職以之無遺；參酌憲章，國典由其益振。」崔嘏因爲說了一些老實話，起草鄭亞、李德裕的貶謫制詞不肯横加斥詞，也被遠謫。

㊱ 見《樊南文集補編》卷二《爲濮陽公上李太尉狀》。據錢振倫考證，題中濮陽爲滎陽之訛，滎陽乃指鄭亞。

㊲ 《會昌一品集》別集卷六《與桂州鄭中丞書》。

㊳ 見《樊南文集詳注》卷七。

㊴ 見《樊南文集補編》卷七《爲滎陽公上馬侍郎啓》、《爲滎陽公與三司使大理盧啓》、《爲滎陽公與前浙東楊大夫啓》等。

㊵ 陳寅恪《李德裕之貶死及歸葬傳說考釋》，見《金明館叢稿二編》。

一九八二年一月

牛李黨爭與唐代文學研究

一

唐代的牛李黨爭發生在九世紀的前葉，也就是唐朝的中後期。牛黨的首領是牛僧孺（七八〇—八四八年）和李宗閔（？—八四六年），李黨的首領是李德裕（七八七—八四九年）。牛僧孺、李宗閔、李德裕三人都曾任過宰相，兩黨的一些重要成員，有的也作過宰相，有的擔任過中央和地方上的要職。因此，他們之間的鬥爭，必然會對當時的政治產生重大的影響。

過去的歷史書，往往把藩鎮、宦官、朋黨作爲唐朝中期以後的政治腐敗、統治階級內部紛爭的三大表現。據說唐文宗有一次感嘆道：「去河北賊易，去朝廷朋黨難！」似乎朝廷上的朋黨之爭比藩鎮割據還要難治。表面看來，這幾十年的政治，一派掌權，就把另一派打下去，另一派起來，又排斥原來掌權的一派，似乎有「亂哄哄，你方唱罷我登場」的那種樣子。因此有不少人認爲牛李黨爭完全是封建統治階級狗咬狗的鬥爭，無所謂是非曲直，有些初讀歷史的人認爲朋黨之爭頭緒紛繁，索性不去理它。有些搞唐代文學的人，一碰到有些作家夾雜在那時的黨爭中，也感到頭疼，覺得不知怎麼評價爲好。

怎樣來區分牛黨和李黨？用什麼標準來評判這兩黨的功過是非？過去，著名史學家陳寅恪先生提出過一種說法，說牛黨重進士科，李黨反對進士科而重門第，李黨代表兩晉、北朝以來的山東士族，牛黨代表唐高宗、武則天之後由進士詞科進用的新興階級（《唐代政治史述論稿》中篇《政治革命及黨派分野》）。這一說法在史學界很有影響，有些新編的歷史書也認爲李德裕是「關東著名士族的後裔」，「排斥進士」，「企圖挽救已經失去社會基礎的門閥制度」，而牛黨則「都是進士出身」，他們是「新興的進士貴族」。

這種僅僅以對進士科舉的態度來作爲劃分兩種不同政治集團的標誌，在理論上是難以說通的，在實際上也不符合客觀材料的。進士科唐初就開始實行，到這時已經經歷了二百年，爲什麼到這時偏偏發生了牛李兩黨的爭論呢？李德裕固然不是進士出身，但李黨的其他重要成員很多是進士出身的。牛僧孺是隋朝貴族大官僚宰相牛弘之後，李宗閔是唐朝的宗室，論門第都要比李德裕顯赫。所謂牛黨重進士，李黨重門第，這種傳統說法看來是不能成立的，現在有些歷史學家已不主張此說。

即使就進士科舉而論，牛李兩黨，何者爲是，何者爲非，也可以看得很清楚。長慶元年（八二一年），禮部侍郎錢徽掌貢舉，李宗閔等就向錢徽托人情，要求錄取他們的子弟，後來放榜，錄取的果然多是公卿子弟，其中就有李宗閔的女婿蘇巢。當時輿論大嘩，皇帝只得命令白居易、王起等人覆試，這般公卿子弟就有不少人落選，蘇巢即是其中之一。牛黨骨幹楊虞卿更是請托、通關節的能手，每年春天科試時，楊虞卿「爲舉選人馳走取科第，占員缺，無不得其所欲，升沉取舍，出其唇吻」。就是這樣的人，而「李宗閔待之如骨肉，以能朋比唱和，故時號黨魁」（《舊唐書》本傳）。

李德裕怎樣呢？現在還沒有確切的材料證明李德裕是根本反對進士科的。李德裕在執政時，對科舉考試曾先後作過這樣一些措施：第一，他反對進士只考試詩賦，認爲不能只講究浮華的詞藻，還應考經義策問，講究實際的行政才能。第二，他反對當時盛行的進士登第後大宴曲江池、門生拜座師的習尚，認爲這只能助長奢侈和朋黨的不良風氣。第三，當時科舉考試有這樣一種不成文的規定，禮部閱卷初步定了名單，還要依次到宰相府第呈報，請求過目，這裡面就有上下其手的種種弊端。李德裕執政，奏請取消這一層手續，這實際上是對包括李德裕自身在內的宰相權力的一種限制。第四，會昌（八四一—八四六年）以前，每年錄取進士名額大致以二十五人爲限，會昌時取消這一限額，這就勢必使進入錄取人數增加，而這正是李德裕做宰相、掌大權的時期。

可見，牛李兩黨，根據他們的實際行動，在科舉制度上，究竟誰是誰非，結論是顯而易見的。而且結論在唐代當時就已經有了。當李德裕爲牛黨所陷害，遠貶到海南島的崖州，當時就有兩句詩道：「八百孤寒齊下淚，一時南望李崖州。」所謂「八百孤寒」，就是指當時較爲清寒的應試舉子。

二

牛李黨爭並不是什麼偶然事件，它是當時歷史條件的產物；它也不是單純的個人權力之爭，而是兩種不同政治集團、不同政見的原則分歧。

大和六年（八三二年）十一月，有一次，唐文宗問宰相：「天下何時當太平，卿等亦有意於此乎？」當時的宰相有牛僧孺、李宗閔等，牛僧孺回答說：「太平無象。今四夷不至交侵，百姓不至流散，雖非至理，亦謂小康。陛下若別求太平，非臣等所及。」《通鑑》的作者司馬光，由於他在北宋中期也處於新舊黨派的鬥爭中，出於他對王安石新法的反對態度，他在《通鑑》中常常是偏牛而非李的。但即使如此，他對於牛僧孺的這番話也大不以爲然，評論說：「於斯之時，閽寺（按指宦官）專權，脅君於內，弗能遠也；藩鎮阻兵，陵慢於外，弗能制也；士兵殺逐主帥，拒命自立，弗能詰也；軍旅歲興，賦斂日急，骨肉縱橫於原野，杼軸空竭於里閭，而僧孺謂之太平，不亦誣乎！」（《通鑑》卷二四四）

牛僧孺、李宗閔各有一些思辨哲理性的文章，牛僧孺說：「君人者當務乎道適時。」（《辨名政論》）李宗閔說：「人皆奉時以行道者也。」（《隨論上下篇》）似乎他們很注意於「時」這個概念。實際上他們所謂「時」的含義，就是趨時，也就是承認當時既成的事實，維護現成秩序的所謂合理性，他們強調人君應當以現成的「時」爲準繩，來奉行與之相適應的「道」。如果說牛黨有哲學基礎的話，這就是他們的哲學基礎。他們在政治上的因循保守，反對一切改革，依附於腐朽勢力，都是與此相一致的。

以文采而論，李德裕是遠勝過牛黨諸人的。劉禹錫、元稹等在與李德裕的唱和中贊譽過他的詩篇。宣宗時人裴庭裕說他「文學過人」（《東觀奏記》卷上）。一代文豪歐陽修說李德裕「文辭甚可愛也」（《集古錄跋尾》卷九）。高標神韻、少所許可的清初詩人王漁洋，稱道李德裕《會昌一品集》的駢體文「雄奇駿偉」（《池北偶談》卷十七），又說李德裕的文章可以和陸贄、杜牧、皮日休、陸龜蒙等人並提（《香祖筆記》卷六）。近代學者羅振玉又推崇李德裕的書法，以爲唐人隸書「尚存古法者，有唐惟李衛公（按李德裕曾封衛國公）一人耳」（《石交錄》卷四）。儘管如此，在政治上，李德裕卻是一位實幹家。他在好幾個地方擔任過節度使的官職，像在浙西、滑州、西川、淮南，都有治績，在可能的範圍內，爲當地做過一些好事。他曾兩度爲相，都有改革的措施。正是李德裕這種「錯綜萬務，應變開闔」的政治才幹和革新主張，使他成爲「唐中世第一等人物」（宋葉夢得《避暑錄話》卷二），也使他與牛僧孺、李宗閔集團尖銳對立。可以說，牛李兩黨，對當時一些重大政治問題，都是針鋒相對的。

唐代中後期政治生活中一個突出的問題是藩鎮割據。藩鎮與中央政權的矛盾，是當時統治階級中的主要矛盾。李德裕是反對藩鎮割據，維護中央集權的。會昌年間他當政時，力排衆議，堅決主張對擁兵擅命、盤據澤潞的劉稹進行軍事討伐，就是明顯的例子。戰爭進行了一年多一些，平定了澤潞五州，打擊了藩鎮勢力，鞏固了國家統一，振奮了全國的軍心民心。正如《舊唐書》本傳所說，在這次平叛戰爭中，「籌度機宜，選用將帥，軍中書詔，奏請雲合，起草指蹤，皆獨決於德裕。」與此相對立，大和五年（八三一年）牛僧孺爲相時，盧龍節度使李載義被部將楊志誠所驅逐，楊志誠擁兵自立，牛僧孺卻是姑息偷安，承認這一既成事實。在平澤潞時，牛僧孺居住在洛陽，聞劉稹敗訊，每「恨嘆之」。二者態度鮮明對立。

宦官專權是唐代中後期政治腐敗的又一表現。宦官主持了好幾個皇帝的廢立，操縱朝政，並且直接與一些朝臣勾結。李德裕是主張抑制宦官的權力的，他在抗擊回紇、平定劉稹的戰爭中，不許宦官干預軍政，加強了將帥的權力，使得指揮統一，軍權集中，保證了戰爭的勝利。他在會昌時的一些實施，都可看出是主張抑制和削奪宦官干政的。清初著名思想家王夫之即指出：「唐自肅宗以來，內豎之不得專政者，僅見於會昌。」（《讀通鑑論》卷二六）而李宗閔等人，卻有巴結宦官的事例。李宗閔本人就是由於依靠宦官的資助，才得以排擠掉李德裕，而做上宰相的。

唐朝中後期，西北和西南邊防相當緊張，經常受到回紇、吐蕃和南詔的侵擾。李德裕在文宗大和年間任劍南西川節度使，整頓巴蜀的兵力，成績斐然，並使得相陷已久的西川入吐蕃的門戶維州歸附唐朝；而這時牛僧孺爲相，卻執意放棄維州，結果是平白丟掉重要的邊防重地，並使得降人受到吐蕃奴隸主貴族殘酷的報復性殺戮。在對回紇的戰爭中，李德裕也是與牛僧孺相對立的。李德裕主張積極鞏固國防，保護邊疆地區的正常生產，在此基礎上與一些有關的少數民族政權保持和好關係；而牛僧孺則一味主張退讓，所執行的完全是一種民族投降政策。

佛教在唐中期以後大爲發展，使得「中外臣民承流相比，皆廢人事而奉佛，刑政日紊」（《通鑑》卷二三二）。李德裕明確指出，釋氏之教「殫竭財力，蠹耗生靈」（《祈祭西岳文》）。他贊助武宗禁佛，是歷史上的有名事例。當時還俗僧尼四十一萬多人，充作國家的兩稅戶，收寺院良田數千萬頃，有的分給「寺家奴婢丁壯」耕種，有助於農村生產的發展。這次禁佛，涉及面很廣，日本僧人圓仁的《入唐求法巡禮行記》有具體生動的記載。但宣宗即位，牛黨白敏中等人執政，馬上宣布興佛，恢復佛教勢力。晚唐著名散文家孫樵說，宣宗即位三年，大造寺院，「斤斧之聲不絕天下，而工未已」（《復佛寺奏》）。

當然，李德裕不是完人，他有種種缺陷和弱點。但應該說，他的一些在重大政策問題上的主張和行動，在歷史上是進步的，他是一個要求改革、要求有所作爲的政治家。北宋時「慶曆革新」的名臣范沖淹就從這點著眼，對李德裕作了充分的肯定，說他「獨立不懼，經營四方，有相之功，雖奸黨營陷，而義不朽矣」（《述夢詩序》）。如果我們把他的政見放在歷史的聯繫上來看，可以說，會昌政治是永貞革新的繼續。削奪藩鎮和宦官之權，革除朝政的種種弊端，對當時社會上的一些腐敗現象進行整頓，這是德宗末期以來要求改革之士的共同願望。順宗時永貞革新是一個高潮，憲宗元和前期是又一個高潮，第三個高潮就是武宗會昌時期。會昌以後，唐朝就再也沒有出現這樣的高潮，唐王朝就在腐敗中走向滅亡。唐中期以後，腐朽勢力越來越強大，革新力量無不以失敗而告終。會昌、大中之際是這兩大勢力最後一次的大搏鬥，結果以李德裕的貶死而宣告革新力量的失敗，牛李黨爭也就此結束。

牛李黨爭對於當時的文學也有很大影響，尤其與當時一些作家的政治態度和身世遭遇，更直接有關。因此本文也想略爲談談這方面的情況。

三

中晚唐文學上的幾位大家，除了韓愈、柳宗元因去世較早以外，其他如白居易、元稹、李紳、李商隱、杜牧，都牽涉到黨爭。另外如李翺、皇甫湜、孫樵等，也都在作品中涉及到這一鬥爭。

以白居易和元稹爲例。元、白的文學成就，世有定評，無庸多說。以爲人而論，過去的評論者大多頌白而短元，尤其表現在對兩人後期的評價。元稹確有不少可訾議之處，他太熱中於仕進，往往在進退出處上招人非議。但元稹的有些方面是被人忽略的。他由江陵召回不久，在起草貶令狐楚爲衡州刺史的制詞中，指責令狐楚在元和時「密隳討伐之謀，潛附奸邪之黨」。這兩句是說令狐楚附和李逢吉，阻撓對淮西的用兵，又巴結權臣皇甫鎛，排斥裴度等賢臣。李逢吉正是李宗閔、牛僧孺等人早期的庇護者。元稹後來又直接與李宗閔發生衝突，指斥李宗閔等人利用科場弊端，爲貴要子弟考取進士而奔走說情。據說元稹爲此事起草的詔令，使李宗閔等朋黨之徒切齒痛恨。正因如此，牛黨人物把元稹視爲李德裕一黨，屢加排斥。白居易的妻子是牛黨骨幹楊汝士從父之妹，正因爲他與楊家有姻親關係，就在文宗時牛李鬥爭激烈之際，他主動請求出居洛陽，過著安閑不問世事的生活。白居易後期之所以未能寫出如前期《新樂府》、《秦中吟》那樣的詩篇，與他的這種不問是非、消極逃避的政治態度極有關係。激烈而複雜的現實鬥爭，能磨煉一些作家的筆鋒，但也會模糊另一些作家的眼睛，捆住他們的手筆。我們當然不能簡單地說元稹是李黨，白居易是牛黨，但如果脫離牛李黨爭的現實，元、白政治態度的變化也就得不到合理的解釋。

李商隱更是一個突出的例子。過去的一些研究者有的說他是牛黨，有的說他是李黨，有的說他依違於兩黨之間而終於受到兩黨的排擠，有的則說他是牛李黨爭的無辜犧牲品。李商隱坎坷的一生，他的瑰麗奇偉而又帶有濃厚感傷情調的詩句，如果不從當時的現實政治和牛李黨爭這一角度去理解，就無法得出正確的結論。李商隱在早期並未牽涉到黨爭，有的人說他的岳父王茂元是李黨，因此他也是李黨，這種說法是不可靠的，王茂元是一個節度使，他與黨爭無關（請參看拙文《李商隱研究中的一些問題》）。李商隱後來從實際生活中對李德裕的政治主張有了認識，正因如此，當宣宗即位後，牛黨得勢，李德裕接連被貶，李黨處於無可挽回的失敗情況下，他卻用自己的一支筆爲之辨誣申冤，表現了明確的是非觀念，堅持了傾向進步、追求理想的氣概和品質。李商隱以自己的詩文表同情於李德裕，在當時的政治鬥爭中，就是表明他是將自己置身於從永貞、元和以來政治革新的行列的。而腐朽勢力的強大，革新派的最終被扼殺，唐朝廷從此一蹶不振，腐敗的風氣重又瀰滿朝野，這，就是李商隱悲劇的眞正根源。我們研究和分析李商隱沉博絕麗而又撲朔迷離的富有悲劇色彩的詩歌，是不能離開這一主要脈絡的。

對牛李黨爭性質的正確評價，有助於對當時一些作家政治態度和作品思想內容的研究。但不能像過去有些研究者那樣，將作家簡單分類，誰是牛黨，誰是李黨。不能那樣一刀切，還應結合作家生平和作品實際，作具體的分析。從文學的角度對這一問題進行探討，也會幫助我們更進一步對牛李黨爭作深入的研究。

《才調集》考

一

《才調集》載詩一千首，是現存唐人選唐詩中分量最大的一部。編者署名爲「蜀監察御史韋縠」。關於韋縠的生平事跡，可資考證的材料太少。《直齋書錄解題》卷十五著錄有「《才調集》十卷」，注明編者是「後蜀韋縠」。清初吳任臣編著的《十國春秋》卷五六「後蜀九」有韋縠傳，說他「少有文藻，夢中得軟羅纈巾，由是才思益進。仕高祖父子，累遷監察御史，已又升□部尚書。」後又說他編《才調集》一事。這是迄今所見關於韋縠生平事跡最詳的文獻記錄。吳氏的《十國春秋》徵引了唐宋人的筆記雜著數百種，有相當高的史料價值，他的記述顯然應予以重視。與他同時的著名學者、詩人王士禛在《才調集選》序文中明確地說韋縠是「孟蜀監察御史」。可是《四庫提要》評介《才調集》時卻說「縠仕王建爲監察御史」，未知所據，不可信從。

此書署「蜀監察御史韋縠集」，由此可以測知其編選的時代。根據《十國春秋》所述韋縠仕宦的概略，則書當編成於五代孟蜀時，而且是韋升爲□部尚書之前。看來韋縠不大可能會由五代入宋。《

唐詩紀事》卷六一宋邕條，記宋邕《春日》詩，謂「僞蜀韋縠取此詩爲《才調集》」（按此詩在《才調集》卷四）。計有功稱韋縠爲「僞蜀」，說明在計有功眼中，韋縠確爲前代的人。

宋代此書已流行較廣。除《崇文總目》、《遂初堂書目》、《直齋書錄解題》等官私書目都有著錄外，詩話中也屢屢稱引，如南宋曾季狸《艇齋詩話》就曾有好幾處述及《才調集》中的詩。而據現在所知，《才調集》已有南宋時的刻本（詳後）。

明清之際，這部書頗受重視，許多名人對它極感興趣，並且多有評論，尤其是對它的體例與選詩標準，評價極高。引人注目，最突出的是馮舒、馮班兄弟二人，出於貶抑江西詩派的目的，因而對《才調集》極爲推崇，既加以評點，又探究其微言大義，說得玄而又玄。如卷六下馮班評曰：「此書多以一家壓卷，此卷太白，後又有李玉溪，此有微意，讀者參之」。「李白二十八首」下又說：「序言李、杜、元、白，今選太白，不選子美，杜不可選也，選李亦只就此書體裁而已，非以去取爲工拙也。」其侄馮武在比較了唐、宋、元的一些唐詩選本，指陳其得失後說：「惟韋縠《才調集》才情橫溢，聲調宣暢，不入乎風雅頌者不收，不合於賦比興者不取。猶近《選》體氣韻，不失三百遺意，爲易知易從也。」王士禛也認爲《才調集》選詩標準是「大抵以風調爲宗」。紀昀儘管對二馮兄弟的評點有不同看法，但對《才調集》也推許甚高。《四庫提要》說「縠生五代文敝之間，故所選取法晚唐，以穠麗宏敞爲宗，救粗疏淺弱之習，未爲無見」。乾隆初，《才調集》就有人爲之作注，緊接著又有人補注。乾隆二十九年（一七六四）宋邦綏在補注的刻本「敘」中說：「唐御史韋公縠所選《才調集》十卷，選擇精當，大具手眼，當時稱善，後人服膺。國朝馮默庵、鈍吟兩先生加以評點，遂爲學詩者必讀之書。」乾隆五十八年（一七九三）宋思仁又在另一個刻本「敘」中說：「轂生五代文敝之際，惟以濃麗秀發救當時粗俚之習，故錄多晚唐而不及少陵，義各有當。《四庫全書》稱其於詩教有益，洵定評也。」一直到清末，《才調集》仍盛行不衰。光緒二十年（一八九四）江蘇布政使鄧華熙在《才調集補注》的「敘」中先評論了其他的唐人選唐詩，認爲都有所失，然後才說：「惟韋御史此集取詩千首，無體不備，無美不臻，韋生五代文敝之後，特擷初盛晚唐之菁華而甄錄之，故所授尤爲精審。」這些評論都把《才調集》列爲唐人選唐詩之冠。直至現在，在一些論者中，也還沿襲舊說，稱其選詩「崇尚晚唐」，以及「溫李詩風」、「閨情別怨」、「風格濃麗」等等，似乎這些都能概括《才調集》選詩的標準。

以上所引對《才調集》的評論和看法，歸納起來主要有這幾個方面：一是認爲《才調集》體例恰當完備，二是選擇詩篇精當，三是編選者的審美趣味與品鑒標準十分明確。而且其中寄意玄深，讀者當小心仔細地發掘出「微言大義」。這些評論和看法，是否符合書中的實際呢？如果一般地瀏覽，則也很可能得出上述的認識。這裡需要作實際的考察，根據經得起核查的材料，對上述一些過於熱情的贊許作出冷靜的鑒定。

二

首先看看這部書的體例。韋縠的「敘」說：「暇日閱李杜集、元白詩，其間天海混茫，風流挺特，遂采摭奧妙。」根據文意，似乎他讀李白、杜甫、元稹、白居易等人詩集的時候下了很大的功夫，然後才認眞選出其中最具「奧妙」的詩篇。選錄了李、杜、元、白的詩是說得明確的，可是十卷《才調集》中有李、元、白，卻無杜。這是爲什麼呢？馮班說：「杜不可選也」。但是爲什麼不可選，未有任何解釋。其次，馮班說此書每卷前標「古律雜歌詩」是頗爲得體的做法，實際卻非如此。姑按馮氏的定義來檢尋，十卷之中沒有任何一卷是古詩、律詩、雜體、歌行四種體裁齊備的，而且每卷也沒有一個統一的排列次序。又如馮武《凡例》說此書：「以白太傅壓通部，取其昌明博大、有關風教諸篇，而不取其閑適小篇也；以溫助教領第二卷，取其比興邃密、新麗可歌也；以韋端己領第三卷，取其氣宇高曠、辭調整贍也；以杜樊川領第四卷，取其才情橫放、有符風雅也；以元相領第五卷，取其語發乎情，風人之義也；以太白領第六、第七卷，而以玉溪生次之，所以重太白而尊商隱也；以羅江東領第八、九卷，取其才調兼善也。」這裡且不說內容（如卷五白居易的《聞龜兒詠詩》、《醉憶元九》、《憶晦叔》，即爲「閑適小篇」，卷四杜牧之的《題揚州》、《悼吹簫妓》、《題贈二首》等何來「有符風雅」），只說此書的形式。卷七「七律雜歌詩一百首」下馮班說：「此卷無壓卷（開頭爲李宣古，僅有一首詩——引者注），李玉溪已在前也。」這眞是不知所云。馮武的意思是讓李白領第六、第七卷，是「重太白」、「尊商隱」。實際是卷六選李白二十八首，其次李商隱四十首，卷七卻並無一李之詩，何以能以前卷之詩來領此卷呢？且馮班說「李玉溪已在前」，那末爲什麼不把李商隱放在第七卷之首作爲壓卷呢？又羅隱也只在卷八有詩（十七首），卷九無詩，爲什麼一人獨領兩卷？卷十開首所載婦女之詩，算不算領卷？再如卷二載有「無名氏詩十三首」，卷十又載有「無名氏詩三十七首」，兩處詩的體裁又無區別，爲什麼要將無名氏詩分載兩處，編者的意圖完全令人不解。又如一書之中將同一詩人的詩分置於兩處，甚至兩處以上。卷一有「白居易十九首」，卷五又有「白居易八首」，兩處都有七言絕句。卷一有「薛能七首」，卷七又有「薛能三首」，卷一爲三首七絕、四首七律，卷七爲三首七絕。卷四有「項斯一首」，卷七又有「項斯一首」，兩處都是五律。卷一有「李端一首」，卷七又有「李端一首」，卷九還有「李端一首」，卷一爲五絕，卷七爲七律，卷九爲五律。如此之例還有不少。爲什麼同一詩人的同一體裁的詩篇要分置兩處或兩處以上？編者的意圖也完全令人不解。又如卷一有「賈島七首」，卷九又載有「僧無本二首」。僧無本就是賈島，他前期爲僧，名無本，後還俗，以賈島稱。兩處載詩的體裁看不出什麼區別。是不是編者將他爲僧時作的詩與還俗後作的詩分置呢？從詩的內容看也並非如此。爲什麼要將他一分爲二，而稱呼不同？爲什麼錄入的其他僧人的詩沒有這種情況？再如卷三有「溫飛卿六十一首」，卷四有「杜牧之三十三首」，卷八有「于武陵九首」，爲什麼其他詩人都稱「名」，這三人獨稱「字」？這種違背統一體例的情況都不可解。又如《四庫提要》評《才調集》時已指出其體例上的某些錯誤：「如李白錄《陽春賦》是賦非詩，王建錄宮中調笑詞是詞非詩，皆乖體例。」凡此種種，都證明《才調集》體例存在著問題，編者多有考慮失當之處，可能正如胡震亨所說此書是編者「隨手成編，無倫次」（《唐音癸籤》卷三一），並沒有考慮誰人壓卷、誰人殿後的那種「微意」存在。

其次，《才調集》所收詩篇，其考核是否準確，選擇是否精當，《四庫提要》已指出某些錯誤，但同時又指錯了好幾處。如指出卷一劉長卿《別宕子怨》是隋薛道衡的《昔昔鹽》，即「空梁落燕泥」那一首名詩，而《提要》卻把劉長卿誤作劉禹錫。這一首誤選的詩馮舒就已指出。又如卷七有「賈曾一首」，詩題為《有所思》，即「洛陽城東桃李花，飛去飛來落誰家」，實為劉希夷作的《代悲白頭翁》。這一首署名賈曾的詩只載有詩的前半部分，從開頭到「歲歲年年人不同」即止，中缺「已見松柏摧為薪，更聞桑田變成海」兩句。這首詩開、天間的唐人選唐詩《搜玉集》、《正聲集》已選入，作者是劉希夷。《大唐新語》卷八還特別說到劉希夷這首詩《正聲集》是以壓卷之作入選的。唐宋人記載此詩的，從未涉及過賈曾，何況這首詩在《才調集》中又錯亂到這種地步。又如卷八李嘉祐下有《贈別嚴士元》（「春風倚棹闔閭城」）七律，這本是劉長卿的一首佳作，高仲武《中興間氣集》已選入，並且有高氏對劉長卿的評語，評語中特別提到此詩的「細雨濕衣看不見，閑花落地聽無聲」兩句，高仲武與劉長卿幾乎是同時代的人，選詩當然比《才調集》可靠。又如卷三張籍下有《蘇州江岸留別樂天》（「銀泥裙映錦幛泥」）一首七律。《全唐詩》卷三八五張籍下收有此詩，卷四四七白居易下也收有此詩，詩題是《武丘寺路宴留別諸妓》。顯然這是白居易的詩。《全唐詩》重出的錯誤就出自《才調集》。詩中有「漸消酒色朱顏淺，欲話離情翠黛低」，「莫忘使君吟詠處」等句。根據詩意，如果說是張籍留別白居易所作，則題與內容不合。相反，如果說是白居易留別妓女所作則完全吻合，詩中指歌妓的明顯特徵有「銀泥裙」、「朱顏」、「翠黛」等詞語，聯繫全篇詩意更能說明問題。另外，尾聯有「使君」一詞，是白居易自謂的一個慣用語。例如「兩州何事偏相憶，各自籠禽作使君」（《答楊使君登樓見憶》），「席上爭分使君酒，歌中多唱舍人詩」（《醉戲諸妓》），「風景不隨宮相去，歡娛應逐使君新」（《九日思杭州舊游寄周判官及諸客》），「姓白使君無麗句，名休座客有新文」（《答次休上人》），「好與使君爲老伴，愁來休染白髭鬚」（《代諸妓贈送周判官》）。張籍沒有作過州刺史一類的官，自稱「使君」不合身份，他稱指白居易又與詩意沒有聯繫。又如卷四「施肩吾二首」下有《夜宴曲》（「蘭缸如晝買不眠」）一首七律；卷七又有施肩吾《夜宴詞》，兩處所載實爲同一首詩，僅文字略有不同。又如卷七「王渙十三首」下有《惆悵詞》，中有「夢裡分明入漢宮」詠昭君一絕，卷八「朱慶餘一首」下又有《惆悵詩》，就是這一首詠昭君的七絕。兩處僅有一字異文，即王渙名下的「紫台月落關山曉」的「月」字，朱慶餘名下作「日」字。這一首爲王渙《惆悵詞》詠李夫人、陰麗華等美人系列中的一篇，而且是最有名的一篇，文獻中多有稱引，決非朱慶餘所作。又如卷七「張祜六首」下有《病宮人》（「佳人臥病動經秋」）一首七律，卷九「袁不約二首」下又有《病宮人》一首七律。兩處文字全同。又如卷十「無名氏三十七首」下有《三五七言詩》「秋風清，秋月明」一首雜體，其實是李白的作品，李白集中載有此詩。又同卷「無名氏三十七首」下有「春光冉冉歸何處」一首七絕，《全唐詩》卷五四六嚴惲下錄有此詩，題作《落花》。嚴惲與杜牧、皮日休、陸龜蒙等友善，《唐才子傳》卷六杜牧傳下有「同時嚴惲，字子重，工詩，與牧友善，以《問春》詩得名」的記載。皮日休有《傷進士嚴子重》一詩，詩前小序說：「余爲童在鄉校時，几上抄杜舍人牧之集，見有與進士嚴惲詩。後至吳，一日，有客曰嚴某，余忘其名久矣。遽懷文見造，於是樂得禮而觀之。其所爲（《唐詩紀事》此下有「文」字——引者）工於七字。往往有佳便柔媚，時可軼駭於常軌。其佳者曰，『春光冉冉歸何處……』余美之，諷而未嘗怠。」

以上所舉錯亂失考等處，均爲顯明易見之例，是不該出錯的，但卻錯了這麼多。由此可見此書編者粗疏之一斑。那些贊美此書詩篇選擇精當，什麼編者「大具手眼」云云，實在太不切合實際。下面讓我們再來看一看《才調集》詩篇的來源，就會進一步認識它的特點。

三

應該說《才調集》編者對入選的詩篇基本上並未加以認眞的考核，而是爲千、百、十之數而收詩，是先劃定一個框框，確定一個總數、分卷數而收詩，有時甚至是勉強湊合的。而且，很可能是在較短的時間內完成此書的編撰工作，最突出的表現是其中的拼湊、抄襲的痕跡。

除了上述漏載杜甫，將同一人詩分置幾處，兩載無名氏詩，名與字稱謂不統一，詩篇失考等例子外，我們還可以從其他方面加以證明。筆者此次曾加以清理，可以看出，此書抄錄了許多前人詩選所載的詩篇，而同時又抄錯了不少。究竟抄襲了哪些前人的詩選，限於資料，已無從確考。唐人選唐詩或合前代詩選者，自唐初釋慧淨《續古今詩苑英華》、劉孝孫《古今類序詩苑》以下，當在百種以上。有的入選的數量還相當大，如大中時校書郎顧陶的《唐詩類選》，編選者用了三十年的功夫，選錄了一千二百多首唐詩。這些都可能成爲《才調集》抄錄的對象。另外，韋穀爲蜀監察御史。唐末五代，尤其是前蜀時，蜀地選編唐詩之風很盛，而且錄詩的數量還相當多，較著名的如王仁裕有《國風總類》五十卷，後主王衍有《煙花集》五卷，王承範有《備遺綴英》二十卷。這些詩選都出現在韋穀周圍，也完全可能成爲《才調集》抄錄的對象。但是許多唐人選唐詩今天已經失傳，使得我們今天要考清其來源增加不少難度，不過我們從韋莊的《又玄集》中卻找到了有力的證據。

《又玄集》在中國很早就失傳，明末清初僅有贋本流傳。直到本世紀五十年代，日本京都大學清水茂教授才將江戶昌平坂學問所刊本《又玄集》製成膠片，惠寄杭州大學夏承燾教授，隨後古典文學出版社據以影印，人們才得以重睹其眞跡。《又玄集》載「名詩三百首」（據韋莊自序），其中就有一百首見於《才調集》，尤其是詩僧與婦女的詩相同者更多。當然，僅憑此說《才調集》抄錄《又玄集》，理由還不充分。問題在於許多地方詩的排列次序兩書也完全相同。如《又玄集》卷下有劉方平《秋夜泛舟》、《春怨》二首，《才調集》卷七也有，排列次序同，詩題同。又如《又玄集》卷下有于濆《古宴曲》、《思歸引》、《辛苦吟》三首，《才調集》卷九也載有這三首，排列次序同，而且也僅有這三首。又如《又玄集》卷下有高蟾《下第後獻高侍郎》、《金陵晚眺》二首，《才調集》卷八也有這兩首，排列次序同，而且僅此兩首。又如《又玄集》卷下有張夫人《拜新月》、《拾得韋氏鈿子因以詩寄》二首，《才調集》卷十也有這兩首，排列次序同，而且僅有這兩首。又如《又玄集》

卷下有張文姬《溪口雲》、《沙上鷺》二首，《才調集》卷十也有這兩首，排列次序同，而且僅有此二首。

退一步說，如果這種現象仍可以用偶然巧合解釋的話，那麼還可以舉出更爲明顯的例子，即不僅可以證明《才調集》抄襲《又玄集》，而且可以證明抄者因粗心而抄錯了的例子。如李德裕有一首《故人寄茶》（「劍外九華英」）五古，載於《又玄集》卷中。《才調集》卷三也有這首詩，作者卻是曹鄴。何以如此呢？原來《又玄集》卷中選錄的李德裕詩正好接在曹鄴之後，這一首《故人寄茶》正好下接曹鄴的《送人歸南海》。抄詩者從《又玄集》抄錄時，一不小心，就把李詩看成曹詩了。又如武瓘有一首《勸酒》（「勸君金屈巵」）五絕，選於《又玄集》卷中，《才調集》卷八也有這首詩，作者卻是于武陵。根據二書的關係考查，根據《才調集》張冠李戴的類例推測，果然又是抄錯的一例。《又玄集》武瓘這首詩之上正好接于武陵的《長信宮》，再上一首爲于武陵的《感懷》。恰好這兩首詩正載於《才調集》的《勸酒》詩之上。這些錯亂歸屬一時難定，卻直接導致了在《全唐詩》中的重出。又如《才調集》卷七陶翰之下有《新安江林》（「江源南去永」）一首五律。這本是章八元的一首名詩。《中興間氣集》已選錄章八元此詩，題作《新安江行》，並且高仲武對章八元的評語還有「口『雪晴山脊見，沙淺浪痕交』，此得江山之狀貌也」（引自述古堂影宋本《中興間氣集》）。《唐詩紀事》卷二六章八元下也有此詩，且也載高仲武評語。其中舉例「雪晴山脊見，沙淺浪痕交」一聯正是這首詩的中間一聯。查《又玄集》這首詩也選錄在章八元下，題作《新安江村》。此詩之上正好又是陶翰的

《古塞下曲》。顯然又是《才調集》誤抄，而且因「村」、「林」形近又把詩題抄錯了。幸好章八元此詩多爲世人所知，《才調集》的錯亂才沒有以訛傳訛地沿襲下來。又如《又玄集》卷中有曹鄴《老圃堂》（「召平瓜地接吾廬」）一首七絕，《才調集》卷七也有這首詩，作者卻是薛能。查《又玄集》這首詩正好上接薛能的《江南春望》一詩，顯然又是《才調集》誤抄所致。

更有甚者，《才調集》抄《又玄集》還鬧出了笑話，把《又玄集》中的錯誤也照抄下來。如《又玄集》卷下僧太易下有兩首詩，一是《贈司空拾遺》，一是《宿天柱觀》。《才調集》卷九僧太易下也僅有這兩首詩，排列次序和詩題都與《又玄集》相同。實際上第二首並不是僧太易所作，爲便於詳考，特錄於下：

宿天柱觀

石室初投宿，仙翁喜暫容。花源隔水見，洞府過山逢。泉湧階前地，雲生戶外峰。中宵自入定，不是欲降龍。

這首詩已選入了《中興間氣集》，作者是僧靈一，並且高仲武評語專評靈一此詩說：「自齊梁以來，道人工文多矣，罕有入其流者，一公乃能刻意精妙，與士大夫更唱迭和，不其偉歟！如『泉湧階前地，雲生戶外峰』，則道猷寶月曾何及此？」高氏與靈一幾乎是同時代的人，選詩當然可信，這首詩爲靈一所作無疑。此詩不僅當時已有名，而且後代有關唐詩的文獻稱引不絕。根據推測，韋莊當是知道靈一爲此詩的作者，只是在過錄成集時漏掉了「僧靈一」三字而竄到了僧太易之下。根據韋莊《

又玄集》的情況來看，他是參考了《中興間氣集》的，有些詩篇是與《中興間氣集》相同的。《又玄集》是唐人選唐詩中高水平的一種，其中某些詩篇前人已選又再選，這完全無可非議，這也就是所謂「英雄所見略同」。靈一這一首詩的情況當也是如此。

靈一是唐代詩僧中最有名氣者之一，與大曆、貞元間著名詩人嚴維、皇甫冉等交游甚密。《唐才子傳》卷三「道人靈一」傳下說：「其喬松於瓘莽，野鶴於雞群者有靈一、靈澈、皎然、清塞、無可、虛中、齊己、貫休八人。」將靈一置於首位。韋莊爲唐末著名詩人，他選《又玄集》時是「自國朝大手名人以至今之作者，或百篇之內，時記一章；或全集之中，唯徵數首」，選詩選得精，選得嚴，集中的情況與序文完全符合。對靈一的名氣他是不會不知道的，而《又玄集》三卷中就只有這一首是靈一之作，根據入選詩僧的情況來看也可證明韋莊是以靈一之詩入選的。另外，從《又玄集》的體例形式看也可證明。入選詩僧的詩的排列情況是僧無可以下，清江、栖白三人各選了兩首，僧法振以下每人只選一首，僧太易在法振以下，唯獨他有兩首，這有乖韋書體例，如果將脫漏掉的「僧靈一」補上，就一切都怡然理順了。今本《又玄集》脫誤很多，是在流傳過程中造成的。但這一處脫誤卻是較早發生，因爲《才調集》抄《又玄集》時已是如此。再舉一個同樣性質的例子，同上一例互相參照來看就可更加明白。《又玄集》卷中劉禹錫下有《鸚鵡》一首七律，《才調集》卷五劉禹錫下也有這一首《鸚鵡》七律，特錄如下：

鸚鵡

隴西鸚鵡到江東，養得經年嘴漸紅。常恐思歸先剪翅，每因餧食暫開籠。人憐巧語情雖重，鳥憶高飛意不同。應似貴門歌舞妓，深藏牢閉後房中。

《又玄集》中劉禹錫之下爲白居易，《才調集》也如此。《又玄集》中劉詩《寄樂天》（「莫嗟華髮與無兒」）和《和送鶴》（「昨日看成送鶴詩」），與白詩《送鶴上裴相公》（「司空憐爾爾須知」）等幾首七律相連，《才調集》中也是如此。其實，這一首《鸚鵡》詩爲白居易作，白集與《全唐詩》白居易下都載有這首詩，而劉禹錫另有一首詩，就是和這首詩的，特錄如下，可使問題不證自明。

和樂天《鸚鵡》

養來鸚鵡嘴初紅，宜在朱樓繡户中。頻學喚人緣性慧，偏能識主爲情通。斂毛睡足難銷日，嚲翅愁時願見風。誰遣聰明好顏色，事須安置入深籠。

兩首詩題材同，體裁同，韻同，意同，詩題也非常清楚，是一對如合符節的倡和詩。至於《又玄集》中弄錯的原因是什麼，這裡沒有深究的必要，我們的目的是在證明《才調集》的抄襲。

四

《才調集》編者的意圖主要不在於選詩，更談不上選擇精審，或者編者的主要意圖就是彙總、集結詩篇，那個署名「蜀監察御史韋縠集」下的「集」字可能正是編者的主要意圖。既然是彙集，而且彙集又較倉促，那就難免東抄西湊，難免出錯。後人不明其主要特點，而妄加一些「考核精審」、「大具手眼」、「無美不選」的評語，進而大談其選詩標準，冠以種種美詞。現在看來，這些贊美之辭，都只是空中樓閣。《才調集》在唐人選唐詩中是不同於《河岳英靈集》、《中興間氣集》、《篋中集》、《極玄集》、《又玄集》等書的。這些選集能充分體現編選者的審美趣味、藝術標準。我們可以對這些選集從美學、文藝理論、文學史的角色進行研究。有的選集明確地提出較有系統的理論標準。《才調集》則不然，其敘文與內容相去甚遠。韋莊選《又玄集》時縱使是著名詩人，也僅選一二篇。《才調集》十卷之中僅從刊式上看已是輕重失調，分布不均。有的幾個人占一卷，如卷三、卷六；有的很多人才成一卷，如卷七、卷九；有的詩人錄入數十首，有的卻只有一首，又並非以名氣大小、按一定的標準來決定選錄。爲何韋莊一人獨占六十三首詩？是不是與編者當時得到詩篇的難易有關？是不是得多少則錄入多少，湊成一百首則爲一卷，即胡震亨所說的「隨手成編」？另外，更爲嚴重的是有很多詩人的詩一篇都沒有收入，又並非因時代所限而沒有收入。就以馮武《凡例》中所述爲例，說《才調集》是崇尚溫李詩風的，但宋代西昆體詩派如錢、劉、楊、晏諸人卻是將溫飛卿、李商隱、段成式三人均奉爲宗祖，而偏偏《才調集》中沒有段成式的詩篇。又如《才調集》選沈佺期而不選宋之問諸人；有王泠然、賈曾而無蘇味道、崔曙、崔融、王翰、王灣等；有王維、王昌齡、李頎、崔顥、高適、岑參，而無張說、張九齡、薛據、丘爲；有孟浩然而無儲光羲；大曆十才子以及與其詩風近者又無皇甫兄弟、吉中孚、苗發、夏侯審等；中唐「三俊」有李德裕、元稹而無李紳；有張籍，無韓愈；有張祜無崔涯、徐凝。縱使以《才調集》選詩「宗晚唐」而論，所缺亦夥。似乎不當選的選了，當選的又沒有選。選李頻而不選方干，選羅隱、羅鄴而不選羅虬；選陸龜蒙而不選皮日休（卷三陸龜蒙下有《薔薇》一絕實爲皮日休作，陸另有和作，題《和重題薔薇》，此又證明其粗疏）。以上僅是舉例，並非清理其全部存在的問題，還有很多類似的情況不可能在本文中具述，由此也可見《才調集》確實沒有固定的選詩標準。

當然，我們並不一概否定《才調集》的成就及其在唐詩選本中的歷史地位。由於它成書早，收入的詩篇多，無論書中還存有如上面所說的種種錯失，卻還是客觀地保存了許多有價值的詩篇。就文獻的角度說，《才調集》是有其價值的。正如《四庫提要》所說：「然頗有諸家遺篇，如白居易《江南贈蕭十九》詩（應爲《江南喜逢蕭九徹因話長安舊游戲贈五十韻》）——引者注）、賈島《贈杜駙馬》詩，皆本集所無。又沈佺期《古意》，高棅竄改成律詩，王維《渭城曲》『客舍青青楊柳春』，俗本改爲『柳色新』；賈島《贈劍客》詩『誰爲不平事』句，俗本改爲『誰有』。如斯之類，此書皆獨存其舊，亦足資考證也。」像這類的例子集中相當多。如錢起《闕下贈裴舍人》一首七律，《中興間氣集》選有，《才調集》也有，其中第一聯《中興間氣集》作「二月黃鸝飛上林，春城紫陌曉陰陰」，而《才調集》正好二句順序相反。通觀全詩，格律嚴整，要以《才調集》所載方合律，否則首聯與頷聯就失黏了。

當然，《才調集》中也有不少文字上的錯誤，則是需要通過版本的查勘而加以校正的。

六

關於《才調集》的版本，還有不少尚未認識的問題。今天廣爲流行的四部叢刊影印述古堂影宋抄本就有一些問題値得探討。我們先從宋本說起，然後再來談四部叢刊本。

《才調集》現在可考的版本爲南宋臨安陳氏書棚本。後代的《才調集》版本，不論是刻本、抄本，還是影抄本，都出自書棚本，這是《才調集》版本系統的一大特點；而且自宋以下，官、私書目著錄的《才調集》都是十卷本，這又是它的另一大特點。書棚本流傳到明代尚存，徐玄佐家藏有一本，但嘉靖中便逸去了後五卷，成了殘本。到了萬曆時，徐玄佐得到了錢復正（一作錢伏正、錢復眞）家藏舊抄本（抄自書棚本），於是請人據以影抄後五卷。共抄了一百一十六幅、二千零七十三行，然後與家中的宋刻本前五卷相配成書。「裝池甫畢，展卷煥然，頓還舊觀矣」（見徐跋語），是爲徐本，成於萬曆十二年（一五八四）。徐本對以後《才調集》的版本影響很大。另外，隆慶時，沈春澤（雨若）據孫研北家藏舊抄本（抄自書棚本）新刻一本，是爲沈本。沈本萬曆時被人鑵改新印，錯訛很多，這就是所謂萬曆本。據現在所知，沈本今存者有三處：一是上海辭書出版社圖書館，一是南京圖書館。以上兩處是足本，另外濟南圖書館尚有一殘本。此外，上海圖書館還有一個清沈寶蓮錄何義門校過的沈刻本。據萬曆三十五年（一六〇七）馮舒看到的沈本已是「竄訛處不可勝乙」，可能還是假的。傳增湘說萬曆的覆刻本「爲俗人竄易，繆誤至不可讀」（《藏園群書題記》卷十九）。崇禎時，馮舒將徐本與借得的孫抄，連同從錢謙益處借得的焦狀元（竑）抄本（亦抄自書棚本）校正了沈本，並且加了評語圈點。與此同時，馮班又從錢謙益處借得徐本，中脫一面，幾年後收趙清常抄本（僅有後四卷）補完。崇禎十一年（一六三八）又出現了一個朱文進收藏的宋刻殘本，第八卷已全失，卻有第九、第十卷，馮班攜徐本校勘，又參校其他抄本，校完後請人重新影寫了一部。沈本系統還有一個後出的刻本，即以萬曆本爲底本，以徐本前五卷、葉本（與錢抄同）第六卷、朱本第九、第十卷以及焦抄、錢抄、孫抄等版本參校，「改正千餘字，重梓者二十餘葉」（見漁父夕公跋），姑且稱爲漁父本。這個本子有錢功甫等人的校語。最後一個重要的本子即清康熙四十三年（一七〇四）新安汪氏的垂雲堂本。這個本子以汲古閣毛氏所刊，其中有二馮批校語之本（可能就是馮舒校正的沈本）爲底本，以影宋本、錢校沈本參校新刻一本，是一個精校本。現在回過頭來說四部叢刊本及其他。據錢曾《讀書敏求記》所云，他收藏有三個《才調集》版本，一爲陳解元書籍鋪槧本，一爲錢復眞家藏舊抄本，一爲影寫陳解元書棚本。從語意上看，似乎錢曾還有書棚本足本，這是不可能的，他說的「宋槧本」只可能是殘本。因爲明清之際曾與《才調集》有所接觸的人都未曾見過宋槧完帙，尤其是二馮兄弟、陸貽典、毛晉父子、趙清常等以及其族祖錢謙益，都是與錢曾交游極爲頻繁親密的人，他們都未曾見這宋刻足本，錢曾晚生於上述諸人，更不可能例外。另外，所謂「影寫陳解元書棚本」也是有問題的。這個影寫本，就是今天流行的四部叢刊本。今天的人只知道是四部叢刊影印述古堂影本，卻沒有去深究它的形成與來源。其實，述古堂這個影寫本先爲汲古閣毛氏收藏，即傅增湘看到的書中印有「宋本」、「甲」、「毛晉私印」、「子晉」、「汲古主人」、「大布衣」、「錢曾」、「錢曾之印」、「遵王」、「錢氏校本」、「虞山錢曾遵王藏書」、「賢者而後樂此」、「述古堂圖書記」、「友竹軒」、「鈞」、「雪苑宋氏蘭揮藏書記」等藏書印記的本子（見《藏園群書經眼錄》卷十八）。這些印記分別鈐於「敘」、卷一之首、卷二末、卷三之首、卷五末、卷六之首以及卷十末。傅氏認爲這個本子是「汲古閣影寫宋刊本」，這個說法未必正確。如果說很可能是汲古閣和影抄本那是可以的，因爲汲古閣的確影抄了不少唐人詩集，但又不能完全排除他人影抄後爲汲古閣收藏的可能。另外說這個本子的底本是「宋刊本」也不正確。它的底本是徐本或徐本系統的本子，即前五卷爲宋刻書棚本，後五卷爲影寫抄本的本子。二者合爲一書，就是汲古閣或他人影寫的底本。證據非常清楚，道理也非常明白，完全用不著辯解。通過考察四部叢刊本，我們發現有很多處缺字，而前五卷與後五卷缺字的地方有明顯不同的特徵，即前五卷缺字處全爲墨釘，而後五卷缺字處除有三個字爲墨釘外，其餘衆多的缺字處都爲空白。爲什麼會前爲墨釘後爲空白呢？顯然這就是刻本與抄本的區別。前五卷爲宋刻，據以影抄，墨釘也照抄，不留空白。後五卷宋刻殘，據抄本影寫，抄本與影寫本不同，抄時可靈活處理，看見刻本上的墨釘，用不著像影抄那樣照抄下來，而可以用有幾個字的墨釘則空幾個格的方式抄寫，既省事，也絲毫不影響內容，或降低抄本質量。這樣，抄本在抄寫刻本的過程中便把缺字的墨釘變成了空格，而影寫本據抄本影寫，抄本本來就是空格，就不可能再影寫爲墨釘了。其間幾種本子的轉換關係非常清楚。至於後五卷仍存有三字墨釘，則肯定爲抄本上偶然抄有三個墨釘之故。既然四部叢刊本依據的是這樣一種版本，那麼，說它是影寫「宋刊本」就不妥了。不過，用習慣上的稱謂說它是影宋本似乎也不致不可以，因爲《才調集》各種類型的版本都尋源於一，都祖述書棚本，其中沒有作僞造假的成分。垂雲堂本中的校語就是把徐本及徐本系統的本子稱爲「宋本」的。下面將《才調集》的版本系統列表以示。

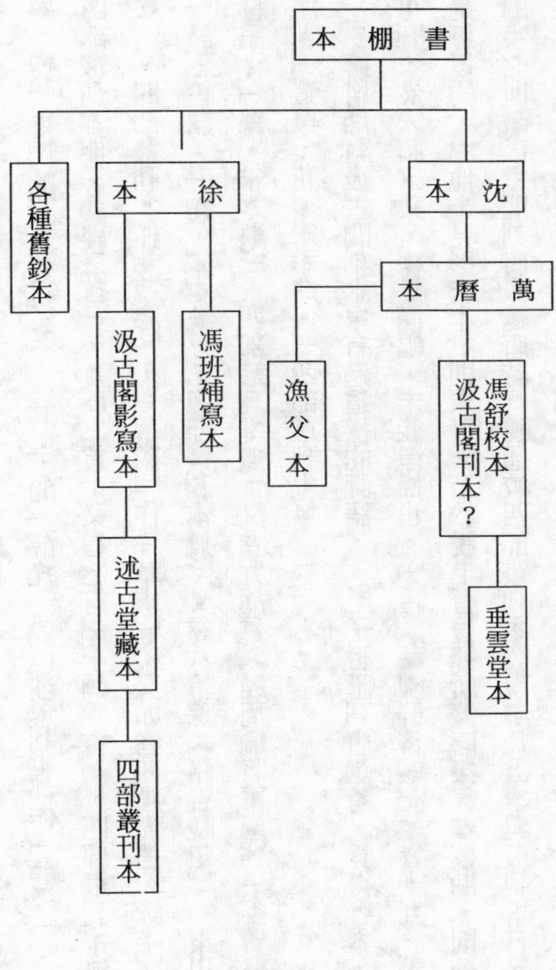

垂雲堂本與四部叢刊本各爲一個子系統的版本。二本略作比較，文字方面垂雲堂本有許多優長之處。僅舉幾例說明：如目錄卷三、卷七下的「薛逢」，四部叢刊本都作「薛逄」；又卷四「曹鄴二首」，四部叢刊本作「曹鄴三首」，實爲二首；又卷七有「李頻六首」，四部叢刊本無此四字；又卷八「曹松」，四部叢刊本作「曹崧」，「章碣」作「章竭」；又如卷四趙光遠《詠手》「背接紅巾掬水時」一詩下校語：「掬，宋本缺」，四部叢刊本無；又卷八韓琮《駱谷晚望》「秦川如畫渭如絲」一詩下校語：「絲，宋本缺」，四部叢刊本無；又卷九胡曾《題周瑜將軍廟》「委質吳王社稷安」一詩下校語：「質吳，花，宋本缺。」四部叢刊本無。

傅增湘對汲古閣刻本曾有過這樣的評語：「毛子晉匯刊唐選詩，覓得善本，參考唐賢舊集，更訂重刊，然未睹宋槧，榛蕪滿幅，未能淨掃也。」（《藏園群書題記》卷十九）說毛晉未見過宋刊足本是可以的，說他未見影宋本，則未可。至於說毛晉曾據所藏唐集善本校勘，則是事實。我們曾將北京圖書館所藏汲古閣刻唐人選唐詩八種通校四部叢刊本發現，凡汲本與叢刊本有異，而以汲本爲優的，則大多同於唐人別集（據四部叢刊所收之唐人別集）。垂雲堂本確有優勝，有爲他本所不及的，如卷二溫庭筠《醉歌》，四部叢刊本有「唯恐南園風雨花」，垂雲堂本及四部叢刊之溫集「花」皆作「作」，是，因下句「碧蕪狼藉棠梨花」又重一「花」字。汲本前句之「花」字作「落」，亦與文意不合。又如卷四張泌《秋晚過洞庭》，四部叢刊本有「九愁凝絕鎖煙嵐」，前四字義不可通，各本皆同，垂雲堂本作「九疑愁絕」，與詩題之洞庭時地均合。但比較起來，汲本所長處還較垂雲堂本爲多，往往垂雲堂本與四部叢刊本有異而以垂雲堂本爲長者，汲本亦同，而汲本又另有獨勝處，且不獨與唐人別集同，且與《唐文粹》、《文苑英華》、《樂府詩集》等前代總集同，似毛氏均曾取以勘刻。如卷一宋濟《塞上聞笛》，汲本於題下注「一刻高適」。按此詩《河岳英靈集》、《國秀集》均載於高適名下，宋濟爲貞元間人，當非其作。卷二高遵《題太尉平泉莊》「水泉草木好高眠」，「水」，汲本作「平」。按此爲詠李德裕平泉莊，參見詩題，則作「平泉」爲是。又如卷二溫庭筠《碌碌詞》「野草白根肥」，汲本「白」作「自」，《樂府詩集》同，作「自」是。同卷顧況《悲歌六首》自序「延州審其音」，「延州」汲本作「延陵」，《唐文粹》同，是。同卷盧綸《送南中使寄嶺外故人》，汲本題作《逢南中使因寄嶺外故人》，《文苑英華》同，義較勝。

使人感到奇怪的是，五十年代編印的《唐人選唐詩（十種）》，於《才調集》僅附毛晉跋，而全書未有校語，但少數幾處似乎作過改動。如目錄卷七溫憲二首下應有李頻六首，所用之底本即四部叢刊本卻漏略，《唐人選唐詩十種》補上；卷七張祐應作張祜，已改；卷七項斯一首下應有崔峒一首，亦補，等等。但絕大部份未改，甚至目錄中的明顯錯字，如錢翃之翃應作珝，朱倣之倣應作放，崔公逵之逵應作達，等等，都一仍四部叢刊本之誤。

由此可見，四部叢刊本儘管源頭正，與明清之際諸人所稱宋本暗合，但缺字太多，而且錯誤不少，因此亟待校勘。只有提供一個既可靠、又方便的版本，《才調集》才能更好地爲今天衆多的讀者和研究者所使用。

《搜玉小集》考略

現在通行所見的《搜玉小集》，係原中華書局上海編輯所一九五八年據毛晉汲古閣刻本排印的《唐人選唐詩（十種）》本，一九七八年上海古籍出版社又據一九六二年十月重印本重新出版。《唐人選唐詩（十種）》除開頭的敦煌殘卷外，大體按編選的時代先後排列，《搜玉小集》排在最後，而在此之前爲《才調集》。按《才調集》係韋縠於後蜀時纂成，如此則《搜玉小集》之編撰當在五代末或宋初了，實際上則不然，它的編成應在唐開元、天寶之際。又《搜玉小集》分量雖小，但留存的問題卻不算少，我們今天應加以認眞的校勘整理。

《搜玉小集》並未見於《新唐書・藝文志》，《新唐書・藝文志》於詩文總集類僅著錄有《搜玉集》十卷，《崇文總目》同。二書均未載編者姓名。《通志・藝文略》亦云：「《搜玉集》十卷，唐人集當時詩。」不過鄭樵所記只是據前人著錄，並非親見其書。依據宋人文獻材料考察，此十卷本的《搜玉集》在北宋中葉後當已亡佚。南宋時的兩大藏書家，即晁公武與陳振孫，晁氏的《郡齋讀書志》未記其書，陳氏《直齋書錄解題》（卷十五）則著錄《搜玉小集》一卷，謂「自崔湜至崔融三十七人、詩六十一首」。自此以後，公私藏書目錄所記則僅有《搜玉小集》而無《搜玉集》。《搜玉小集》與《搜玉集》，由於《搜玉集》早已亡佚，別無其他材料可據，二者的關係究竟如何，未能確知。《搜玉小集》是否節取《搜玉集》而成書，也難於論定，我們只能從今存《搜玉小集》來考論其書。

陳振孫說《搜玉小集》所收乃「自崔湜至崔融三十七人，詩六十一首」。今存各本《小集》，第一人確爲崔湜，最後一個也確爲崔融。經過毛晉的整理，詩人人數爲三十四人，詩爲六十一首。雖然毛晉所考尚有疏誤（見後），但人數與篇數與《直齋書錄解題》基本相符，所收詩人，大部分屬初唐時期，少數幾個，如裴漼（《新唐書》卷一三〇），許景先（同上書卷一二八），韓休（同上書卷一二六），以及王諲、余（徐）延壽等，均生活至開元初、中期，無開元中後期及天寶時詩人。《直齋書錄解題》將《搜玉小集》列於《國秀集》之後，《竇氏聯珠集》、《御覽詩》、《河岳英靈集》之前，此點亦可注意。從這些方面看來，則《搜玉小間》當編成於開元後期或天寶前期。

《搜玉小集》不以詩人時代先後排列，同一詩人有收二篇或二篇以上者，則分散編排，如崔湜，《奉和御製白鹿觀》列第一篇，《塞垣行》列第五，《酬杜麟台春思》列第十九；又如崔融，《西征軍行遇風》列第四，《韋長史挽歌》列第五十七，《詠寶劍》則居最後。所載詩篇，如以題材分，則似先爲應制詩，次爲邊塞歌行、古詩，又次爲閨情懷人，又次爲歲時應景，又次爲行旅述懷，但又互有混雜，很難看出編選意圖和選詩標準。所收詩固有一些名篇，但也有一定數量的平平之作。清人何焯（義門）對此書的評論是頗爲苛刻的，說「此書集唐初人詩之不佳者，既鮮氣質，復乏調態。述作之手固將喂鹿，場屋之士亦宜覆瓿也」，（見北京圖書館善本部藏汲古閣刻《唐人選唐詩八種》傅增湘臨何焯批校本。）對一些具體詩作的評價亦復如此，如說《大漠行》「不成片段」，賀朝的《從軍行》「散緩無力」，鄭愔的《塞外》「亦散緩」，盧照鄰的《王昭君》「不如不作」，等等。何氏所評不爲無見，但應當說作爲現在存世已不多的唐人選唐詩來說，《搜玉小集》仍有其文獻價值，有些詩篇確因其所選而流存於後世，有些則在文字上提供可供研討的異文。

上海古籍出版社據以排印的汲古閣刻本，問題不少。首先是詩人人數與詩篇數。《直齋書錄解題》說是三十七人，詩六十一首。明代高儒《百川書志》著錄則爲三十七人，六十三首。北京圖書館善本部又有鄭振鐸收藏的明刊本《唐人選唐詩六種》，內《搜玉小集》一種，書前所載目錄也爲三十七人，詩六十三首，但又記云：「內崔湜、宋之問、張諤、李嶠、崔融並多一首，而胡皓、崔顥、王翰、陳子昂之詩皆缺，尙當考之。」而毛晉在刊正之前所見之本，有崔顥詩誤入崔湜，魏徵、陳子昂詩誤入宋之問的，即人爲三十四，詩爲六十一，可見明代流傳的本子，詩篇混雜情況已相當嚴重。毛晉重加釐定，把誤入者分出，想恢復原三十七人的目次。但因胡皓、王翰、李澄之三人之詩已佚，故在刊行時，刪去三人姓名，成今本之三十四人，詩六十一首。這就是說，毛晉刪去名存詩缺者三人，但詩卻有六十一首，則成爲《四庫總目提要》所說的，「人缺其三而詩僅缺其二，不足分配三人」，因此《提要》懷疑必有一人之詩混雜於他人名下。應當說，《提要》的懷疑是有道理的，雖然它並未進一步考出誰人之詩混雜於何人名下。按汲本《搜玉小集》中有崔湜的《大漠行》，《文苑英華》卷三三三載此詩（中華書局影印本題作《大漢行》，漢字顯誤），署爲胡皓作。《全唐詩》卷一〇八胡皓下即有此《大漠行》；卷五四崔湜下雖也列此詩，卻於題下注云「一作胡皓詩」。《搜玉小集》中此《大漠行》當是胡誥詩，毛晉如不是因疏忽而未加更正，則不會出現「人缺其三而詩僅缺其二」的現象。《四庫總目提要》所謂必有一人之詩混雜於他人名下，即胡皓《大漠行》誤作崔湜詩。

詩篇歸屬尙有問題的，又有徐璧之《催妝》詩。此詩《唐詩紀事》卷一三載爲徐安期作，又見於《全唐詩》卷七六九之徐安期名下，《全唐詩》此卷爲世次爵里無考，即收入此卷之作者，編者認爲其生平、時代乃均無可考見的。《全唐詩》於徐安期名下僅載此一首。很可能《全唐詩》與《唐詩紀事》都採自《搜玉小集》，而計有功所見之《搜玉小集》，《催妝》一詩爲徐安期作，因而採入時即署徐安期名。《全唐詩》採自《搜玉小集》與《唐詩紀事》，而於徐安期又無事跡可考，於是列入世次爵里無考一類。可以注意的是，《全唐詩》於此卷中又收有徐璧《失題》一詩：「雙燕今朝至，何時發海濱。窺檐向人語，如道故鄉情。」詩寫得尙有情致，但僅此一首。《催妝》詩之作者究竟是誰，且徐璧與徐安期是一人還是二人，限於材料，也還難下斷語。

又如所收《人日剪采》詩，作者署爲余延壽。此詩也見於《唐詩記事》卷一七，《四部叢刊》本作者載爲徐延壽，而汲古閣刻本作余延壽。按《新唐書·藝文志》四，別集類，於包融詩下記殷璠所輯《丹陽集》詩人，有「江寧處士余延壽」。《嘉定鎭江志》卷一八、《至順鎭江志》卷一九皆作「

徐延壽」。《文苑英華》未載《人日剪采》詩，但卷二九三卻有余延壽的《南州行》。儲光羲有《貽余處士》（《全唐詩》卷一三八），儲居丹陽，與江寧接鄰，此余處士似即爲延壽。徐、余形近，且都見於宋元文獻，難於遽下定論。

以上三例，胡皓詩混入崔湜名下，可以確定；《催妝》詩屬徐璧還是徐安期，《人日剪采》詩作者姓余還是姓徐，都還未能斷定。但不論如此，都應出校說明。可惜排印本於此均失校。

另外，如《燕歌行》作者屈同，《文苑英華》卷一九六同。但《國秀集》卷下，《元和姓纂》卷一〇皆作屈同仙，《全唐詩》卷二〇三亦作屈同仙，但校云「一作屈同」。似作屈同仙爲是。又如《怨辭》作者張紘，《唐詩紀事》卷一三、《全唐詩》卷一〇〇均作張紘，《全唐詩》校云：「一作汯」，而同卷所載《閨怨》詩又於題下注「《搜玉集》作張炫詩」。則此詩作者之名又有汯、紘、炫三種不同的記載。

以上是詩作者的問題，其次是詩篇篇名的問題，這裡也有應加考校的，可以舉兩個例子。

書中收有杜審言《贈蘇管記》。此詩又見於《文苑英華》卷二四九、《唐詩紀事》卷六、《全唐詩》卷六二，詩題則均爲《贈蘇味道》，不叫《贈蘇管記》。不過《文苑英華》與《全唐詩》另載有杜審言的《贈蘇綰書記》一詩：「知君書記本翩翩，爲許從戎赴朔邊。紅粉樓中應計日，燕支山下莫經年。」詩意與詩題正合。由此可知，所謂《贈蘇管記》，詩題應是《贈蘇味道》，而「贈蘇管記」四字則又抄自「贈蘇綰書記」，不過抄時脫漏「書」字，又誤「綰」爲「管」，遂成此文義不通之題目。另一例爲李嶠《太平公主山亭侍宴應制》，《唐詩紀事》卷一〇載作《安樂公主山莊》。按《文苑英華》卷一七六載有《侍宴安樂公主莊應制》，以此題作詩者有宗楚客、趙彥昭、盧藏用、蘇頲、蕭至忠、岑羲、李乂、馬懷素、韋元旦、李回秀、李適、薛稷、沈佺期、劉憲，李嶠也是其中之一。《搜玉小集》所載此詩，即在此題之下。如此，則李嶠此詩詩題中之「太平公主」誤，當校改作「安樂公主」。

另外，詩篇雖不誤，卻可以用他書參校而有助於對詩意之理解的。如徐彥伯《送公主和戎》，此公主是誰，僅此詩題未能得知，而《文苑英華》卷一七六題作《奉和送金城公主適西蕃應制》，《唐詩紀事》卷九題作《送金城公主》，由此可知此公主爲金城公主，由此還可進一步考知詩的作年。又如蘇味道《觀燈》，《文苑英華》卷一五七、《全唐詩》卷六五皆作《正月十五夜》，似更切合詩意。

文字的異同，脫漏應加校勘者就更多。如宋之問《溫泉莊臥疾寄楊七炯》，「反景入岩谷」句下，據《文苑英華》卷二四九、《唐詩紀事》卷六、《全唐詩》卷五一，應有「羃羃澗畔草，青青山下木，此意方無窮，環顧悵林麓」四句，爲排印本所無，排印本於詩末則有校語，謂：「考『反景』句下有……四句宜補」，但卻於所引四句中，「澗畔草」、「悵林麓」六字空缺。不知此校語爲排印時所加還是引汲本原文？據我們查核的北京圖書館善本部藏汲古閣刻《唐人選唐詩八種》本，此六字是並不空缺的。

文字差異較大的有：杜審言《贈蘇味道》（即前所考之誤作《贈蘇管記》者）「胡兵戰欲盡，虜騎獵猶酣，雁塞何時入，龍城幾度圍」，《文苑英華》卷二四九作「胡兵戰欲盡，漢卒尚重圍，雲靜妖星落，秋深塞馬肥」，有三句完全不同。又如李嶠《汾陰行》「不見即今汾上水」，此「上水」二字，《文苑英華》卷三四八、《唐詩紀事》卷一〇，以及《全唐詩》卷五七，皆作「水上」。此爲全詩最後二句：「不見即今汾水上，唯有年年秋雁飛。」此爲傳世名句，如作「上水」，則詩意大減。又如宋之問《桂陽三日述懷》：「不求漢吏金囊贈，願得家人錦字書。」「漢吏」，《文苑英華》卷一五七、《全唐詩》卷五一皆作「漢使」。此詩記述貶謫遠地之苦，向往京城游樂之盛，又適逢北來之使臣，以金囊相贈，故有此二句。若作「漢吏」，則意味索然。

《搜玉小集》僅一卷、六十餘首詩，分量不算大，版本也不算複雜，但如果不加認眞整理，不作必要的校是非、勘異同的工作，就會留存有上述的種種錯漏的情況。由此可見，對一些有代表性的古代著作，在研究的同時，應逐一地對其版本源流、文字異同進行必要的清理，這種基礎性的工作是不能回避的，越是做在前邊，對整個研究就越有利。

聞一多與唐詩研究

一

對於聞一多先生的唐詩研究，學術界存有不同的看法。特別是近些年來，聞先生論述過的好幾個問題，差不多都有爭論；有的雖然沒有提到聞先生的著作，但是很明顯，其基本論點與聞先生是不一致的。如初唐詩，是否就是類書的堆砌與宮體的延續；唐太宗對唐初的文學發展，是否就只起消極作用；盧照鄰的《長安古意》、劉希夷的《代悲白頭翁》、張若虛的《春江花月夜》，是否就如聞先生所說的屬於宮體詩的範圍，它們在詩壇的意義用「宮體詩的自贖」來概括是否確切；「四傑」在初唐詩歌史上的出現，是一個整體，還是兩種不同的類型；孟浩然是否即是「爲隱居而隱居」而沒有思想矛盾；中唐時的盧仝、劉叉，是否是「插科打諢」式的人物；賈島詩是否就那樣的陰暗灰色，等等。

以上的問題涉及到聞一多先生關於唐詩的專著《唐詩雜論》的大部分篇目。聞先生的另一部唐詩著作《唐詩大系》，是一部唐詩選本，書中所選的作家大多標有生卒年。這是聞先生對於唐詩所作的考證工作的一部分，在一個較長的時期內爲研究者所信奉，有時還作爲某些大學教材的依據。但這些年以來，有不少關於唐代詩人考證的論著，對書中所標的生卒提出異議，另立新說。

以上這些情況，已經牽涉到對聞先生唐詩研究某些基本方面的估價。①

應該怎樣來看待這些問題呢？

科學研究是不斷深化、不斷發展的認識運動。科學史的實例表明，沒有一個大師的觀點是不可突破的。新材料的補充和發現，新學說的提出和建立，構成科學發展的最根本的內容。聞先生進行唐詩的研究，是在二十年代末到四十年代初，過了四、五十年，學術界出現了與聞先生意見不相同的新看法，修訂了其中某些不大符合文學史實際的論點，這正是學術研究自身發展的正常現象。如果說，過了將近半個世紀，我們的唐詩研究還停留在二十——四十年代的水平，研究者的眼光還拘束在聞先生談論過的範圍，那才是可怪的了。

對唐代文學研究的迅速進展，要有一個充分的估計。過去，我們的一些前輩們對唐代文學做了不少開拓性的工作，我們應當特別提到聞一多先生及鄭振鐸、羅根澤、李嘉言等已故老一輩學者。但唐代文學研究眞正沿著正確的方向，有計劃地進行，並作出較大成績的，是近二、三十年以來的事。對這些年來唐代文學研究的突出進展，可以歸納爲四個方面，概括說來就是：

一、塡補了不少空白，尤其是注意到了對某一歷史時期文學加以綜合的考慮和概括，力圖從中探求文學發展的帶有規律性的東西。二、拓展了研究領域。三、對作家作品的考訂更加細致精確。四、對詩歌藝術性分析的加強。我們是站在學術繁榮的新的高度來回視前輩學者的成就的。靠了許多人的努力，我們把學術道路往前延伸了一大段，再回過頭來看看前人鋪設的一段，我們有理由爲自己用汗水（有時還有血淚）開拓的一段高興，但絕無理由因此而鄙薄前人的那一段，儘管那一段比起現在來似乎並不那末寬闊，或者甚至還有彎路，但我們畢竟是從那一段走過來的。要知道，在崎嶇不平的學術道路上，要跨過一段，那怕是一小段，是多麼的不容易，有時看來甚至是不可能的，而這一段或一小段，就是前行者的歷史功績。

我覺得，在唐代文學研究取得相當大進展的今天，我們來談論聞一多先生的唐詩研究，如果只是扣住某一些具體論點，與現在的說法作簡單的觀照，以此評論其得失，恐怕是沒有什麼積極意義的。對我們有意義的是，前輩是在什麼樣的情況下開拓他們的路程的，是風和日麗，還是風雨交加；他們是怎樣設計這段路面的，這段路體現了創設者自身的什麼樣的思想風貌；我們對於先行者，僅僅作簡單的比較，還是努力從那裡得到一種開拓者的啓示。

這就需要我們思考：聞一多先生是在什麼樣的觀念下來建立他的研究體系的？

二

爲了敘述的方便，在具體評論聞先生的唐詩研究之前，我想先概略地回顧一下他的古代研究，以便使我們對問題有一個總體的認識。

朱自清先生在爲《聞一多全集》所作的序中，對聞先生作爲詩人、學者、民主鬥士的三者關係，作了很好的說明：

> 他是一個鬥士。但是他又是一個詩人和學者。這三重人格集合在他身上，因時期的不同而或隱或現。……學者的時期最長，鬥士的時期最短，然而他始終不失爲一個詩人，而在詩人和學者的時期，他也始終不失爲一個鬥士。

這幾句話對我們認識聞先生的古代研究，包括他的唐詩研究，是非常重要的。這就是說，聞先生並不滿足於把自己關在書齋裡搞那種純學術的研究，而是努力把自己的學術工作與當前的偉大鬥爭相聯繫，從文化學術的角度對民族的歷史命運作理智的思索。綜觀聞先生關於先秦《周易》、《詩經》、《莊子》、《楚辭》以及遠古神話的研究，不難感覺到它們的兩個鮮明的特點，一是對於民族文化的總體探討，二是對於傳統的嚴肅批判。

「我是把古書放在古人的生活範疇裡去研究」。②這可以看作是聞先生進行他古代研究的一種基本方法，他總是想透過書本來剖析活的社會。他在抗戰時期的一篇文章中說：「二千年來士大夫沒有不讀儒家經典的，在思想上，他們多多少少都是儒家的，因此，我們了解了儒家，便了解了中國士大夫的意識觀念。」（《什麼是儒家》）多麼警闢的論斷！他就是在這種整體觀念下建立他的研究格局的。

花了十年左右才成書的《楚辭校補》，出版後被公認爲文獻研究中的力作，他在書前的「引言」中說：

較古的文學作品所以難讀，大概不出三種原因。㈠先作品而存在的時代背景與作者個人的意識形態，因年代久遠，史料不足，難於了解；㈡作品所用的語言文字，尤其那些「約定俗成」的白字（訓詁家所謂「假借字」）最易陷讀者於多歧亡羊的苦境；㈢後作品而產生譌傳本的訛誤，往往也誤人不淺。《楚辭》恰巧是這三種困難都具備的一部古書，所以在研究它時，我曾針對著上述諸點，給自己定下了三項課題：㈠說明背景，㈡詮釋詞義，㈢校正文字。

郭沫若先生在爲《聞一多全集》作序時，曾特別注意到了這一段文字，並且敏銳地覺察到其中的第一項「是屬於文化史的範圍，應該是最高的階段」。《楚辭校補》的這一段話，實際上是聞先生對自己十餘年來學術道路的一個小結，也使他更加明確了學術思想上的追求方向和所要努力達到的境界。

表面看起來，對於先秦，聞先生所作的似乎只是專書整理，實際上他所要努力觸及的是「時代背景」與「意識形態」，也就是整個時代的歷史文化。我們不妨舉幾個例子。他著《周易義證類纂》，是想「以鉤稽古代社會史料之目的解《周易》」，於是「依社會史料性質，分類錄出」，把《周易》的文句主要分成三大類，每一大類又分別幾個小類，如：

一、有關經濟事類：甲、器用，乙、服飾，丙、車駕，丁、田獵，戊、牧畜，己、農業，庚、行旅。

二、有關社會事業：甲、婚姻，乙、家庭，丙、家族，丁、封建，戊、聘問，己、爭訟，庚、刑法，辛、征伐，壬、遷邑。

三、有關心靈事類：甲、妖祥，乙、占候，丙、祭祀，丁、樂舞，戊、道德觀念。

這就是從「時代背景」到「意識形態」，對《周易》作社會文化史的研討。他的《風詩類鈔》，體例也與此相似。在《序例提綱》中，聞一多先生首先提出對《詩經》有三種舊的讀法，即經學的、歷史的、文學的，而他這本書的讀法則是「社會學的」。他把《詩經》的國風部份重新編次，分三大類目，即婚姻、家庭、社會。他認爲這樣重新編排和注釋，國風就「可當社會史料文化史料讀」，同時「對於文學的欣賞只有幫助無損害」。聞先生並不抹殺《詩經》的文學性質，他在譯注中很好表達了國風作爲抒情詩的藝術特點。他是要充分利用文學反映社會生活和時代精神的特殊手段，來揭示那一時代活的文化形態，並把這種形態拿來直接與今天的讀者見面，這就是他所說的「縮短時間距離——用語體文將《詩經》移至讀者的時代，用下列方法（按即用考古學、民俗學、語言學的方法——引者）帶讀者到《詩經》的時代」。

顯然，聞先生這樣做，並不單純是追求一種學術上的新奇，或者僅僅是一種研究趣味，他是把昨天的歷史與今天的現實聯結，以古代廣闊的文化背景給現實以啓示，把他那深沉的愛國主義用對祖國文化的反思曲折地表現出來，來探求我們民族前進的步子。同樣，他之所以又從《詩經》、《楚辭》而上溯到神話的研究，用他自己的話來說，是「神話在我們文化中所占勢力之雄厚」（《伏羲考》），是爲了探求「這民族、這文化」的源頭，「而這原始的文化是集體的力，也是集體的詩，他也許要借這原始的集體的力給後代的散漫和萎靡來個對症下藥吧」（朱自清《全集》序）。

聞先生古代研究的另一特點是對傳統的批判，而這種批判又植根於他對祖國歷史文化的赤子之愛。對於中國的傳統文化，他有一個明確的觀念，就是：「文化是有惰性的，而愈老的文化，惰性也愈大。」（《復古的空氣》）他早年有一首題爲《祈禱》的詩，其中說：

請告訴我誰是中國人，

啓示我，如何把記憶抱緊；

請告訴我這民族的偉大，

輕輕的告訴我，不要喧嘩！

詩人出於對自己人民的愛，提出「如何把記憶抱緊」，而且深情似地請求：「請告訴我這民族的偉大」。應當說，這種故國喬木之思正是他作爲詩人、學者、鬥士的根本動力，而作爲清醒的愛國者和嚴肅的學者，他並不沉湎於歷史，也不陶醉於傳統。經過審視，他愈來愈感到古老文化中的惰性。

在這方面，聞一多先生的態度有時是很激烈的，有些地方甚至使人感到竟有些偏頗。如說：「愈讀中國書就愈覺得他是要不得的」，「封建社會的東西全是要不得的」（《五四歷史座談》）。這種有激而發的語句並非出於一種衝動，而是植根於嚴正學者的冷靜思索：

周初是我們歷史的成年期，我們的文化也就在那時定型了。當時的社會組織是封建的，而封建的基礎是家族，因此我們三千年來的文化，便以家族主義爲中心，一切制度，祖先崇拜的信仰，和以孝爲核心的道德觀念等等，都是從這裡產生的。（《家族主義與民族主義》）

一九四三年冬他在一封信中，說到「經過十餘年故紙堆中的生活，我有了把握，看清了我們這民族、這文化的病症」（《給臧克家先生信》）。從這裡我們可以看到，聞一多先生那種廣闊的文化史研究如何加深他對民族歷史文化的認識，又是如何促進他對傳統的毫不留情的批判。正如與聞先生共事十餘年，深知其治學歷程的朱自清先生所說，「是在開闢著一條新的道路，而那披荊斬棘，也正是一個鬥士的工作」（《全集》序）。

要知道，聞一多先生是在中華民族正在經歷生死存亡的大搏鬥中進行他的文學創作和學術研究的，這一嚴峻的環境不僅影響他的詩作，也影響他的學術著作。他不可能像我們現在那樣在一個平和的環境中從事學術探討。激烈的政治、思想和文化上的鬥爭，使他本來具有的那種詩人浪漫氣質，強烈影響到論著中去，使犀利的筆鋒更帶有逼人的氣勢。這是當時的環境所促成的。事過幾十年，當我們在完全不相同的環境來討論那些問題，會覺得聞先生的某種片面性（當然，從歷史主義地看，這點也不需要諱飾），但我們首先應當看到這種把學術研究與實際鬥爭相結合，在近代中國思想文化史上如何放射出永遠值得人們珍視的異采！

三

我們在前一節中用一定的篇幅論述了聞一多先生的古代研究，爲的是有助於對他的唐詩研究工作的理解。先從宏觀上來把握聞先生的研究格局和學術體系，那末聞先生對唐詩的一些具體看法，才不致被誤解。

聞先生對唐詩有一個相當規模的研究計劃。一九三三年九月，剛到清華大學不久，他在給友人饒孟侃的信中談了近年來從事的學術項目，共有八項，除了《詩經》、《楚辭》各占一項外，其他六項全是唐詩，它們是：

《全唐詩校勘記》：校正原書的誤字。

《全唐詩外編》：收羅《全唐詩》所漏收的唐詩。現已得詩一百餘首，殘句不計其數。

《全唐詩小傳補訂》：《全唐詩》作家小傳最潦草。擬訂其誤，補其缺略。

《全唐詩人生卒年考》。

《杜詩新注》。

《杜甫》（傳記）。

從這些項目來看，他的研究格局也如同《楚辭校補》，先做文字校訂和字義訓釋的工作，然後再進行綜合的研究。過去一些研究者強調聞先生繼承清代樸學家訓詁學的傳統，這是對的，但僅僅講這一點是不夠的，應當說聞先生是多方面地承受了前代學者的優良學風。譬如清初思想家黃宗羲說「讀書不多無以證斯理之變化」，顧炎武主張「博學以文」，聞先生每做一項研究，都盡可能搜羅有關材料，以求徹底解決，都與這些大學者的學術思想有關。至於他的大膽懷疑的精神，敢於立異的新穎之說，更是受清代學風中積極因素的影響。這些，在他的唐詩研究中也可以看得很清楚。

《唐詩雜論》中的《少陵先生年譜會箋》發表於一九三〇年，這是他一系列唐詩研究中所作出的最早的業績。從這一篇較側重於資料編排的文章中，我們已經可以看出其眼光的非同一般。譬如他注意輯入音樂、繪畫、文獻典籍等資料，如開元二年杜甫三歲，根據《唐會要》、《雍錄》等書，記設置教坊於蓬萊宮側，玄宗親自教以法曲，稱爲「梨園弟子」。開元四年，五年，連續記載於洛陽設置乾元院（後改麗正書院），輯集群書。開元十五年，記徐堅纂修文藝性類書《初學記》成。開元二十年，吳道玄作「地獄變相圖」。開元二十九年，崇玄學，以《老子》、《莊子》、《文子》、《列子》爲「四子」，並作爲科舉考試明經舉的依據。天寶三年，芮挺章選開元初以來的當時人詩爲《國秀集》。年譜中又以較多的篇幅記載佛教的活動，如開元七年《華嚴論》成，八年印度金剛智、不空金剛來華（合善元畏稱「開元三大師」），開元十八年僧人智升撰《開元釋教錄》（此書爲我國唐以前佛教經錄之總匯），開元二十四年五月名僧義福卒，賜號大智國師，七月葬於洛陽龍門之北，送葬有數萬人，大臣嚴挺之爲作碑。宋代以來，爲杜甫作年譜者不下幾十家，但都沒有像聞先生那樣，把眼光注射於當時的多種文化形態，這種提挈全局、突出文化背景的作法，是我國年譜學的一種創新，也爲歷史人物研究作出新的開拓。

在這以後，聞先生繼續沿著這一治學方向發展，他的方法運用得更加自如，創獲也更加顯著。他從不孤立地論一個個作家，更不是死守住一二篇作品。他是從整個文化研究著眼，因此對唐詩的發展就能把握大的方面，著力探討唐詩與唐代社會及整個思想文化的關係，探究唐詩是在什麼樣的社會環境中發展的，詩人創作的缺點怎樣與其生活環境與文化氛圍發生密切的聯繫，等等。總之，他是站在一個新的高度，以歷史的眼光，觀察和分析唐詩的發展變化，衝破了傳統學術方法的某種狹隘性和封閉性。這是聞先生唐詩研究的極可寶貴的思想遺產，是值得我們很好吸取的。

《唐詩雜論》中的《類書與詩》、《宮體詩的自贖》、《四傑》三篇屬於初唐詩的研究。不必諱言，聞先生對初唐詩的具體論述有不夠確切、不夠全面之處。他對於初唐詩的消極面看得多了些，對初唐詩爲盛唐詩歌的發展準備思想和藝術方面的條件估計不夠充分。對於唐太宗李世民作用的評價也不恰當，他單以某種欣賞趣味的高低來把唐太宗與隋煬帝作類比，認爲唐太宗鑒別詩歌的眼力大大低於隋煬帝，在《類書與詩》的末尾還得出這樣結論性的意見：「太宗畢竟是一個重實際的事業中人；詩的眞諦，他並沒有，恐怕也不能參透。他對於詩的了解，畢竟是個實際的人的了解。他所追求的只是文藻，是浮華，不，是一種文辭上的浮腫，也就是文學的一種皮膚病。」近年來唐代文學的研究，已經糾正了長期以來對唐太宗評價過低的偏向。

我覺得，時過幾十年，再來具體討論某一人物、某一作品評價的得失，並不能對我們的思考有多大的意義。對我們有意義的，是聞先生研究初唐詩的角度，以及他對這一階段文學變遷審視的眼光，在這裡，我們就會發現聞一多先生所特有的氣度和魄力。

聞先生始終把文學看作爲一種歷史運動，他把文學發展作爲動態來把握。他並不把詩的初唐看作一個籠統的概念，而把它分成兩個階段，即唐政權建立（六一八）到高宗武后交割政權（六六〇），這是前五十年；在這之後到開元初（七一三），是另一階段。聞先生這樣描寫兩個階段交接的情況：

> 靠近那五十年的尾上，上官儀伏誅，算是強制的把「江左餘風」收束了，同時新時代的先驅，四傑及杜審言，剛剛走進創作的年華，沈宋與陳子昂也先後誕生了，唐代文學這才扯開六朝的罩紗，露出自家的面目。（《類書與詩》）

這就是文學發展的動態敘述，正好像前面引述過的《風詩類鈔．序例提綱》所說的「帶讀者到《詩經》的時代」那樣，作者也是力求給今天的讀者看到那個活的時代。

文章接著說：「所以我們要談的五十年，說是唐的頭，倒不如說是六朝的尾。」這又是把文學放在它自身的歷史運動中來考察，而不拘牽於封建王朝的興替。——要知道，在聞先生的年代，談中國歷史要打破王朝體系眞不知道有多少困難。據朱自清先生介紹，聞一多先生抗戰時期講授中國文學史時，曾有一份《四千年文學大勢鳥瞰》提綱，將四千年的中國文學分爲八大期，其中第五期名爲「詩的黃金時期」，係自東漢獻帝建安元年至唐玄宗天寶十四載（一九六—七五五），五百五十九年。由此可見，初唐第一階段的五十年，只不過是這一大期的一個極爲短小的過渡期。

接著，聞先生就展開了他那特有的歷史文化的綜合研究。對初唐詩，他提出三個動向，一是詩的學術化，以詞藻的堆砌作詩，於是發展了類書；二是宮體詩的衍變，詩的情趣怎樣由褻瀆走向淨化；三是由於作家身份的變異，一批新人走上文學舞台，詩的題材也得到了解放，即由宮廷走到市井，從台閣移至江山與塞漠。而前兩點，也正是從那「說是唐的頭，倒不如說是六朝的尾」的著名論斷出發的，指出它們都與六朝詩風緊相關連。他說：「尋常我們提起六朝，只記得它的文學，不知道那時期對於學術的興趣更加濃厚。唐朝五十年所以像六朝，也正在這一點。這時期如果在文學史上占有任何位置，不是因爲它在文學本身上有多少價值，而是因爲它對於文學的研究特別熱心。」然後他舉出從太宗時期到開元時所編修的數量衆多、篇幅浩繁的類書；寫道：

> 《文選》注《北堂書鈔》《藝文類聚》《初學記》初唐某家的詩集。我們便看出一首初唐詩在構成程序中的幾個階段。

這幾句話眞是所謂「立一篇之警策」！在這之前，有誰論述初唐詩，會把它與六朝及唐初的學術風氣相聯繫，有誰會想到唐代前期，大量編修類書是出於一種文學風格的需要。讀聞先生的這些著作，確實會有一種啓人思考的展新和開拓之感。

《春江花月夜》算不算宮體詩，學術界還有爭論。③聞一多先生在《宮體詩的自贖》中，主要並不在於討論這首詩是否屬於宮體詩的範圍，而是從歷史變遷的角度，著重探討了唐初將近一百年的時期，詩人們怎樣以自己的努力，來掃除齊梁以來彌滿於詩壇的這種惡濁空氣。那種「人人眼角裡是淫蕩，人人心中懷著鬼胎」，「在一種僞裝下的無恥中求滿足」的宮廷艷情詩，實際上只不過是「一種文字的裎裸狂」。但這種詩風盛行已久，隋末的政治風暴並沒有把它們驅散，在唐初又適應宮廷的需要而得以繼續存在，而且「詞藻來得更細致，聲調更流利，整個的外表顯得更乖巧，更酥軟」。聞先生在這裡揭示了文學上的一條規律，那就是文風的轉變有時是相當艱巨的，它不能單靠政治的力量，而是更靠作家們在長時期的創作實踐中，經過自我的鬥爭和提高，才得以逐步完成。衝破齊梁以來詩壇中萎靡不振的那種「虛僞的存在」，開始是盧照鄰的《長安古意》，它通過歌唱長安的繁華，教給人們「如何回到健全的慾望」。但這首詩在形式上還不夠成熟，感情又過於狂放，好似狂風暴雨，雖有氣勢，不能持久，不易爲許多人所接受。於是接著出現了劉希夷的《代悲白頭翁》：「洛陽女兒好顏色，坐見落花長嘆息。今年花落顏色改，明年花開復誰在？……年年歲歲花相似，歲歲年年人不同！」聞先生指出這首詩裡潛藏著一種「宇宙意識」，這就是從美的暫促性中認識到「永恆」。這已經超過了《長安古意》「共宿倡家桃李蹊」的狂放，一躍而進到對青春年華的聖潔般的贊嘆。接著就到了張若虛的《春江花月夜》：

江畔何人初見月？江月何年初照人？人生代代無窮已，江月年年只相似。不知江月待何人，但見長江送流水。

這就是「更敻絕的宇宙意識！一個更深沉，更寥廓更寧靜的境界！」因爲在這裡，已經把宮體詩所散發的一切污濁從詩境中完全排除出去，把男女間刻骨的相思之情，眞正用莊嚴的詩筆表達出來，而且賦予這種眞情以哲理的光輝。詩的最後四句：「斜月沉沉藏海霧，碣石瀟湘無限路。不知乘月幾人歸，落月搖情滿江樹！」聞先生贊嘆道：

這裡一番神秘而又親切的，如夢境的晤談，有的是強烈的宇宙意識，被宇宙意識升華過的純潔的愛情，又由愛情輻射出來的同情心，這是詩中的詩，頂峰上的頂峰。

從這裡我可以看到聞先生怎樣把審美活動與哲理研究融匯在一起，怎樣把文風的改革放在歷史文化的宏大背景下加以觀照。可以想見，這在當時小市民庸俗情調的包圍中，對提高人們的藝術鑒賞水平，培養純眞的審美情趣，會有什麼樣的意義。

另外，從對賈島的評論中，我們又可看到聞一多先生對傳統批判的特點。賈島是中晚唐之際有獨特成就的詩人，明代著名的詩評家胡應麟曾說：「曲江之清選，浩然之簡淡，蘇州之閑婉，浪仙之幽奇，雖初盛中晚，調迥不同，然皆五律獨造。」（《詩藪》）這種幽奇的詩風，大行於晚唐五代：「唐末五代，……大抵皆宗賈島輩，謂之賈島格。」（宋胡仔《苕溪漁隱叢話》）可能有人覺得聞一多先生對賈島詩評價得太低了。應當說，對賈島詩的評價，是學術上的百家爭鳴問題，可以各抒己見，而且以後還會出現新的爭論。値得注意的是，聞先生在《賈島》一文中提出了一個富有啓發性的問題：「你甚至說晚唐五代之際崇拜賈島是他們那一個時代的偏見和衝動，但爲什麼幾乎每個朝代末葉都有向賈島的趨勢？宋末的四靈，明末的鍾譚，以至清末的同光派，都是如此。」這就把問題一下子提高了。作者接著犀利地提出：

可見每個在動亂中毀滅的前夕都需要休息，也都要全部的接受賈島。

這裡把賈島對後世詩人的影響提到某種規律性的高度。聞先生是環繞詩歌與生活的關係這一文學的根本問題來展開的。他把賈島生活的中晚唐之際，形象地比喻爲「一個走上了末路的，荒涼、寂寞、空虛，一切罩在一層鉛灰色的時代」。賈島早年又曾出家爲僧，出世超塵的早期經歷，養成了「屬於人生背面的，消極的，與常情背道而馳的趣味」。中年後還俗，屢考不中，仕途無望。時代還是那個時代，一個以自我得失爲中心的詩人只能背對著生活，那種荒涼得幾乎獰惡的「時代相」也激發不起他的任何詩情，禪宗與老莊思想又乘虛而入。這就使他愛靜、愛瘦、愛冷，愛這些情調的象徵——鶴、石、冰雪。賈島的詩正是使那種遠離生活而又陷於苦悶、無所作爲的人們得到某種虛幻的滿足。在年齡上，比起白居易、孟郊、韓愈以及張籍、王建來，賈島是晚輩，是青年，然而在詩的情調上，他比起這些前輩詩人來，又是那麼陰霾、冷漠，而且顯得如此的疲乏。這種評論是否太苛刻了呢？不，要知道，聞一多先生並不單爲賈島而發，而是超越賈島，把批判的鋒芒指向社會：「老年中年人忙著挽救人心、改良社會，青年人反不聞不問，只顧躲在幽靜的角落裡做詩，這現象現在看來不免新奇，其實正是舊中國傳統社會制度下的正常狀態。」這是一種畸形，卻又是舊制度的正常產物。聞一多先生這裡把古代研究與現實批判有機地結合起來。

在抗戰後期，聞一多先生特別強調生活對文學的重大作用。他稱贊田間的詩是時代的鼓手，說「它所成就的那一點，卻是詩的先決條件——那便是生活欲，積極的、絕對的生活欲」。又說：「你說這不是詩，因爲你的耳朵太熟習於『弦外之音』……那一套，你的耳朵太細了。」（《時代的鼓手》）他強調詩要有骨格，「這骨格便是人類生活的經驗」。（《鄧以蟄〈詩與歷史〉題記》）正是從這點出發，他批判了賈島，又高度評價了孟郊。他認爲孟郊雖沒有像白居易那樣寫過成套的「新樂府」，但是他有窮苦的生活作基礎，並不追求閒情逸致，「他的態度，沉著而有鋒」（《〈烙印〉序》）。他說，蘇軾詆毀孟郊的詩，那是出於蘇軾的標準，「我們只要生活，生活磨出的力，像孟郊所給我們的，是『空螯』也好，是『蜇吻澀齒』或『如嚼木瓜，齒缺舌敝，不知味所存』也好，我們還是要吃，因爲那才可以磨煉我們的力」（同上）。無論對於賈島或孟郊，我們現在看來，聞先生的評價或許還有不夠全面的地方，但他直探本源，抓住要害，並聯繫廣闊的社會環境，對傳統的弊病和現實的徵結作犀利的批判，那種眼光與手力，到現在還能給我們以啓示。

四

在前面一節中，主要是聯繫聞一多先生的整個古代研究，就注意於文化史的總體探討和對傳統的批判兩點，來探索聞先生在唐詩研究上所作出的貢獻，目的在於從大的方面把握他的研究體系和研究格局。我想，這可能比討論一個個具體問題，對我們今天的研究來說要有意義一些。當然，聞先生唐詩研究的建樹還不止這些，還可以舉出一些問題來談；如《岑嘉州系年考證》對於盛唐邊塞詩人岑參的生平考證，工力深厚，直到現在還可作爲依據；又比如《唐詩大系》所選的詩，既能照顧到各種時期，各流派的作家，又能選擇其中的藝術珍品，是很有特色的唐詩選本。④聞先生所作的《全唐詩》的文字校勘和作品輯佚，以及作家小傳訂補，其手稿有待整理，一定還有不少富有成果的學術遺產可藉探究。以上這些，本文就不再詳細論述了。這裡擬簡單補充一點的，是聞先生學術文章的藝術美。

聞先生詩人的素養和優美的文筆使得他的學術文章有一種難以企及的詩的境界。關於這一點，朱自清先生曾經談到過：「他創造自己的詩的語言，並且創造自己的散文的語言。詩大家都知道，不必細說；散文如《唐詩雜論》，可惜只有五篇，那經濟的字句，那完密而短小的篇幅，簡直是詩。」⑤《唐詩雜論》的這幾篇文章，對學術論著如何做到既富有理致，又能給人以藝術享受，很能給人以思考。當然，要做到這一點，須要具備多種條件，要有生活閱歷，要像聞先生那樣有對傳統文化廣博的學識，還要有很高的藝術素養，能夠品味出藝術美的細致精妙之處。譬如他的《英譯李太白》一文，談到李白詩翻譯成英語問題，說「形式上的穠麗許是可以譯的，氣勢上的渾璞可沒法子譯了。但是去掉了氣勢，又等於去掉了李太白。」又如論孟浩然的清逸淡遠的風格，說：「孟浩然不是將詩緊緊的築在一聯或一句裡，而是將它沖淡了，平均的分散在全篇中。」（《孟浩然》）這些都不是一般的鑒賞水平所能說出的。又譬如他講到莊子時，說莊子「是一個抒情的天才」，然後舉出《莊子》中這樣的文句：「送君者皆自厓而返，君自此遠矣！」說果然是讀了「令人蕭蓼有遺世之意」。把學術文章當作美文來寫，這方面，聞先生也給後來者豎立了一個不太容易達到的標準。限於篇幅，這個問題只能提一提，其實這是很值得寫一篇專文來談的。

【附註】

①根據現有的研究資料，我們知道聞先生在唐詩研究方面有一個龐大的計劃。但公開發表的只有《唐詩雜論》和《唐詩大系》，分別收載於已經出版的《聞一多全集》第三冊和第四冊。據說還有不少有關唐詩的手稿有待整

理，其數量大大超過已經發表的《唐詩雜論》和《唐詩大系》。從一些回憶錄的文章來看，這些手稿大部分屬於資料的輯集與考訂。由於尚未問世，這裡暫不論列。另外，鄭臨川先生過去曾在西南聯大聽過聞先生的課，他有《聞一多論古典文學》一書出版（重慶出版社，一九八四年十一月），是經過整理的講課記錄。鄭臨川先生的這份記錄是很寶貴的，其中唐詩部分可以給人很多的啓發。但爲愼重起見，本文論述仍以已經出版的《全集》爲依據。

②劉烜《聞一多評傳》（北京大學出版社，一九八三年七月）第二七五頁，謂轉引自陳凝《聞一多傳》第三頁，民享出版社一九四七年八月版。

③見程千帆《張若虛〈春江花月夜〉的被理解和被誤解》（《文學評論》一九八二年，第三期），周振甫《〈春江花月夜〉再認識》（《學林漫錄》第七集，中華書局一九八三年三月版），吳小如《說張若虛〈春江花月夜〉》（《北京大學學報》一九八五年，第五期）

④聞先生的《唐詩大系》也是應該談的，但這涉及到對不少作品的看法，又牽涉到不少詩人生卒年等考證問題，我希望以後有機會另寫專文評論。

⑤朱自清《中國學術的大損失——悼聞一多先生》，載《聞一多紀念文集》，三聯書店編，一九八〇年八月版。

一種文化史的批評

——兼談陳寅恪的古典文學研究

一

陳寅恪先生是一位史學家，同時他對古典文學又有強烈的愛好。讀他的全部著作，可以感受到冷靜而理智的學術品格與內在的對人生激情的融合。一九五三年秋他在廣州，這時他早已年過花甲，又因爲病目，讀書寫文十分艱辛，一次聽人讀清初錢唐才女陳端生所作的彈詞體小說《再生緣》，不禁動隔代之悲，滿含感情地寫下了「高樓秋夜燈前淚，異代春閨夢裡詞」的詩句（詳見《論再生緣》，《寒柳堂集》頁七七）。他是執著於作學問的，在這首詩的末了，他不無自嘲但卻是堅定地表露心意：「文章我自甘淪落，不覓封侯但覓詩」。不論是他因世局的變化而被迫流徙，或暫時覓得一個安定的環境，他總以寒士自命。他晚年不無感傷地寫了一篇贈序，自傷長期過著幽居的生活：「此豈寅恪少時所自待及異日他人所望於寅恪者哉？」但他仍然斬釘截鐵地說：「默念平生固未嘗侮食自矜，曲學阿世，似可告慰於友朋。」（《贈蔣秉南序》，《寒柳堂集》頁一六二）他非常看不慣做學問上一種只求「速效」的「誇誕之人」，他諷刺這種學風爲「聲譽既易致，而利祿亦隨之」（《陳垣元西域人華化考序》，《金明館叢稿初編》頁二三八）。因此他在抗戰時期爲鄧廣銘先生的《宋史職官志考證》作序，極力贊揚鄧先生擯棄世務，「庶幾得專一於校史之工事」，並且不無天眞地說：「不屑同於假手功名之士，而能自致於不朽之域」（《金明館叢稿二編》頁二四六）。

在寫「不覓封侯但覓詩」時，陳寅恪已經想要寫《再生緣》的研究文章了。他是歷史上少有的既能潛心於學術研究而取得大成就又具有博麗深邃的才情在文學創作上自樹高格的一代大師。他在長期的史學研究中總是未能忘情於對文學的研究，特別是對詩的研究。抗戰剛結束，他遠涉重洋，飄泊萬里，到英國醫治眼疾，卻未能治好。這個不幸的消息帶給他的失望和打擊是可以想見的，但這時那種學術上的渴求似乎卻更爲強烈了。他在《來英治目疾無效將返國寫刻近撰元白詩》的七律中，自抒當時的心情：「餘生所欠爲何物，後世相知有別傳」；他要「歸寫香山新樂府」，——這就是他於五十年代初初版，後又經他自己兩次刊正而重印的《元白詩箋證稿》。他對白居易詩相當精熟，而且一直頗有感情，早年有好幾篇史學論文中引用白詩來考證史實，這時在目疾醫治無效的景況中又發憤寫元白詩的專著。直到七十多歲，他在一首詩中，感慨時勢和身世，曾有「十部儒流敢道貧」之嘆，但還是寄情於白詩：「文章堆几書驢券，可有香山樂府新？」（《癸卯冬至日感賦》）

我這裡引用這位史學家的一些抒情詩文來作爲文章的開頭，是想說明，我們面對的不是僅僅只在某一專題領域有其特長的學者，而是在他的著作中，在其繁複徵引和綿密演繹的深處，有著詩的才情的潛流，有著超越於史事證述的對人生、對社會的深刻思考。對於這樣一位學者的認識，不是一次或一代人所能完成的。它們像世界上爲數不多的文學作品和學術專著那樣，我們每次閱讀它們，都會發現一些過去沒有覺察到的有意義的內容。筆者本人就有這樣的體驗：二十歲出頭時第一次讀《元白詩箋證稿》，爲其中考證「七月七日長生殿，夜半無人私語時」的新鮮結論而得到年輕人那種單一的求知心理的滿足。年紀稍大一些，在一種左的政治氣氛中看到對這位學者的批判；自己在學問路途中偶有所獲，也發現書中有些具體的材料和敘述上的疏失，於是就把這部《元白詩箋證稿》束置高閣了。過了二十餘年，正如白居易所說的，「年齒漸長，閱事漸多」，再來閱讀這部書和陳寅恪的其他一些論著，竟然如讀新書，恍然有從未寓目之感，感受到一種巨大的吸引。似乎讀的不是多少帶有艱澀的學術論著，而是有著一種強烈的藝術魅力的文學創作，使人得到欣悅的、難以忘懷的美的享受。

二

那末，陳寅恪著作的吸引力究竟在哪裡呢？

過去有一種誤解，就是只把陳寅恪看成爲一個考據家。從這個角度來評論，帶有褒意的是贊許他詳細地占有資料，並且提出在掌握資料上要爭取「超過陳寅恪」（郭沫若《文史論集》頁一五）；而帶有貶意的，則認爲他的史事考辨繁瑣冗長，意義不大。

陳寅恪當然是強調原始資料的重要性，強調對資料和史事進行嚴密的考證的，但把陳寅恪的學問歸結爲考據，那只是看到它的極爲次要的部份。從考據和資料上超過陳寅恪，應當說並不十分困難，他自己也說過：「夫考證之業，譬諸積薪，後來者居上，自無膠守所見，一成不變之理。」（《三論李唐氏族問題》，《金明館叢稿二編》頁三〇四）在陳寅恪之後，無論是史學還是古典文學研究，都有一些論著，在材料考證和具體史事的辨析中對他的著作有所修正。科學研究是不斷深化、不斷發展的認識運動。科學史的實例證明，沒有一個大師的學說是不可突破的。新材料的補充和發現，新學說的提出和建立，構成學說發展的最根本的內容。陳寅恪難於超越之處，是他的通識，或用他的話來說，是學術上的一種「理性」（《王靜安先生遺書序》，《金明館叢稿二編》頁二一八）。這就是經過他的引徵和考析，各個看來零散的部分綜合到一個新的整體中，達到一種完全嶄新的整體的認識。在唐代詩歌與唐代佛教的比較研究中取得卓越成就的復旦大學陳允吉先生，曾稱譽陳寅恪的《論韓愈》一文是迄今韓愈研究中寫得最好的一篇文章，他從而論述道：「陳寅恪先生的治學特點，主要表現在他具有過人的遠見卓識。至於在細密的資料考證方面，倒並不是他最注意的。因此他所提出的一些新見解往往帶有某種預見或推尋的成份，需要後人根據他提供的線索去發掘、研究有關史料，才能得到實際的證明。」（《韓愈的詩與佛經偈頌》，載所著《唐音佛教辨思錄》）這段話實在說得非常好，他準確地說出了對陳寅恪的學問眞正有所認識的人的共同體驗。

陳寅恪有幾處提到過去一些史家只注意史料的排比和簡單的歸納，而未能從這些排比和歸納中揭示出歷史運動的一般意義。清代史評家趙翼在《廿二史札記》卷十一《江左世族無功臣》一節中掇拾了南朝時期從武功出身位至重臣大將的材料，陳寅恪在《魏書司馬叡傳江東民族條釋證及推論》一文中提到了它，說：「趙氏此條卻暗示南朝政治史及社會史中一大問題，惜趙氏未能闡發其義，即江左歷朝皇室及武裝統治階級轉移演變之傾向是也。」（《金明館叢稿初編》頁九四）他在這篇文章中，從趙翼提供的線索，論證了流徙於江東的中原大族如何一步步腐化，江南一帶的寒族甚至少數族的領袖如何在軍事鬥爭中一步步獲勝而進入統治階級的上層，江南的政權構成又怎樣發生新的變化。陳寅恪將這些歷史現象提高到政治史和社會史來把握，這就好像一下子把燈點亮了，原來多少還帶有朦朧不清的這時都看得清清楚楚。這也就是他所說的，對歷史的認識要擺脫「時間空間之限制」，達到「總匯貫通，瞭解其先後因果之關係」（《論隋末唐初的所謂山東豪傑》，《金明館叢稿初編》頁二三一）。

又如他注意到白居易詩文中多講到居官時的俸料錢問題。經過細致的探討和分析，他發現，凡是中央政府官吏的俸料，史籍所載與白居易詩文所記的無不相合，獨至地方官吏，則史籍所載與白氏所記多不相合，而白氏詩文所記的額數，都較史籍的爲多，由此他推斷說：「據此可以推知唐代中晚以後，地方官吏除法定俸料之外，其他不載於法令，而可以認爲正常之收入者，爲數遠在中央官吏之上」（《元白詩中俸料錢問題》，《金明館叢稿二編》頁六九）。他在這篇文章說，關於白居易詩中屢次談到俸料問題，不是他的首次發現，南宋人洪邁在《容齋五筆》卷八中已經提出來了。但他說：「本文材料雖亦承用洪氏之書，然洪氏《隨筆》之旨趣在記述白公之『立身廉清，家無餘積』，本文則在考釋唐代京官外官俸料不同之問題，及證明肅代以後，內輕外重與社會經濟之情勢，故所論與之迴別。」同樣的材料，八百年前的史家只從個人的道德修養著眼，贊美白居易作爲一名朝廷官員的清廉，而陳寅恪卻抓住了中晚唐的社會經濟情勢，並且還聯繫詩人杜牧等的仕歷，把問題提到「中晚唐士大夫共同之心理及環境」。這就是說，中晚唐時期，由於內輕外重的經濟情勢，造成京朝官與地方官俸料收入的不等，而這種實際經濟利益的差異，就形成士大夫的某種共同心理與立身處世的準則。陳寅恪有一種本領，他能夠利用並不很多的常見材料，或者就用前人提供的線索，然後如禪宗那樣地直指本性，一下子把具體材料提到歷史發展普遍性的高度。他的這種提高或引申，當然並不都很準確，但你在沿著他的思路探尋時，撥開史料的叢林，穿過彎曲的溪流，你好像忽然來到一個山口，面對眼前展現的一片平蕪，會有一種豁然開朗的美感。他的著作吸引人的地方就在這裡。

陳寅恪還有一段非常精采的話，但卻常常被人所忽視。這段話是：

> 凡著中國古代哲學史者，其對於古人之學說，應具了解之同情，方可下筆。蓋古人著書立說，皆有所爲而發。故其所處之環境，所受之背景，非完全明瞭，則其學說不易評論，而古代哲學家去今數千年，其時代之眞相，極難推知。吾人今日可依據之材料，僅爲當時所遺存最小之一部，欲借此殘餘斷片，以窺測其全部結構，必須備藝術家欣賞古代繪畫雕刻之眼光及精神，然後古人立說之用意與對象，始可以眞瞭解。所謂眞瞭解者，必神游冥想，與立說之古人，處於同一境界，而對於其持論所以不得不如是之苦心孤詣，表一種之同情，始能批評其學說之是非

得失，而無隔閡膚廓之論。

這是《馮友蘭中國哲學史上冊審查報告》中的話（《金明館叢稿二編》頁二四七）。可能因爲講的是哲學史，史學研究者就未加注意，而研究哲學史的又可能由於陳寅恪是史學家，因而也未加細究了。過去在有關論述陳寅恪的文章中是很少引到這段話的。這段話的要點，在於對古人的學說，或推而廣之對古人的生活、思想、感情及其所處的環境，要有一種「瞭解之同情」。一般來說，瞭解屬於科學認識的範圍，同情則屬於感情的範圍，陳寅恪把這兩者結合起來，把瞭解作爲同情的前提，同情作爲瞭解的趨向，因而達到一個新的觀念。他提到對古人的思想，要有藝術家欣賞繪畫雕刻的眼光與精神，這在今天看來也是很新鮮的。對這點他雖然沒有展開來論述，但可以看出，他是既把以往人類的創造作爲自然的歷史進程，加以科學的認識，而又要求對這種進程應該具備超越於狹隘功利是非的胸懷，而加以瞭解，以最終達到人類對其自身創造的文明能有一種充滿理性光輝的同情。——這，就是貫串在他大部份著作中的可以稱爲文化史批評的學術體系。

三

陳寅恪有沒有學術體系，論者不一，有的說有，有的說沒有。說沒有的並未加以申述，可以不論，說有的，就筆者所接觸到的研究論文來看，似乎大多數是唐史學者，他們往往把陳寅恪所提出的「關中本位政策」作爲他論述北朝至唐前期史事的支撐點，也就是把這一具體論點作爲他的體系來看待的。

「關中本位政策」確是陳寅恪的一個重要學說觀點，他認爲北魏末期宇文泰在關隴地區（相當於現在陝西關中和甘肅東部一帶）建立的北周政權，是由鮮卑族人爲主體的胡漢集團所構成，李淵李世民父子代替隋朝建立唐朝，仍然繼承宇文泰的「關中本位政策」，以與山東士族爲代表的高門貴族相抗衡，這個關中本位政策後來被武則天的一系列用人政策所打破，到唐玄宗以後，關隴、山東兩大勢力集團又轉化爲外廷士大夫兩個黨派的鬥爭（即所謂牛李黨爭）。他企圖以關隴集團的興衰和分化爲主軸線來說明北朝後期至隋唐數百年間歷史演變的原因。

陳寅恪的這個觀點對於隋唐史的研究有著深刻的影響，不少歷史學著作或明或暗地沿用他的說法。但把它說成是他的整個學術體系，則不免以偏概全。陳寅恪的治學範圍是很廣的，除隋唐史以外，他還研究魏晉南北朝史、蒙古史、西域民族史，除歷史學外，還研究佛學、文學、語言學等等，顯然，「關中本位政策」這一具體論點並不能普遍地來說明他所涉獵的這些學術領域，而且，如果我們仔細地研究「關中本位政策」的內容，就不難發現它所包蘊的更深一層的含義。關於這一點，他在其專著《隋唐制度淵源略論稿》中有所闡釋。他認爲，宇文泰憑藉原屬北魏的六鎭一小部分武力，西取關隴，建立北周政權，與山東、江左鼎立而三。但這時，以物質而論，其人力物力遠不及高歡北齊所統轄的境域，以文化而言，則魏孝文帝以來的洛陽及繼承洛陽的北齊鄴都，其典章制度，實非歷經戰亂而致荒殘僻陋的關隴所可並比，至於江左，雖然武力較弱，卻以華夏文化正統自居，而且梁武帝時正是江南政治相對穩定，經濟文化較爲發達時期。在作了這樣比較後，陳寅恪提出：「故宇文苟欲抗衡高氏蕭梁，除整軍務農、力圖富強等充實物質之政策外，必應別有精神上獨立有自成一系統之文化政策，其作用既能文飾輔助其物質即整軍務農政策之進行，更可以維繫其關隴轄境以內之胡漢諸族之人心，使其融合成爲一家，以關隴地域爲本位之堅強團體」（《略論稿》三《職官》）。從這一表述中，我們可以看到，他所指的「關中本位政策」實際上是一種文化政策，因此他在另一處即稱之爲「關隴文化本位之政策」。他認爲北周政權的成功，就是由於它的文化政策的成功，陳寅恪把這稱之「維繫人心之政策」。由此可見，他提出「關中本位政策」，其著眼點是在文化。他曾談過自己治學的趣向，說「寅恪不敢觀三代兩漢之書，而喜談中古以降民族文化之史」（《陳垣元西域人華化考序》，《金明館叢稿二編》頁二三九）。在《隋唐制度淵源略論稿》和《唐代政治史述論稿》中，都反復強調種族和文化問題是研究中古史最要的關鍵。而種族與文化二者相比較，文化則帶有更爲本質的屬性。他論述了北朝的用人政策，以及當時音樂、建築等藝術樣式所包含的不同民族風格的融合，大膽地提出：「漢人與胡人之分別，在北朝時代文化較血統尤爲重要。凡漢化之人即目爲漢人，胡化之人即目爲胡人，其血統如何，在所不論。」（《述論稿》頁一六）他詳細考析了北魏時洛陽城的建築，認爲後來高齊修建鄴都，隋楊之修大興也即唐之長安城，都直接受到北魏洛都的影響，而設計鄴都的高隆之爲漢人，設計大興城的宇文愷爲胡族，「種族縱殊，性質或別，但同爲北魏洛都文化系統之繼承人及摹擬者，則無少異」。由此他再次申論：「總而言之，全部北朝史中凡關於胡漢之問題，實一胡化漢化之問題，而非胡種漢種之問題，當時之所謂胡人漢人，大抵以胡化漢化而不以胡種漢種爲分別，即文化之關係較重而種族之關係較輕」（《略論稿》頁七一）。而且這種情況不僅是北朝，南朝也是那樣，他在《魏書司馬叡傳江東民族條釋證及推論》中說：「寅恪嘗於拙著《隋唐制度淵源略論稿》及《唐代政治史述論稿》中，詳論北朝漢人與胡人之分別在文化，而不在種族。茲論南朝民族問題，猶斯旨也」（《金明館叢稿初編》頁一〇六）。可見，他是認爲種族或民族的問題實際上是文化問題，並以此來考察多民族雜處的歷史時期所發生的社會現象的。有些西方理論家認爲東西方制度的不同，最根本即在於文化。文化在歷史發展中地位的重要性，已成爲東西方學者的共識。

陳寅恪很自信地說，研究中古史，「若不明乎此（按即種族與文化的關係），必致無謂之糾紛」（《述論稿》頁一八）。南北朝與隋唐時期，中國境內各民族的遷徙、衝突、交往十分頻繁而且複雜，這是華夏各族大融合的時期，連續數百年的絢爛多采的文化正是在空前規模的民族大融合的洪爐中熔製而成的。但由於多種民族雜處，又由於幾個對立的政權並存，過去的文獻中往往強調民族的區別，而沒有眞正認識在民族融合這一大變動時代文化是怎樣起著重大的催化劑的作用。陳寅恪正是抓住文化這一環，使得許多糾纏不清的問題有了清晰的脈絡。唐代的統一結束了長期南北分裂的局面，我國各民族的交往和融合也進入了一個新時期，以漢文化爲主導，吸取其他民族的優長，使唐文化成爲當時世界文化的高峰。這一點在向達先生的《唐代長安與西域文明》中曾有生動的描述。唐代的不少作家雖然冠以漢姓，但其先世實出於其他氏族，我們對此可以作必要的探討，但不必過多地著眼於此。陳寅恪在《元白詩箋證稿》中就明確地指出：「而依吾國中古史種族之分，多繫於其人所受之文化，而不在其所承之血統之事例言之」，「故謂元微之出於鮮卑，白樂天出於西域，固非妄說，卻爲贅論也」（頁三〇八）。我們前幾年有對某些唐代詩人的先世、出生地作過多的考索，而對他們所承受的文化卻注意不夠，陳寅恪的這一論述對我們研究唐代的作家是很有啓發的。

筆者認爲，作爲一代史學大師，陳寅恪是有他的學術體系的，這個體系，不妨稱之爲對歷史演進所作的文化史的批評。無論是他的中國中古史的研究，宗教史的研究，語言學的研究，以及古典文學的研究，在根本觀點上，無不與他的這種文化史批評相聯繫。語言學中的音韻問題，應當說是非常專門的學問，而他在《東晉南朝之吳語》和《從史實論切韻》（載《金明館叢稿》二編、初編）中，就通過一系列語言現象論證了北方僑姓移居南方後南北文化的交流。他早年所寫的宗教史名篇《天師道與濱海地域之關係》（《金明館叢稿初編》），詳細考證了東南沿海流行的天師道，怎樣由民間而進入上層士族社會，從而引起東晉南朝政治與文化一系列的變化。全文始終洋溢著文化史批評的意緒。在這篇長文的末尾，作者似乎還意興猶濃，由東西晉南北朝天師道爲某些士大夫家世相傳的宗教信仰，注意到書法也爲同一時期相同家族家世相傳的藝術，如北魏的崔浩一門，東晉的王羲之、王獻之父子，因而論述「藝術之發展多受宗教之影響，而宗教之傳播，亦多倚藝術爲資用」。又進而推論：「治吾國佛教藝術史者類能言佛陀之宗教與建築雕塑繪畫等藝術之關係，獨於天師道與書法二者互相利用之史實，似尚未有注意及之者」。尤其令人感興趣的，在這篇文章中，還由於天師道多起於濱海地域，而推論這種宗教思想可能受到某種外來的影響，又進一步引申，說兩種不同民族的接觸，「其關於文化方面者，則多在交通便利之點，即海濱港灣之地」，「海濱爲不同文化接觸最先之地，中外古今史中其例頗多」。前面說過，陳寅恪的不少論點多帶有預測性和推導性，但由於他有深厚的文化素養作底子，這種預測性和推導性往往蘊含合理的因素，其中某些深刻的見解又常能引發新的課題的開拓。他在這裡提出中國歷史上濱海地區與外來文化交往接觸的關係，在當時是空谷足音，到現在也還值得我們思考。

對於陳寅恪來說，文化史批評不是帶有偶然性和局部性，而是一種根本觀點，那就是對歷史、對社會採取文化的審視。他的研究使某一具體歷史時期在文化的整體及其運動中得到更爲全面的呈現，使人們更易接近於它的本質。在研究方法中，最近幾年有宏觀與微觀的討論，有一種相當流行的提法，那就是宏觀要建築在微觀的基礎上，微觀要在宏觀的指導下，作爲二者關係的正確敘述。有些文章還引用陳寅恪的著作作爲例子，說陳寅恪的一些帶有宏觀性質的論點就是建立在對許多細微考證的基礎上的。關於宏觀和微觀，牽涉的問題很多，本文不想多談，但以陳寅恪爲例，筆者倒是認爲，與其說宏觀建築在微觀的基礎上，無寧說是建築在理論的基礎上，沒有理論的支撐，也就沒有宏觀，沒有文化史批評，也就沒有陳寅恪在多種學術領域所作出的遠見卓識。宏觀與微觀互有關連，但沒有必然聯繫。如果要求陳寅恪對他所涉及的每一問題的細微末節都考證得詳盡無遺，再來建立起他的理論，那就不可能有陳寅恪了。在唐史的範圍內，具體史事的考證，衆多材料的掌握，超過陳寅恪的不是沒有，陳寅恪卻在總體上優越於他們，就因爲他有涵蓋面廣得多的理論體系。他的文化史批評，雖然在某些具體材料考證上還不夠精細，甚而或有疏失，但並不妨礙它作爲一種歷史理論，在近現代歷史學和文化上占有重要的一席。

四

嚴格說來，陳寅恪並沒有關於文學的專門論著，他後期所撰的《元白詩箋證稿》、《論再生緣》、《柳如是別傳》，雖然所論多爲文人和文學作品，但往往從史的角度考析文學家的生平行事和作品所包含的歷史內容，也就是一些研究者所說的以詩證史和以史證詩。這方面影響較大，且較有代表性的是《元白詩箋證稿》，它被稱爲史文結合的著作。應當說，所謂以詩證史和以史證詩，在陳寅恪論杜甫、庾信等單篇文章中也已運用，不過在《元白詩箋證稿》中用得更爲普遍。研究者把這兩個「證」作爲陳寅恪的獨創，評價很高，實際上並沒有認識這部《箋證稿》的眞正的價值。所謂以詩證史，不過是章學誠「六經皆史」的補充，而以史證詩，則是宋以來就爲人所沿用的傳統方法，清人在這方面已做出了不少成績（錢謙益注杜詩就以此爲特色）。眞正能夠體現《元白詩箋證稿》的價値的，就是書中所表現的陳寅恪的文化史批評的基本思想，這也是他對於我國古典文學研究所作的不可忽視的理論上的貢獻。

陳寅恪有個基本觀念，就是首先要從大的文化背景來考察社會人的行爲，包括他們的文學創作。他以元稹的艷詩和悼亡詩作例子，說：「夫此兩類詩本爲男女夫婦而作，故於㈠當日社會風習道德觀念，㈡微之本身及其家族在當日社會中所處之地位，㈢當日風習道德二事影響及於微之之行爲者，必先明其梗概，然後始可了解」。這就是說，對於艷詩、悼亡詩所表現的男女之間的感情，不能僅僅用詩的本身來說明，也不應簡單地以抽象的道德觀念來評判，而應該考慮到一個歷史時代的整個社會觀念，以及這些觀念對不同出身、不同處境的作家所產生的不同影響。他在另一篇文章中談到歐陽修撰寫《新五代史》，歐陽修爲了表示他對五代藩將跋扈的憤慨，特立「義兒傳」一門，「然所論僅限於天性、人倫、情誼、禮法之範圍，而未知五代義兒之制，如後唐兒軍之類，實源出於胡人部落之俗，蓋與唐代之蕃將同一淵源者」。史學家應當客觀地考察史事本身的原委，而不應僅限於天性、人倫等等的道德觀念，因爲這並不能夠提供更多的對歷史本身的認識。因此他批評歐陽修：「若專就道德觀點立言，而不涉及史事，似猶不免未達一間也」（《論唐代之蕃將與蕃兵》，《金明館叢稿初編》頁二七六）。

特別能表現他的文化史批評精神的，是他在《元白詩箋證稿》中關於元稹《鶯鶯傳》的論析。《鶯鶯傳》是唐人傳奇中的名篇，寫張生與崔鶯鶯在蒲州普救寺的歡會，後來張生赴長安應試，遂與鶯鶯離絕。張生不但對鶯鶯始亂之，終棄之，而且在友朋宴談之際，還用所謂「惡情說」爲自己辯護。對於這篇傳奇的思想傾向，歷來是有爭論的，而爭論多立足於道德的批判。作品中的張生是否就是元稹本人，也說法不一，從陳寅恪起，當代學者如孫望先生（見所著《蝸叟雜著》）等，多傾向於這篇《鶯鶯傳》帶有很大成份的自敘性質。當然也有不同看法，有的論著批評《元白詩箋證稿》中把文學形象張生與歷史人物元稹混同起來。這些問題當然還可繼續討論。不過我認爲，首先値得我們注意的，是陳寅恪觀察這個問題的角度，這就是他的文化史批評的角度。正因爲他從大的文化環境來看待作品中的男女關係，就使我們的認識超出單純道德的評判，由簡單的行爲譴責而進入到那個時期一代知識份子心理的審視。

陳寅恪對這篇作品的分析，一開始即採取他通常的論述方法，就是不作繁細的考證，而是抓住主要的環節，加以推論或引申，並以此作爲以後一系列論證的前提。《鶯鶯傳》一名《會眞記》，會眞一詞也見於傳中張生所賦及元稹所續《會眞詩》。然後考論眞字與仙字同義，唐代習稱「會眞」即是遇仙或游仙，仙字在這裡多用作妖艷婦人，或風流放誕的女道士的代稱，甚至有以仙字稱呼倡伎的。他即由此推斷崔鶯鶯決非出於高門。以此作爲前提，論證道：

若鶯鶯果出高門甲族，則微之無事更婚韋氏。惟其非名家之女，舍之而別娶，乃可見諒於時人。蓋唐代社會承南北朝之舊俗，通以二事評量人品之高下。此二事一曰婚，二曰宦。凡婚而不娶名家女，與仕而不由清望官者，俱爲社會所不齒。……但明乎此，則微之所以作《鶯鶯傳》，直敘其自身始亂之終棄之事跡，絕不爲之少慚，或略諱者，即職是故也。其友人楊巨源李紳白居易亦知之，而不以爲非者，舍棄寒女，而別婚高門，當日社會所公認之正當行爲也。

顯然，這裡並不把始亂終棄單純看作張生或元稹個人的道德問題。陳寅恪單刀直入地提出，如果這在當時認爲是應該譴責的，那末元稹的友人，象楊巨源、李紳、白居易等世稱文雅知名之士，爲什麼並不以爲非呢？楊巨源的詩：「清潤潘郎玉不如，中庭蕙草雪銷初。風流才子多春思，腸斷蕭娘一紙書。」李紳詩：「伯勞飛遲燕飛疾，垂楊綻金花笑日。綠窗嬌女字鶯鶯，金雀婭鬟年十八。黃姑上天阿母在，寂寞霜姿素蓮質。門掩重關蕭寺中，芳草花時不曾出。」他們的詩都對鶯鶯表示同情，但毫無一字觸及張生對鶯鶯的離異，更談不上譴責，他們只把張、崔的歡會看作風流才子與綠窗嬌女的一場艷遇。與此同時，陳寅恪還對中晚唐時的文人集團作了歷史的考察。隨著科學制度的發展，由進士、明經科出身的人日益增多，特別是進士科，由於登第後能很快地得到升遷，更加成爲士人追逐的目標。中唐以後，由於文化的普及，不僅中原及經濟發達江南地區，就是一些偏遠地帶，也有士人出來應考，而那時應考者的社會階層又限制不嚴，使得出身於地主階級下層或平民的知識分子大批湧現，並造成士人交往的頻繁和思想的活躍，他們比較地不拘守於舊時的禮法，表現一定獨立的思想。這些在我前幾年寫成出版的《唐代科舉與文學》一書中有所論述。陳寅恪當然也注意到了士人的這些歷史變化，他幾次提到新興詞科出身階級（層）。但他同時指出，這些進士詞科出身、以文采自負的年輕士人，還不得不受到現實的社會關係以及與仕途密切相關的門第觀念的約束。六朝以來的門第觀念並不像有些歷史書中描述的那樣，經過太宗的《氏族志》和武則天的《姓氏錄》而一掃乾淨。門第觀念比起一些具體的制度來要強固得多。正是這一點造成了崔、張愛情的悲劇。但問題的深刻性又恰恰在於，無論是傳奇中人物張生，或者元稹本人，以及與元稹一起來欣賞這個故事的楊巨源、李紳、白居易等人，並不把崔、張的結局看作悲劇。這些年輕文士們的行爲已經打破舊日禮法的某些樊籬，他們想要嘗試眞正的愛情的歡樂，但他們的這種覺醒是如此的稚弱，以致一接觸社會現實種種利害關係所結成的蛛網，就又馬上「自覺地」向現實回歸。陳寅恪正是由崔、張的愛情波折揭示出當時一批新興知識分子思想上的深刻矛盾。他對元稹（張生）當然不無譴責之意，但這種譴責是在對一時代文人的社會觀念裂變作整體考察之後的理性的批判，並非追究個人的道義的責任。

中晚唐時有不少作家，他們往往有一種愛情上的失落感。白居易早年有個出身平民的戀人，後來由於種種原因分離了，從此失散，未曾重逢，造成他感情上的沉重負擔。李商隱有他所愛的女子，這女子由於生活環境的限制，不能與李商隱有正常的愛情的吐露，李商隱只得在「紅樓隔望」的絕望心態中，帶著「珠箔飄燈」的失意在風雨中離去。韓偓前期有他所愛的歌伎，歌伎的身份使她與韓偓可以在一段時期內有美好的相處，但社會動亂，韓偓終於流落到閩越海角，從此南北分離，韓偓只能唱出「此生終獨宿，到死誓相尋」（《別緒》）的淒苦歌吟。這些並非是個別的、孤立的現象。這時男女之間感情上的悲歡曲折與初盛唐時期顯然不同。面對乎此，我們不是應該象陳寅恪那樣，從大的文化背景來對他們作整體的考察，使我們的文學史研究有新的突破嗎？

正由於陳寅恪所持的是文化史批評的觀點，所以他對作家的言行往往能從多種角度進行思考。如他在一篇文章中說：「蓋研究當時士大夫之言行出處者，必以詳知其家世之姻族聯繫及宗教信仰二事爲先決條件。」（《陶淵明之思想與清談之關係》，《金明館叢稿初編》頁二〇四）這是對著東晉南朝的具體環境說的，那時門閥統治盛行，與之聯繫的，士大夫的進退出處，最重要的是婚、宦二事，特別是婚姻，往往關係到個人的社會地位及政治前途（可參見《文選》所載沈約《彈王源書》）。這點過去歷史記載較多，而士大夫與宗教信仰的研究，則要算陳寅恪創獲最多了。他關於道教史、佛教史的研究，往往聯繫著士大夫文人的信仰而進行的，而在這種研究中，又往往觸及文士們思想深處的矛盾。如東西晉之間的天師道，作爲道教的一支，其教義本來是極爲粗淺也十分落後的，但這種愚昧的膜拜鬼神、祈求長生的主張恰正好投合當時日益腐化的上層貴族的需要。「東西晉南北朝時士大夫，其行事遵周孔之名教（如嚴避家諱等），言論演老莊之自然，玄儒文史之學著於外表，傳於後世者，亦未嘗不使人想慕其高風盛況，然一詳考其內容，則多數之世家其安身立命之秘，遺家訓子之傳，實爲惑世誣民之鬼道」（《天師道與濱海地域之關係》）。據陳寅恪研究，這種天師道又與當時的門第家族相聯結，成爲有些家族世代相傳的宗教信仰，深刻地影響有些成員的思想。沈約就是典型的例子。

沈約是南朝著名的文學家。他歷仕宋齊梁三代。他在齊時即受到寵遇，蕭衍代齊，沈約又爲之預作詔書。後來受到蕭衍的猜忌，因語言得罪，恐懼而死。《梁書》和《南史》本傳都記他臨死前：「呼道士奏赤章於天，稱禪代之事，不由己出」。陳寅恪在上述文章中考證沈氏一門歷世信奉天師道的事實。然後論道：「沈隱侯雖歸命釋迦，平生著述如《均聖論》……，皆闡明佛教之義，迨其臨終之際，仍用道家上章首過之法，然則家世信仰之至深且固不易湔除，有如是者。」接著又說：「明乎此義始可與言吾國中古文化史也。」這種把沈約思想深處長期潛伏的道教信仰，在敘述其臨死的舉動中揭示出來，並說明佛道兩種思想對於南朝文士的交互影響，足以見出陳寅恪作爲史學大師的工力。

古代的作家往往接受多方面的思想影響，在他們的言行中經常出現矛盾現象。筆者認爲，陳寅恪是較早提出古代文士的內心世界充滿矛盾對立的一位學者。他的評論給我們的啓示，是他把這種矛盾對立放在社會的客觀歷史進程中來考察，指出這種矛盾著的內心世界並不能簡單地歸結爲善或惡，是或非。譬如白居易六十三歲時所作的一首《思舊》詩，是回憶他的幾位友人的：「退之服硫黃，一病訖不痊。微之煉秋石，未老身溘然。杜子得丹訣，終日斷腥膻。崔君夸藥力，經冬不衣綿。或疾或暴夭，悉不過中年。唯余不服食，老命反遲延。」清代的學者如錢大昕、方舉正等人都一再辯稱白詩中的退之並非韓愈，而是另一個其字也爲退之的友人。陳寅恪則通過有關材料的考析，認爲韓愈服食硫黃是有文獻可據的，「諸人雖意在爲賢者辯護，然其說實不能成立」。韓愈是以獨尊儒學、排斥佛老自居的，但他卻有服食硫黃以求長生的一面，這裡就觸及到當時士大夫的一種生活情態，即追求聲色之好，陳寅恪稱之爲「當時士大夫爲聲色所累，即自號超脫，亦終不能免」。他還舉出張籍《祭退之》一詩，詩中敘述韓愈病重，張籍前往探視，韓愈乃命兩個侍女，彈琵琶與箏以娛客，「臨風聽繁絲，忽遽聞再更。」陳寅恪說：「夫韓公病甚將死之時，尚不能全去聲伎之樂，則平日於『園花巷柳』及『小園桃李』之流，自未能忘情。」這就是說，韓愈的這種聲色之好，與他服食硫黃，是他的追求感官享樂生活的組成部分，相互之間是完全合拍的，而這些又與他在《原道》、《原性》中所表現的一副道貌岸然的樣子形成強烈的反差，而這又恰好統一在韓愈這樣有代表性的人物身上。

陳寅恪又進一步說：「明乎此，則不獨昌黎之言行不符得以解釋，而樂天之詩，數卷之中，互相矛盾，其故亦可了然矣。」按白居易有《同微之贈別郭虛舟練師五十韻》詩，作於他四十七歲被貶江州時（參見朱金城《白居易年譜》元和十三年條）。詩中寫他曾聽從一位姓郭的道士，搞這煉丹燒藥的勾當。這首詩還具體描述了陰陽契合的「奼女丹砂」情形：「二物正訢合，厥狀何怪奇。綢繆夫婦體，狎獵魚龍姿。」表現了令人難以置信的低級趣味。在他六十六歲時，又有《燒藥不成命酒獨醉》詩，說：「白髮逢秋短，丹砂見火空。不能留奼女，爭免作衰翁。」陳寅恪說：「自其題意觀之，樂天是時殆猶燒藥，蓋年已六十六矣。然則其早年好尚，雖至晚歲終未免除，逮丹不成，遂感嘆借酒自解耳。」可見他在中年以後二十年中始終留戀於燒藥煉丹，但卻在另一首詩中說「唯余不服食，老命反遲延」（見上述《思舊》詩）。這倒並不是虛僞，這種內部性格的矛盾恰恰表現了「唐代士大夫階級風習」。正好象白居易號稱香山居士，晚年又自稱篤信佛教，而平居總離不開年輕的侍女奉養，怪不得宋朝人葉夢得在《避暑錄話》中不無譏刺地說：「然吾猶有微恨，似未能全忘聲色杯酒之累。賞物太深，猶有待而後遣者，故小蠻樊素每見於歌詠。」葉夢得仍然從道德的角度作出品評，這是宋人思維的一個特色，而陳寅恪的高明之處，則是看到自相矛盾的性格差異，並不是個別現象，而是那一時代文人群體的一種共性，他把零散的材料統攝起來，綜合到一個觀念上，如我們前面提到過的他自己的話，像藝術家欣賞古代的繪畫和雕刻，抱有了解的同情，這樣就使我們的眼光不止觸及社會的層面，而且還能深入到一代知識分子的內心世界，察覺他們的歡樂和痛苦，高尚和庸俗，超世和入時。這個時候，我們差不多已經忘記我們所讀的，到底是史學著作還是文學作品了。陳寅恪用考證的方法審察了一些內部性格矛盾、精神世界分裂的上層士人，他的筆下這些人物並不使人覺得虛假或空幻，而是顯得眞實和豐富。他們在中唐社會的出現，是很值得注意的一種文化現象。可惜我們的歷史學家和文學史家還沒有從這個角度去作進一步的探索。陳寅恪能著力於此，表現了一種可貴的學術追求。

五

從文化史批評的角度來研究陳寅恪，可談的還很多。譬如他曾以佛教唯識宗在中國傳播爲例子，論證了外來文化一定要適合本民族的傳統特點；他考索了道教在其自身發展過程中怎樣吸收其他宗教的長處，與之聯繫的，談論了儒佛道三者發展中各自的特性；他在論武則天時的佛教，及明末雲南等地的僧人生活時論證了宗教與政治的關係；他考索了敦煌寫本《心王投陀經》、《法句經》爲「僞經中之下品」，而這兩種經卻爲白居易、元稹所津津樂道，勾稽出當時所謂歸心佛門的居士實際上是怎樣的一種佛學修養；在論有宋一代的學術和王國維的成就時，又十分強調自由與理性對於學術發展有著怎樣重要的意義；特別是本文還未曾涉及的他晚年的一部大著作《柳如是別傳》，他是抱著怎樣的一種文化心態來估量知識分子的行爲價值。

又譬如，我們一直把陳寅恪作爲史學家研究，但是否考慮過他的學術準備和學術經歷是如何互相關連的呢？陳寅恪幼年侍奉父兄，受中國的傳統教育。十三歲時東渡日本學習，除了中間有短暫的假期返國外，一直到十六歲。不久，二十歲時又赴德國，入柏林大學學習，後又入瑞士蘇黎世大學。二十三歲回國，而二十四歲時已在法國就讀於巴黎大學。二十六歲返國，三十歲到美國哈佛大學，三十二歲離美赴德，在柏林大學研究院，這樣，直到三十六歲時受聘為清華大學國學研究院導師，返國。如果從十三歲算起，到三十六歲，共二十四個年頭，而他在日本、德國、瑞士、法國、美國等著名學府學習或研究，加起來有十七、八年。這就是說，從少年起，經青年而步入中年，他的大部份時間是在資本主義文化為主體的社會度過的。而那時他所學的，並不是歷史學，而是語言學。據同時代人回憶，他在歐美，除了學習歐洲一般語言以外，著重學習梵文、巴利文，以及蒙文、藏文、突厥文、西夏文、波斯文、土耳其文，回國後又學習滿文。早年時期的語言研究，這種獨特的學術準備給了他什麼呢？當然，多種語言的學習和比較，是最容易傾向文化史研究的。語言不僅僅是思維交流的工具，它是人類文化的直接載體。接觸語言就是接觸文化。這或許是他後來在史學和文學研究中貫串文化史批評的觸發劑吧，但具體又如何來說明呢？又譬如，據有些研究者說，他曾受到過德國著名歷史學派蘭克學派的影響。據他的姻親暨同窗俞大維回憶，陳寅恪在歐洲確曾受到德、法、俄等國學者的某些啓發。但是陳寅恪在論著中卻從未提到過他從西方學者那裡接受過什麼思想或論點。他的敘述方式，或者說他的學術風格，完全是「中土」式的。他似乎不屑於談論西方的學術，而他的那種文化史批評又非國粹所固有，這樣一種觀念與表現的矛盾又如何來解釋呢？果眞是他自己所說的「寅恪平生為不古不今之學，思想囿於咸豐同治之世，議論近乎曾湘鄉張南皮之間」嗎？生活於二十世紀，實實在在地受到過現代西方文明的熏陶，卻說自己的頭腦還停留在十九世紀後期倡導「中學為體、西學為用」

的時代，這是故甚其詞，還是陳寅恪體系本身矛盾的反映？

以上這些，如果我們都要展開來議論，那就不啻要寫一本厚厚的書了。本文的目的實在不是想要詳細地討論陳寅恪學術體系的本身，它實際上只有一個卑小的企圖，這就是想對以往的陳寅恪研究提出一個問題。這個問題就是：能不能在已經談論得很多的關於他的各種具體成就之餘，對他的學術思想作一個總的把握？我們自己的學術思維能不能稍微超脫一下，從文化史的角度，來探索一下作爲史學家的陳寅恪對人和人生（這個看來不屬於歷史而實爲歷史的主體）有怎樣的一種思考，而這種思考又能給我們今天以什麼？

一九八九年二月於北京

陳貽焮《杜甫評傳》序

陳貽焮先生是我的學兄。他的年歲比我大，一九五三年我們一起在北京大學聽林庚先生講授魏晉南北朝隋唐部份的文學史，那時他已是林先生的助教，我還是學生。因此，我對他一直是以師友對待的。貽焮先生在唐代詩歌的研究上所下的工夫很深。這些年來，他全面研究了王維和孟浩然的詩，探索了他們的生平；又論述了李頎、岑參的邊塞詩，並對李白思想的某些重要方面作了很有深度的分析；又進而對李賀、李商隱進行研究，並對中晚唐的詩歌流派作了概括的論述，提出了值得注意的一些新看法。在五十年代中期，他研究的重點是六朝文學，那時他所寫的關於陶淵明、鮑照的文章，無論從資料搜討和思想闡發來說，到現在仍有其價值。不難想見，在這樣扎實廣博的基礎上，他集中對杜甫進行研究，並且寫出了有好幾十萬字的《杜甫評傳》，對他來說，是他學術研究進程中的一個新的進展，而對讀者來說，則是獲得了一部經過多年潛心研究而寫成的內容豐富的專著。

對杜甫的研究之所以特別困難，是因為在杜甫詩歌中集中地出現了大唐帝國由盛到衰這一轉變時期社會生活的許多重要問題，杜詩描繪了這個社會的多樣而曲折的過程，充分地反映了這個過程的複雜性。杜甫出生的前後幾年，似乎就標志著一個文學時代的結果，另一個文學時代的開始。杜甫生於唐玄宗先天元年（七一二），在這之前四年，中宗景龍二年（七〇八），杜審言卒。再過兩年，睿宗景雲元年（七一〇），上官婉兒在一次宮庭政變中被殺，宋之問被流放到嶺外欽州，先天元年死於貶所。沈佺期死於開元元年（七一三）；同年，李嶠隨他的兒子赴虔州刺史任，大約過一二年死去。這樣，武、韋時期的詩人就此在文壇上消逝。就在這同一時期，景雲二年（七一一），張說入居相位，任同中書門下平章事、兼修國史。張說是開元時期轉變文風的重要人物，從這時開始，他以宰相之尊，汲引一些文士於其周圍，因而使開元時期的文風與前一時期有顯著的不同。就在這一年，王翰登進士第，第二年，王灣登進士第。王灣在這前後所寫的「潮平兩岸闊，風正一帆懸；海日生殘夜，江春入歸年」詩句，張說居相位時手題於政事堂，「令為楷式」。這風格壯美而又富於展望的詩句，一掃武、韋時期綺麗不振的詩風，使人耳目一新，預示著盛唐詩歌健康發展的康莊大道。從先天元年起，像賈曾、賀知章、張九齡等都先後步入仕途。到開元四年（七一六），富有才藝的早熟的王維，以十八歲的青少年詩人寫出了長篇歌行《洛陽女兒行》，標志著詩歌史上的「唐音」已正式開始。對唐詩研究者來說，研究這一轉變時期的政治、經濟、社會風尚與文學發展的關係，該是多麼有吸引力。應該說，這是一片有待於開墾和收穫的肥沃土地。

盛唐詩歌的另一轉變時期是天寶年間。這時社會繁榮富庶似乎已達到了它的頂點，上層統治階級、階層的相互勾結、殺戮、爭奪權力、掠取財物，以及種種腐朽現象，正以長安為中心，日益發展。社會矛盾已到達了飽和點，安史之亂正是這種矛盾發展的結果。這也是杜甫詩歌風格逐步形成的時期。這時，我們可以看到，高適、岑參正來往於西北的烽火邊塞；王維已滿足於他取得的社會地位和文藝成就，定居在長安郊區的美麗別墅寫他的田園詩；李頎、王昌齡等人忙碌於做他們的地方官，不時發出不平之鳴；大詩人李白正繼續在南北各地游歷……。杜甫則正在長安這一政治鬥爭的中心，錘煉他的詩風。貽焮先生在《評傳》上卷中，敘述杜甫居住長安時期多方面的生活，仿佛把我們引進了當時紛繁複雜的世界。我個人覺得，這是上卷的重心，是最引人入勝的地方。《評傳》的作者沒有把杜甫簡單化，既沒有像封建社會某些士大夫那樣把他看成一飯不忘君的詩聖，也不像以前有一時期把杜甫貶成一錢不值的地主老財。他只是如實地根據杜甫本人的作品，把受多種社會條件約束的杜甫介紹給讀者；但正因爲如此，使我們感到杜詩之與衆不同的地方，杜甫之所以偉大。《評傳》的這些敘述，不但使我們認識了杜甫，還使我們具體地感受到這樣龐大的封建帝國是怎樣一步步衰弱下去，幫助我們具體認識那時的唐代社會。

杜甫研究之另一困難，不像有些作家那樣，苦於資料太少，而是苦於資料太多。從宋朝以來，杜詩注家之多，是別的詩人所難以比擬的。當然，其中不乏眞知灼見，但有不少是陳言濫調，或謬論妄說。今天，我們研究杜甫和他的詩歌，就得衝過這重重的評注家的包圍圈，吸收其合理的一部份，摒棄其無價值的地方。貽焮先生的這部《評傳》，也是較好地解決了這一困難的。《評傳》主要採集了清代幾個注家的說法，那就是錢謙益的《杜詩箋注》、楊倫的《杜詩鏡銓》、浦起龍的《讀杜心解》

以及仇兆鰲的《杜詩詳注》。這幾部書在許多種杜詩評注本中是有特色的。《評傳》引用了它們的某些說法，並站在今天的高度，結合杜甫的身世與當時的社會現實，對這些意見作了剖析。這裡可以看出《評傳》作者的眼力。

這裡還應當特別指明的，是《評傳》寫法的一個特點，那就是作者力圖作到雅俗共賞。書中既有材料的繁富徵引，又有對杜詩作行雲流水般的講解。書中往往在一些較爲專門性的論述以後，就接著以親切的筆調向讀者介紹杜甫的生活，他的朋友，他的詩歌藝術手法的特點，猶如冬夜圍爐聽一老友在談論他所感興趣的事情。寫到這裡，我不禁想到宋人葉夢得在其《避暑錄話》中的一段記載：

> 吳門下居厚喜論杜詩，每對客未嘗不言。紹聖間，爲戶部尚書，葉濤致遠爲中書舍人。待漏院每從官晨集，多未厭於睡，往往即坐倚壁假寐，不復交談。惟吳至則強之與論杜詩不已，人以爲苦，致遠輒遷坐於門下檐次。一日忽大雨飄灑，同列呼之不至，問其故，曰：「怕老杜詩。」

這是一則很有趣味的記載。古往今來，像葉濤那樣怕說杜詩的情況恐怕也是不少的。但人們還是愛讀杜詩，愛談杜詩，這除了杜詩本身具有吸引力以外，也因爲杜詩研究中還是出現了一些有價值的著作。貽焮先生的這部《評傳》，一定會以其雅俗共賞的特點來吸引讀者，從而在杜詩研究中據有一定的地位。

別林斯基曾稱普希金的《歐根·奧涅金》爲俄羅斯社會生活的「百科全書」。我覺得，從對詩歌反映現實的廣度和深度來說，杜詩也可以說是唐朝安史之亂前後幾十年的生活的「百科全書」。試想，如果不去讀讀杜甫的《赴奉先詠懷》，歷史學家要想寫天寶末期那種「山雨欲來風滿樓」的情景，他們的筆將是多麼的枯澀乏味！如果沒有「三吏」、「三別」，九節度相州之潰後唐朝統治者與人民的矛盾，當時中原人民所受的戰亂之苦，我們今天的認識將會多麼地一般和平淡！杜甫的傑出貢獻，即在於他凡所到之處，就把生活本有的豐富的多樣的面貌，精細地描繪出來。我們現在在《評傳》的上卷中，隨著貽焮先生的筆觸，看到杜甫如何生活在一個奉儒守官的家庭，如何在多方面的教養下度過童年，又看到開元盛世中杜甫的幾次南北壯游，然後又看到杜甫進入紛繁的長安城，最後，看到杜甫在戰亂中顛沛流離，用他的一枝筆寫出了活生生的社會現實。在這以後，杜甫的行蹤更擴大了，我們將在《杜甫評傳》的下卷中，看到杜甫在秦州時所寫的特異的山川風物，杜甫在成都的定居以及他筆下的蜀中名勝，他的江陵的棲息，瀟湘之游與漂泊一生的結局。這將是一軸長的畫卷，我們等待著後一部份早日舒展在讀者的眼前。

一九八一年十月

鄧紹基《杜詩別解》序

紹基先生數年來於忙中作暇，研讀杜詩，並寫成隨札，陸續發表於報刊，今又將所作匯集成書，名曰《杜詩別解》，交付出版，又函示命於書前綴以數言。我因在出版社工作，得獲先睹，受而讀之，謹略陳所感，以求教於作者和學界。

在中國古代文學作品中，因後世研究者之衆多，箋注評論材料之豐富，可以具備條件建立學術史的，大概首先推《詩經》、楚辭、《文選》、杜詩、《紅樓夢》五種。《詩經》學、楚辭學、《文選》學、杜詩學、紅學，幾乎與作品本身同樣具有獨立研究的價值。應當說，在悠久的中國古典文學研究歷史中，還有不少作家作品可以建立學術史的，我們還應該有樂府學、唐詩學、元雜劇學等等。開展學科史的研究，將是提高研究素質的有效途徑，會大大豐富古典文學整體研究的內容。紹基先生的這部《杜詩別解》，將與近二、三十年來出版的其他幾部杜詩研究一起，成爲我們新時期杜詩學有所建樹的著作，而受到人們的注意。

大凡每一種學科，其積累的資料愈多，傳統的包袱也愈重。傳統中當然有好東西，但弄不好，這整個包袱也會把人壓得喘不過氣來的。杜詩在宋代就已有千家注之稱，明清兩代，評注者之多，迥出乎諸家之上。這之中似乎有兩種情況，一種如錢謙益在《草堂詩箋元本序》中所說的：「今人注書，動云吾效李善。善注《文選》，如《頭陀寺碑》一篇，三藏十二部，如缾瀉水；今人餖飣拾取，曾足當九牛一毛乎？顏之推言觀天下書未遍，不得妄下雌黃，何況注詩，何況注杜。」另一種如季振宜爲錢注杜詩所作的序所說：「後生輕薄，喜謗先輩，偶得一隅，乃敢奮筆涂抹改竄，參臆逞私，號召於人曰：『我注杜詩矣！』是猶未能坐而學揖讓，未能立而學步趨。」後一種之病在於不讀書而舛陋，季振宜對此是挖苦得很刻薄的；前一種，陳義雖高，但容易食古不化，以致泛濫踳駁，割剝支離。從總體來說，古代講說杜詩者，似以前一種傾向爲主。黃庭堅有一句名言，說：「老杜作詩，退之作文，無一字無來處。」（《答洪駒父書》，《豫章黃先生文集》卷十九）自從江西詩派倡一祖三宗之說，奉老杜爲詩祖，山谷的這句話也就一直爲學杜者、注杜者奉爲圭臬，而山谷的更有價值的話卻不大爲人所知：

> 子美詩妙處，乃在無意爲文。夫無意而意已至也，非廣之以《國風》、《雅》、《頌》，深之以《離騷》、《九歌》，安能咀嚼其意味，闖然入其門耶？……彼喜穿鑿者，棄其大旨，取其發興於所遇林泉、人物、草木、魚虫，以爲物物皆有所托，如世間商度隱語者，則子美之詩委地矣！（《大雅堂記》，《豫章黃先生文集》卷十七）。

黃庭堅的這段話眞說得好，這是他中年以後，歷盡仕途坎坷，又提煉其創作之所得，發自肺腑的話。金元時期的元好問，也正因爲注意到了《大雅堂記》這篇文章，才感嘆道：「近世唯山谷最知子美！」（《杜詩學引》，《遺山先生文集》卷三十六）學術史上的這些經驗之談，對於我們今天的創作和研究，都是有益處的。

從傳統杜詩學的繁雜、穿鑿這一傾向，回過頭來讀紹基先生的《杜詩別解》，則其特點（或優點）就會看得更明顯。作者似乎並不打算把攤子鋪得太大，他主要守住清代的幾部注杜名作，即錢謙益、楊倫、仇兆鰲、浦起龍幾家注本，從這幾位有代表性注家的意見中引出歧義，由此而徵引有關的材料，斷以己意。我個人覺得這實在是機智的做法，很可爲青年學人效法的。還可以看出，起初發表的幾篇，像下棋那樣，似乎還走得較爲拘謹，所用的材料，大致也爲通常所及，後來則逐漸走動自如，材料的徵引擴展到不少如天文律算、佛道讖緯等冷僻的書。但本書倒並不以材料見長，而是能把材料及時收束，不使之旁溢，從前人種種傅會割剝中，尋求杜詩的本意；在考訂是非、解釋疑滯中，不故作高深，不生立奥義，而是結合杜甫作詩時的環境與心情，作實實在在的探討，每讀一篇，都使人有化繁從簡、棄蕪存菁、推腐致新的感覺。我想，書名「別解」者恐以此，而非如作者嘲戲者之所云。

紹基先生五十年代中期畢業於復旦大學中文系，分配到中國社會科學院（當時稱哲學社會科學部）文學研究所。那時的文學研究所還設在北京大學哲學樓。我也於同年畢業於北京大學中文系，留作浦江清先生的助教，當時中文系在文史樓。哲學與文史二處，隔樓相望，由於同行，也偶有過從；後因他專攻元明清戲曲小說，又長期擔任所內的行政領導工作，我則因興趣在詩文方面，又加種種人事原因，行跡日疏，二人的交往倒確實可以稱得上是「淡如水」的。但他爲人的質直則一直留在印象中。因此當他在報刊上發表讀杜的文章時，我最初是很吃驚的，擔心他除原來的攤攤外，又另闢新地，是否鋪得太開，顧不過來。陸續讀了幾篇之後，感到這份擔心是多餘的了。現在讀了全書，更另有一種體會，那就是我們搞古典文學的人如何力求使自己的學問面擴展得開一些，視野更闊大一些。我們往往看到老一輩學者，他們做學問的面是很寬闊的，博大與精深，往往是造就大學者兩個互爲聯繫的條件。由於種種原因，我們這一時代的中青年學者，往往在一個或幾個點上鑽研有一定的深度，但往往是點，不是線，至於連成片，或較大的面積，恐怕是極少極少的了。這應當說是一個時代的缺陷，從長遠來看，對整個學術進展是不利的。現在紹基先生從他原有的元明清戲曲小說涉足於唐朝開寶大曆時期的杜甫，即不論其實際達到的成就，單是這種研究的趣向和方法，就是很值得我們思考的。我想，我們一些年輕學者，於此也可考慮治學方法上的一些問題。我們在討論從國外引進某些新理論、新方法，或吸收自然科學研究的某些成果時，適當結合我們民族的傳統，注意總結我們同時代學者行之有效的實踐經驗和治學成果，是會有助於方法論的創新和探索的。

由此，我還想到《世說新語》中的一則記載：

> 愍度道人始欲過江，與一傖道人爲侶，謀曰：「用舊義往江東，恐不辦得食。」便共立「心無」義。既而此道人不成渡，愍度果講義積年。後有傖人來，先道人寄語曰：「爲我致意愍度，『無』義那可立？治此計權救飢爾，無爲遂負如來也！」（《世說新語·假譎》篇）

這是一個古老的故事。但不知怎的，當我讀到某些深文奧義使人難以捉摸的文章，就常常想起那位傖道人的話來。我與紹基先生同樣，這幾年做學問，基本上還是老一套的路子，可能為有識者所笑，但所幸皆未故樹新義，以負如來，或可以此互勉云。

一九八四年十二月

歐文《初唐詩》中譯本序

自從歐洲的第一批耶穌會士抱著傳教的虔誠，越過重洋，在明朝末年來到中國，開始接觸中國的社會和文化，西方學者對中國傳統文化的認識和研究，經歷了漫長而曲折的過程。如果按照《國際政策的文化基礎之研究》作者諾思羅普（F.S.C.Northrop）所說，世界各國人民的根本分歧不在於政治而在於文化，這種紛歧深深植根於各自傳統的不同概念之中，那末，四百多年來西方學者對中國文化固有精神和價值的探索，實際上可以說是兩種或兩種以上文化的互相認識和補充。這也構成了近代世界史上文化交流的豐富繁複的圖象。尤其是作爲東方大國的中國，它的悠久的歷史文化被世界所認識，以及這種認識的日益深化，本身就是文化史上令人神往的課題。從這個背景上說，斯蒂芬·歐文先生的成名作《初唐詩》被介紹到中國來，它的意義就不僅僅是中國學術界增加一本優秀的漢譯名著，而且還在於它是文化交流的鏈索中一個十分引人注目的環節。

在探索西方學者對中國文化的認識過程中，我們不應該忘記馬克斯·韋伯（Max Weber，一八六四—一九二〇）。他的思想和著作日益受到中國讀書界的注意，特別是近幾年顯得十分突出。是他揚棄了在他之前的歐洲學者的共同學風，即服從於自己的時代背景和相應的要求，按照西方人的思想模式來理解中國的社會和文化的發展；正是從韋伯開始，主張應當密切聯繫社會歷史的實際狀況來研究觀念的形成和演變軌跡。這就爲爾後的研究開闢了一個新的格局，那就是要對中國的文化眞正有所了解，就應當探求中國傳統文化產生、發展的歷史背景，努力依循中國人的思想方式來進行課題的研究。這種情況，特別在第二次世界大戰後的美國學者那裡，表現得更其明顯。

關於美國學者對中國文學的研究，就我所看到的材料，美國密執安州立大學人文系及語言學教授李珍華博士的《美國學者與唐詩研究》（載《唐代文學研究年鑑》第一輯，一九八三）是最清楚、概括的一篇。這篇文章講的雖然是美國的唐詩研究，實際上足以反映美國於本世紀五十年代以來漢學研究的巨大進展。我們只要比較一下上一世紀同一時期法國學者對中國那些平庸的言情小說《平山冷燕》、《玉嬌李》的推崇，和本世紀近三十餘年來美國學者（包括美籍華人學者）對唐詩、宋詞及明清小說的認眞探討，相距眞不可以道里計。日本對於中國文學的研究，往往以綿密的材料考證見長，而美國在這方面卻常以見識的通達和體制的闊大取勝。

正是從李珍華先生的文章中，使我知道歐文先生在唐詩研究中取得的成就。李珍華先生把歐文先生列爲美國的中國文學研究的第三代學人，而稱爲「特別值得一提」，並推許出版於一九七七年的《初唐詩》爲「一本傑作」，說「把整個初唐詩作一系統性處理，歐氏可以說是第一人」。由於我參與《唐代文學研究年鑑》的編輯，較早讀到其中的文稿，因此李先生特別提及的歐文先生著作給我的印象很深，並盼望能早日見到全書的中文譯本。現在依靠賈晉華君的努力，這個願望得以實現，甚感欣慰，我想我們國內的唐詩研究者也會從這一譯著中獲得啓發。賈晉華君前數年從廈門大學周祖譔先生研治唐代文學，她的碩士學位論文論皎然《詩式》及大曆時期江南詩風的特點，也給我很深的印象，她的從文學演進的內部規律與外界社會文化思潮相互影響的研究，與歐文先生的治學，也確有不謀而合之處。以賈晉華君對唐詩所具有的修養來從事於本書的翻譯，必能準確表達原書的勝義，這應當是無可懷疑的。

在過去一個很長時期中，初唐詩的研究在我國整個唐詩研究中是一個極爲薄弱的環節。初唐，如果把下限定在睿宗時，那就是足有九十年的光景，占了唐代歷史的三分之一。如果對於這一階段文學研究不足，就不可能充分說明盛唐的高潮。對這九十年時期的文學，過去的論著往往只停留在一個籠統的認識，細節研究非常缺乏，這種情況在最近四、五年內才有所變化。作爲近體的律詩，到底是經過什麼樣的軌跡一步步地成熟的？古詩，特別是盛唐、中唐時一些大家所擅長運用的七古，怎樣從南北朝的涓涓細流，經過初唐作家的多方嘗試和大膽變革，而匯成長江大河，這中間有什麼規律和經驗可求？由「四傑」而陳子昂，而沈、宋，是怎樣一步步遞嬗演進的？當時的社會思潮、文化氛圍給予詩人和詩風以什麼樣的影響？初唐時期幾個帝王的宮廷政治和文化生活，賦予文學風格以什麼樣的特色？這些，都需要作細致的分析。而近幾年來我國初唐文學研究的進展，也正是在這些方面作出了令人矚目的探討。從這一研究的歷史背景來看，歐文先生作於一九七七年的這本《初唐詩》，在中國學者之先對初唐詩歌作了整體的研究，並且從唐詩產生、發育的自身環境來理解初唐詩特有的成就，這不但迥然不同於前此時期西方學者的學風，而且較中國學者早幾年進行了初唐詩演進規律的研求。雖然幾年來中國學者的論著在不少方面已作了深入的挖掘，大大加快了初唐文學研究的進程，但歐文先生的貢獻還是應該受到中國同行的贊許的。

我們高興地看到，在《初唐詩》之後，作者又於一九八一年出版了《盛唐詩》，更進一步論述了初唐與盛唐的關係，並對盛唐詩人作了使人感興趣的分類（如把張說、張九齡、王維作爲「京城詩人」，把孟浩然等作爲「非京城詩人」，把王昌齡、高適、岑參作爲處於兩者之間的詩人，「京城詩人」多用律體，「非京城詩人」多用古體）。歐文先生近年來的研究格局似更爲放開，由論述詩歌創作進而研討詩歌理論。他說他更強烈地感覺到詩歌中那些無法爲文學史所解釋的方面；他仍然相信文學史是基本的，但它需要由對詩歌的其他方面的探討來補充。爲此，他又撰寫了關於中國詩論的論文，結果結集八篇文章，起名爲《傳統的中國詩歌和詩論：一個預言的世界》，於一九八五年由威斯康辛大學出版。緊接著又是一組八篇文章的集子：《中國古典文學研究心得》，哈佛，一九八六。他自己說這八篇文章是一種反系統的處理，將互不相關的作品放在一起考察，嘗試著使單篇的詩作和散文煥發出生命力。這樣做，作者也抱著一種希望，這就是打破美國的中國文學狹窄閱讀圈子，尋求更多的讀者。

歐文先生的學術著作在其已經完成尚未出版的《中國文學思想讀本》中，更有新的進展。他認爲，過去大部分論述中國文學理論和批評的英文著作，都傾向於運用現代西方文學理論的術語，而在他的這部近著裡，卻試圖向英語讀者表明，作爲中國詩歌基礎的概念和趣味，與西方是不同或不完全相同的；各種傳統的文學思想都具有偉大的力量，但是這些力量是各不相同的。歐文先生的這一認識確值得贊許，這是對不同民族文化傳統充分尊重的態度，只有持這種態度，才能達到眞正清晰的理解。這是一個嚴肅的學者在獨立的研究中擺脫西方習以爲常的觀念所必然產生的結果，是一個富有洞見的認識。

近十年來中國古典文學研究已取得可觀的成績。但人們對研究現狀仍不滿意，這種不滿意是多種多樣的。在我所接觸的一些研究者中，越來越感到對古典文學的研究結構需要有所反省，這就是說，研究結構存在不合理的情況。有些課題投入的力量多，成果卻並不多，許多情況下往往是一窩蜂，趕熱門，結果卻出現了不少缺門，這就必然影響總體水平的提高。這是一個需要詳細論證的問題，不是這篇短序所能承擔的。由歐文先生的著作，使我進一步感到，作爲古典文學研究結構中的問題之一，就是我們對國外學者研究中國古典文學現狀的了解，是多麼的不夠。我相信，在美國、日本、歐洲以及其他一些地區，研究中國古典文學的有價値的著作，一定還有不少，它們以不同的視角來審視中國的獨特的文學現象，定會有不少新的發現，即使有的著作有所誤失，也能促使我們從不同的文化背景來研究這些誤差的原因，加深我們的認識。如果我們能有計劃地編印一套漢譯世界研究中國古典文學的代表作，肯定會受到中國學術界和讀書界的歡迎，也將會對我國古典文學研究結構起到積極協調的作用。這是我個人作爲研究者之一所深深期望著的。

一九八七年二月於北京

《李白在安陸》序

《李白在安陸》一書，經過作者們的努力，現在終於正式出版了。安陸的撰寫者希望我爲此書寫一篇序言。我覺得由我爲本書寫序未必合適，因爲我雖然是搞唐代文學的，但對李白並沒有專門研究。但我還是答應寫了，因爲我多少了解一些這本書的成書過程，作者們這幾年爲寫作此書而跋涉奔波，其中的甘苦我也稍有些體味，因而也有一些不得已於言的地方；另外，我也想借此就唐代文學研究的某些方面，談談自己的看法。當然，也有些情緒上的快慰之處，因爲我看到書中的一些文章間或引徵了我的某些考證所得，正如我也注意到了他們有幾位寫文章表示不同意我的另一些論點。我覺得，這種學術上的坦率態度是値得稱贊的，也是會引起不抱偏見的學者的好感的。基於以上這些原因，我表示樂於寫這篇序，雖然不一定能副作者們的殷望。

本書的著手編寫，還是近幾年的事。縣的考證李白的工作機構成立於一九八二年十一月，隨即進行了緊張的工作。他們首先在縣的範圍內抽調人力，徵集文物和資料，對李白在安陸的遺跡作了普遍的調查。這種將文獻研究與實物調查結合起來的方法，既符合地方特點，也體現當前學術發展的趨勢。一九八三年上半年，他們又分組外出，跑了好幾個地方，拜訪了不少專家學者。我也是那時候在北京見到他們的。我爲張昕等幾位的熱情所吸引，當時就不自量力地貿然許諾爲今後編寫的書寫序言。老實說，那時我對安陸幾位先生的潛力是估計不足的，我以爲，這本書不知何時才能寫出來呢。但沒有想到過不多久，一本三十萬字的《李白在安陸》寄來了。書是縣裡印的，徵求意見稿，非正式出版物，限於當地的條件，印刷裝幀當然不怎麼講究。但翻看目錄，全書共分十個部份，從李白在安陸十年行跡的探討，以及詩文繫年，問題討論，遺跡介紹，一直到游蹤圖的繪製，不能不使人感到撰寫者極端認眞的態度。當時陝西師範大學教授霍松林先生和我正負責編輯《唐代文學研究年鑑》，我就馬上寫信給年鑒編輯部的閻慶生先生，請他組織一篇書評，同時又請他與安陸聯繫，請他們寫一篇文稿。慶生先生就請西北大學唐代文學研究室的閻琦先生寫了一篇書評，刊登在一九八四年的《唐代文學研究年鑑》上，這是這一輯年鑑「新書選評」專欄的唯一一本不是正式出版的專著。同輯也刊出了安陸人寫的《湖北省安陸縣考證李白辦公室簡介》一文。一九八六年四月，在洛陽召開了唐代文學學會第三屆年會，那時這一輯年鑑出版不久，我聽到會上不少學者對這兩篇文章很感興趣。

這本三十萬字的書竟在一年之內完成，作者們的效率由此也可想見。但畢竟時間匆促，難免粗糙，在這之後，安陸的撰寫者在廣泛徵求意見的基礎上，進一步收集資料，對該書進行修改。在這期間，我也收到過他們一些單篇的修改稿，但由於工作忙，未能及時提出意見。在修改過程中，安陸人對某些問題的看法，也有不盡相同之處，也有爭議，有些先生還把爭議點寫成文章寄交給我。由於缺乏研究，我當然不可能對這些分歧表示意見。我只是表示，希望按照百家爭鳴的精神來處理學術上的是非問題。學術上不同意見的存在和爭論是正常現象，只要處理得合宜，不但不會妨礙團結，還會促進團結。不過無論如何，從這一點，也可看出安陸人在學術上的認眞精神，他們確是抱著追求眞理的態度來從事這項工作的。

現在書已正式出版，等待著學術界和讀書界作出評價。評價可能有各種各樣。我個人以爲，這本書基本上是成功的。對一本書的評價，應考慮到各方面的因素。譬如，我們應當考慮到，本書的作者原來幾乎都不是專業工作者，在從事這項工作之前，李白研究的行列中似乎找不到他們的名字，他們是白手起家的，而前後編寫的時間又不長，只不過三、四年的時間。但即使拋開這一些不談，單就內容而言，則他們的創獲也已非一般。全書的框架與原來的大體一致，去掉了民間傳說一節，可能認爲渲染過多，不足爲據吧，其實如作適當的安排，也未始不可列入。

《李白在安陸十年行跡》一節可讀性很強，有些段落文藝氣息很濃厚，不但對一般讀者頗具吸引力，就是對專門研究者也能起開闊視野的作用，雖然他們可能會感到某些描述於史無徵。這一節其實可以接《李白在安陸十年論略》放在前面去的。就全體而言，我以爲本書基本上是一部資料考證著作。可以看出，作者們努力吸取了李白研究的已有成果，特別是近年來的新成果，並由此出發，作了新的開拓。如本書接受李白兩次入長安的說法，但認爲初入長安是在開元十九年春至二十年秋，以證成李白詩「離居在咸陽，三見秦草綠」之說。這就較現有的幾家說法合理。又如認爲李白詩中的「淮南」一詞不專指淮南道治所的揚州，也較妥帖。其他如考證「群督馬公」爲馬正會，考證長安紫極宮的設置，考證任華、李邕的生平，都極精細，有新見。李白第一次離長安的路線，書中認爲是出子午谷，登太白山，循漢水東下，學術界對此可能有不同意見，但此說仍有參考價值，作者提供的材料和作出的推論是能給人以啓發的。

李白在安陸的十年，對李白來說是一個很重要的階段。這時李白是二十七歲到三十六歲，是他的思想形成和創作發展的一個關鍵時期。第一次入長安就發生在這一時期，他與社會各方面人士的接觸，和一些著名詩人的交往，也都在這一時期。在這一時期中，他又以安陸爲中心，漫游南北一些地方，使他對開元盛世以及潛藏著的社會矛盾有了具體的感受。這對他下一階段的發展無疑是很重要的。本書正是以李白生平中這一重要時期爲中心內容，展開論述和考證，這對於整個李白研究來說，應當說是一個促進，就唐代文學研究來說，我們是歡迎他們所作出的貢獻的。

近十年來，李白的研究有很大的進展。與杜甫研究相比較，問世的論文和專著可能比杜甫的少，但就創獲來說，我個人以爲李白的研究是領先的。不管是論述李白的思想和藝術，還是考證李白的事跡，都有顯著的、使人一新耳目的成就。但李白確實是一個非常複雜的作家，他的思想尤其複雜。我以爲，不了解李白的思想，就不可能眞正認識他的詩歌的藝術價值。研究李白，包括研究他的思想，有所謂宏觀和微觀兩法。照時下的傾向來看，似乎宏觀研究更易爲人所重視，更使人感興趣。但我以爲，對某些複雜的歷史現象，有時只有把範圍加以縮小後，研究才可更爲深入，而宏觀也才會更有基礎。具體來說，研究李白的思想，我認爲首先要做的，一是作品眞僞的辨析，二是作品年代的論斷。有些論文看起來說得頭頭是道，但所依據的作品乃出於後人依托，這就大大影響論述的科學性。這一點過去已有一些文章論及，這裡就不多說，我想著重說說作品斷代（或繫年）的問題。

斷代是歷史研究的一種很重要的方法。有時，它還是某門學科取得突破性進展的標誌。我們可以舉兩個例子。甲骨文自上個世紀被發現以來，一直爲中外研究者所矚目，收集、摹印、考釋的著作陸續問世，這些著作都有它們的貢獻。但眞正可以利用甲骨文字來有效地探索商代社會的發展和文化的演進，就只有先將它們分期。王國維的《殷卜辭中所見先公先王考》在甲骨學上的貢獻，不僅僅在於他對於父甲、父庚、父辛等具體人稱的考定，而在於他開創了這一科學方法。後來郭沫若也正是進一步發展了甲骨文字的斷代學，用之於商代社會的全面研究，就爲科學的商代歷史研究奠定了基礎。又如作爲中國考古學前身的金石學，在北宋時代已經產生，當時出現了一些古器物和古文字的金石圖譜。呂大臨在《考古圖》的序中說：「觀其器，誦其言，形容仿彿，以追三代之遺風，如見其人矣。」這幾句話很有代表性，可以見出當時金石學家摹印或拓印，很大部分是出於一種懷古的情緒和藝術上的愛好。只有到了近代，才把兩周青銅器銘文眞正當作歷史研究的史料來看待，也正是郭沫若的《兩周金文辭大系圖錄考釋》在這方面作出了重大的貢獻，這就是把存世的重要青銅器作了系統的斷代區分。沿著這個方向而更有所進展的還有陳夢家、唐蘭等先生。由於對銘文作了斷代分期，就使這些古器物和銘刻文字成爲可以依據、可以利用的史料。王國維曾就對待古器物釋字的兩種偏向發表過議論，他說：「自來釋古器者，欲就無一字之不識，無一義之不通，而穿鑿附會之說以生。穿鑿附會者，非也；謂其字之不可識，義之不可通，而遂置之者，亦非也。」（《毛公鼎考釋・序》）王國維講的是釋字，我覺得也可移來用於論斷代。說每一甲骨，每一銘刻文字，或每一篇詩文作品，都可以確定年代，會流於穿鑿附會；但如果說，都不可斷代分期，從而不去進行這方面的工作，那也是錯的，因爲這就根本談不上起碼的歷史研究。

我覺得，我們之所以要研究李白作品的年代分期，就是要恢復李白的本來面目。譬如，李白倒底是體現了盛唐氣象呢，還是主要反映了由盛入衰之象；李白的成就主要是前期還是後期。這些，都要依靠準確考訂而能確認其時代的作品作爲依據。有些文章認爲李白的特點，是在天寶三載離長安以後形成的，以此分李白創作的前後期，並舉出《將進酒》、《行路難》、《蜀道難》等作爲後期的代表來論述李白的思想。但根據本書的考證，《將進酒》、《行路難》、《蜀道難》幾篇都是開元時的作品，是他第一次入長安離開後所作。這倒並不是本書作者第一次提出，他們是吸取近年來學術界的成果並進一步加以論證、發揮的。如果這樣，那末說李白前期沒有什麼值得稱道的作品，就缺乏根據了。《將進酒》等幾篇的準確繫年，在很大程度上將決定對李白思想和藝術的論斷。因此，我認爲，目前李白研究，應當投入相當一部份人力放在繫年上，這看起來似是瑣屑的微觀工夫，但離開了它，宏觀將何所憑依呢？

從這一點看，《李白在安陸》一書的意義就更爲顯然。本書把李白在這十年中的作品儘可能繫年，並對相應的事跡作了考索。其中可能還有不夠確切或甚至失實之處，但這一步是必需要邁出的。如果將李白足跡所到之處，各有關機構或研究者都能像安陸人那樣做，那末合起來就將是一部很可觀的《李白詩文繫年》了。這項工作做好了，我們也就會有一部詳贍可靠的《李白傳》。

最後，我還有一個希望，希望安陸人發揮地方的優勢，把安陸這一地區在唐代的經濟和文化作較爲深入的研究，把這一地區的歷史文化背景搞得更清楚些，由此再來研究李白的活動。這將會使研究更加豐富，也將會使我們看到一個活的李白。我想，這或許將成爲《李白在安陸》續篇的一個內容吧。

一九八六年六月

吳汝煜《唐五代人交往詩索引》序

吳汝煜先生在本書的《前言》中提到我爲《唐五代人物傳記資料綜合索引》所作的序言中說過的幾句話。我在那篇序的最後一段寫道，儘管這部《唐五代人物傳記資料綜合索引》收了八十多種書，書的範圍包括正史、唐代的兩部詩文總集以及唐人選唐詩、各種題名錄、年表、書目、書畫譜、五代十國別史、宋元方志、僧傳與釋氏書目錄等，但如果要全面查閱唐五代人物的事跡，這部索引收錄的範圍就要大大擴大。在舉例中我提到「《全唐詩》中詩篇提到的人名，也都應考慮輯入」。我說，如果把這些材料都加彙聚，並予以合理的安排，那末，我們就將有一個網羅全局的唐代人物的材料庫。汝煜先生一再說，他之編纂這部《唐五代人交往詩索引》，是受到我上述這一構想的啓發。這當然是他的謙詞。因爲我當初雖然說了這些，但腦子裡其實是很朦朧的，而且我以爲未必有人願意來做這樣的事。現在這部一百三十餘萬字的索引編出來了，它爲我們展示了唐五代人物通過詩作而進行的文學活動以及各種社會聯繫的具體而生動的圖景，它所達到的實際成就，已經不限於查找人物交往，也不限於訂正某些史實錯誤，它使我們從一個很有意義的側面觀察到那個社會，使我們對唐代詩歌據以發展的文化環境有進一步切實的了解。汝煜先生和其他幾位參預本書編纂工作的先生，他們的實踐已經大大超過了我原來的很不具體的設想。我想信，正如我在上述的那篇序言中所說的，他們的工作「必將受到唐史和唐代文學研究者的歡迎和感激」。

我之所以說未必有人願意來做這樣的事，不是沒有根據的。尤其是近些年來，這種編製索引的工作可以說受到內外兩方面的夾擠。所謂內，是當前學術界中一些相當流行的看法，即相當一部分人看不起搞資料工作，看不起對具體歷史事實的考證和研究，他們認爲史學危機、古典文學研究危機也就在這裡。既然如此，則比起資料整理、史事考證來技術性更加突出的索引編製，就更等而下之了。所謂外，是出版界中一種越來越強烈的追求經濟效益的傾向。在我們這個改革、開放的時代，出版界要改變過去單一的產品經濟模式，參加到商品經濟的行列中去，因而重視經營中的經濟效益，這不但無可厚非，而且也是應該的。但是在我們現在，各種關係還沒有完全理順，出版社迫於各種現實利益的考慮，肯定會減去不少市場銷售不甚理想的書稿，而在這種情況下，專業性較強的索引書稿必然會在首先「整肅」之列。

這種情況是大家都看得到的，也是很多人感到不滿意的。但這是現實，而且可能短時期內不大會有改變。那麼出路何在呢？

我認爲出路還在於我們自身。首先我們自己要有一個信念，我們做的是文化積累的工作。我們雖然沒有必要拿二千多年前太史公那句「藏之名山」的嘉言來作爲立身的守則，但確實要有對自己工作的一種信心。在這裡，我認爲對資料工作要有一個正確的認識。在過去一個長時期中，對歷史研究，包括文學史研究，過於強調對揭示歷史規律的要求，殊不知在學術研究中要發現或揭示規律，需要有多少的積累，要進行多少具體的研究。在未取得許多的具體成果之前，所謂揭示規律，只不過是可望而不可即的「遠景」，解決不了實際存在的任何一個問題。而在過去那種空闊的要求下，具體歷史過程敘述和研究被忽略了。我感到，我們現在，對文學史上的好些情況，一般的談談是可以的，但如果要求你把發展的具體過程和某些必要的細節，清清楚楚地、有根有據地說出來，有時是會不知所措的。研究歷史，一個必不可缺的基礎和條件，就是首先要弄清事實。這似乎是最簡單不過的道理，但遺憾的是，對此我們過去是相當漠視的。爲什麼會這樣呢？可以說出不少原因，不過我想，從研究本身來說，弄清事實是一件很難的事，不容易在短期內見成效，這可能是一個重要原因。歷史上的事實已經消失了，它只有靠文獻記載下來，而各種記載可能彼此歧異，又可能有缺編，有些更可能會有掩飾、僞造，這就需要廣搜博討，爬梳抉剔，把錯綜複雜、千頭萬緒的事實，具體地理清楚，這實在是一件艱苦細致、窮年累月的差使。在當前講究「短期效益」的走勢中，更不容易做到。但就學術工作的整體來說，這又是非做不可的。我們應當把眼光放遠一點。學術上的一些基本工作，是不應該受什麼「熱」的影響的，比起轟轟烈烈的什麼「熱」來，它確是比較冷。但「熱」又怎麼樣呢？清朝的阮元在爲江藩的《漢學師承記》所寫的序言中，提到當時的一種學術風氣，叫做「朝立一說，暮成宗主」。這確乎很熱了，但結果又是怎樣呢？我覺得我們應當提倡這樣一種學術品格，那就是捨易就難，捨熱就冷。看到汝煜先生在本書《前言》中所寫的工作中種種困難及如何克服困難等情況，我很有同感，也受到鼓舞，我覺得這是我們古典文學研究在踏踏實實地前進的很好的例子，也是古典文學界必然會取得更大成果的跡象。

對於出路的第二個想法，是在競爭中力求高質量。可以預計到，在今後一段時期內，出版競爭會是相當激烈的。學術工作不得不參加到這個競爭的機制中去。出版界的一個叫得很響的口號是社會效益與經濟效益的統一。這是一個「理想王國」，實際上恐怕是很難達到的，而且所謂統一，標準又是什麼呢？也很難有一個確定的可以測量的標誌。根據目前我們的經濟水平和文化條件，學術著作的出版要達到這個統一，恐怕是極少極少的，於是不得已而求其次，叫做社會效益好經濟效益差，也要出，這就要量力而行了。因爲所謂經濟效益差，就是賠錢，不過我們發明的術語多，能說得高雅一些。出版社不能老賠錢，這就要選擇了。這裡就會有種種門道。當然，不能保證在這之中不會出現歪門邪道，但從總體來說，質量高的總歸會占上風。可以說，以學術著作而言，今後相當長時期內，將是彼此間的質量競爭，優勝劣敗也將會起支配作用。對於這種競爭的形勢，我們要有所準備，我們要隨時調整本身的結構來適應這一客觀現實，力使自己的成果通過競爭得以社會化。

以上兩點，是我從本書的編纂所想到的。由本書所取得的成就，我更覺得這兩點想法有一定的現實依據。使我驚異的，是編纂者竟如此廣泛地吸收已往的和當今的學術成果，並通過自己的探索，提出和解決了那麼多的具體問題。這使我進一步堅信，索引和資料工作確是學術研究的一部分。編製索引和整理資料，是學術事業中的服務性行業，它有著強烈的利他的性質。但是它要服務得好，其本身必須具有一定的學術深度，從事這項工作的人本身即是具有較高學術素養的研究者。這使我想起三十年代至四十年代在我國古籍索引事業上作出很大貢獻的燕京哈佛學社引得編纂處。這個引得編纂處，在不過二十幾年的時間，竟編纂、出版了包括經、史、子、集各種引得六十四種共八十一冊，其中不少種在運用科學方法編製古籍索引方面具有開創性質，有很高的學術價值，而主持者洪業先生所寫的長達數萬言的《禮記引得序》，後來得到法國銘文學院的贊賞和推許，獲得了一九三七年度巴黎贈予的茹連安獎金。他的另一篇《春秋經傳引得序》竟近十萬字，簡直是一部《春秋》經傳沿革發展的學術史專著了。引得編纂處就是因爲他們的嚴格追求學術性而站住腳跟，在中國近代文化史上占有一席之地。

據王鍾翰先生所寫的回憶文章《洪煨蓮先生與引得編纂處》（《學林漫錄》第八集，中華書局一九八三年四月版），當時在引得編纂處工作的，除主任洪業先生外，只不過編輯三人，經理一人，抄錄員五人，後來增設校印所，即把印刷機械也包括進去，總共也不過十五人。但他們竟出了這麼多高質量的工具書，平均每年出版二、三種三、四冊。王鍾翰先生的文章曾總結引得編纂處成功的經驗，概括起來爲六個字：有錢、有人、有責。也就是有一筆固定的經費，專款專用；善於吸收和識拔有專長、有事業心的人材，象聶崇岐、翁獨健、周一良等著名學者都曾在引得編纂處工作過，從中受到良好的培育；各司其職，責任明確，權力下放，發揮主動性。這樣的經驗是很吸引人的，我們現在有些做得到，有些還做不到。即以第一項而論，汝煜先生他們就不免略遜，以致他們要印研究成果《交游考》，還得另外申請經費，爭取在《徐州師院學報》另闢增刊來加以解決（附帶說一句，《交游考》最好與《索引》合在一起印，成爲一部書，以便對使用者對照閱讀，正好像考古發掘報告與研究同編爲一書那樣）。

汝煜先生與我分處南北，我還未能通閱索引的全稿，但他與可先君合寫的《全唐詩人名考》（《徐州師院學報》一九八七年第四期、一九八八年第一期），我是細心閱讀了的。除少數略可商榷外，其他絕大部份都有助於對唐代詩人事跡的考證。我相信，誰要閱讀《全唐詩》，誰要查考唐五代人的生平事跡，進而言之，誰要了解唐五代人通過詩作而進行的各種社會活動，是不能繞過這部索引和這部考證的。我們的唐代文學研究如果有十部、二十部這樣的著作，那麼我們整個研究的水平就會有顯著的提高。我們實在需要有這樣勤懇的耕耘者。我相信，讀者今後在查閱書中每一個人物、每一首詩篇的時候，是會想到編纂者的辛勤的。對於學術工作者來說，還有比這更令人欣慰的嗎？

一九八八年夏於北京

吳汝煜胡可先《全唐詩人名考》序

一九八八年夏，吳汝煜先生的《唐五代人交往詩索引》脫稿，並交付上海古籍出版社之際，我曾應他之約，爲這百餘萬字的書稿寫了篇序言。在那篇序言中，我曾對當時剛開始不久的學術著作出版難的問題發表了一些看法。老實說，那時我對出版難的問題雖有所感覺，但感覺並不嚴重，而且對克服困難的信心還是很強的，因此提出作爲我們研究者自身如何提高著作質量，以求在競爭中取勝。我想，我們許多古典文學的研究者是準備獻身於我們所從事的這一項事業的，而作爲古典文學研究本身，卻遠不是致富入仕的門徑。陶淵明早就說過，「量力守故轍，豈不寒與飢」，似乎注定是一條清貧的道路。但他老人家也一再地說：「介焉安其業，所樂非窮通」，「豈無他好，樂是幽居」。我想，這是包括汝煜先生在內的我們許多古典文學研究者的素願。正因爲此，當索引稿完成之後，汝煜先生又約胡可先君，利用索引的成果，又開始一項更爲艱苦也更爲深入的工程，這就是這部《全唐詩人名考》。但與此同時，出版難的問題也更進一步發展了。時到如今，已不是我一九八八年所寫的在質量上提高、於競爭中取勝的問題，而在一定程度上說，似乎能否達到出版，或能否有較多的印數，是與質量無關的，而且有時越是質量高的書稿卻越不易於出版。兩千多年前的宋玉所說的陽春白雪、和者蓋寡，想不到在今天倒眞的印證了。現在，汝煜先生身患重病，我見到江蘇教育出版社排印出來的這部《人名考》的校樣，眞不禁感慨系之。江蘇教育出版社出版此書是要負擔經濟虧損的，我們要向他們表示衷心的感謝，他們做了一件大好事。但我希望，我們以後不要再有因著者病重才開始安排出版這樣使人聯想很多的情況出現。說到底，我對我們的出版事業以及整個學術文化事業仍抱樂觀的態度，我堅信有悠久歷史文化傳統的中華民族，肯定能在改革開放的新時期中，把我們的國家建設好，把我們偉大的古代文化精華注入於有生命力的現代文化之中，開出璀璨的花朵，結出豐碩的果實。目前的困難終歸是暫時的，我們，包括學術工作者和出版工作者，仍要努力工作，爲我們共同的美好前景作出我們自已的那怕微末一點的貢獻。

在唐代人物考證中，清代學者做了不少工作。徐松的《登科記考》，趙鉞、勞格的《唐尚書省郎官石柱題名考》，勞格的《唐御史臺精舍題名考》與《讀書雜識》，沈炳震的《新唐書宰相世系表訂譌》等等，是綜合性的考索，另有幾部著名的別集注本，也都分別考查出不少詩文中提到的人名。但在這方面眞正對我們有所啓發，並奠定人物考證基礎的，是近現代兩位大學者，那就是陳寅恪先生與岑仲勉先生。陳先生有幾篇很精的考證著作，但總的說來，他是以一定的理論體系來統攝全局見長的，有些史學史著作把他歸之於史料學派，並不確切。關於這點，我曾有《一種文化史的批評——兼談陳寅恪的古典文學研究》談了一些個人的看法（刊《中國文化》創刊號，一九八九年十二月）。岑仲勉先生則可以說傾其主要精力用於唐代人物與史事的考證，在這方面，他創獲最多，現今可資利用者也最多。他們兩位都是史學家，很奇怪的是，後起的史學工作者，卻並未繼續他們的工作。無論是研究歷史或研究古典文學的人，所著重研討的差不多都是大問題，而視資料的搜尋考訂爲瑣屑餖飣。一九七八年以後，唐代文學研究呈全面繁榮局面，有幾部理論研究的專著問世，爲人矚目，同時又有更多的考證專書與論文，而這些考證之作，往往涉足文與史兩個領域，並不純粹是文學研究，但從事於斯的差不多都是古典文學研究者，幾乎沒有專業的史學研究者，這倒是近十年來唐代研究中值得思考的現象。

一門學問，越是發展，就越是要綜合，要及時概括已有的成果，以便使這些成果有效地傳達給同行，使他們從已有的基點出發更向前沿伸，而不要在原來的水平上重複已知的結論。正因爲此，我在一九八二年西安的全國唐代文學學會成立的會議上，建議編印《唐代文學研究年鑑》，集合研究者的共同努力，逐年把研究成果記錄下來。這一建議爲學會所接受，而《年鑑》遂主要由陝西師範大學教授霍松林先生與我負責，從一九八二年按年出版，現在已出到一九八七年。現在，汝煜先生與可先君的這部《人名考》，其中一部分也是做這方面的工作。他們把自清代迄今的有關唐代文史方面的學術論著逐一翻檢，廣泛搜集已有的唐詩人名考訂的成果。書前所列的《編號表》，就是他們所搜得的以往成果的目錄。可以看出，其中除少數爲清人及陳、岑兩位前輩著作外，絕大部分是最近十年來的新著，而這些新著，大多數又出於中青年學者之手。我深深地感覺到我們唐代文學研究基礎的深厚，也欽佩吳、胡兩位爲此付出辛勤的勞動。他們細心地把發表於各地報刊上的論文收集起來，研究它們的論點，肯定它們的成果，吸收到考訂中去，並一一加以注明。這種求實的、充分尊重別人勞動的學風是我們學術文化中的優良傳統。我們多麼需要這種造福於他人的踏踏實實的工作。

本書在積累已有成果的同時，還上溯唐宋時的衆多史籍，獨立進行研索。據《前言》統計，書中共搜輯他人成果約三四四〇餘人次，自己考出的人名約三八六〇餘人次，合起來總數約七三〇〇餘人次。這些考訂，部分曾發表於《徐州師院學報》，我已陸續拜讀過，得益不少，有些問題也與作者討論過。這次又讀了排印出來的部份校樣，更感到這確是一部切實有用、使大家都會受益的好書，也感到作者在治學態度上給人以不少啓發之處。

書中不僅對衆多的以行第、別稱、官職、謚號相稱的人物考出其本名，而且也連帶地指出《全唐詩》的錯訛。如張九齡《和黃門盧侍御詠竹》，考出侍御爲侍郎之誤；張說《節義太子楊妃挽歌二首》，考明節義爲節愍之誤。凡有確鑿根據的，作者並不依違兩可，而是明確斷定是非。如沈佺期《李員外秦援宅觀妓》，考訂中引用《舊唐書·中宗紀》、《通鑑考異》引《紀聞》、《通鑑》胡注引《舊唐書》，指出當時任補闕、考功員外郎者有李秦授，而無李秦援；又引勞格《郎官考》所引《沈雲卿集》之同一詩題，亦作李秦授，又引《太平廣記》等的記載，並參以岑仲勉《郎官石柱題名新考訂》，然後作出「是李秦援爲李秦授之誤無疑」的明確結論。另外有些地方，雖有旁證，卻未能達到確證程度者，作者並不遽下斷語，而是僅指出可疑之點，示人以繼續研討的餘地。如張說《贈工部尚書馮公挽歌三首》，疑此馮公爲馮元常，據新舊《唐書》的《馮元常傳》所載事跡與詩中所述相對勘，謂均相合，但作者以爲「唯其贈官工部尚書，史不載，俟考」。又如沈佺期《李舍人山園送龐邵》，疑此李舍人爲李嶠，據《舊唐書》本傳，嶠曾由潤州司馬詔入，轉鳳閣舍人，又引嚴耕望《唐僕尚丞郎表》，李嶠於神通元年閏十月以鳳閣舍人知天侍，則李嶠曾任鳳閣舍人是肯定的。但沈詩中僅稱李舍人，當時李姓任舍人之職者是否僅李嶠一人，而舍人之職稱除鳳閣外還有其他，故詩中之李舍人是否即爲李嶠，尚未可必，作者仍以「疑爲」表明自己的意向。我覺得這種審慎的態度是值得提倡的。近些年來，古典文學研究中考證之風頗盛，這對於整個研究來說是有益的，但有些考證之作，所持的證據尚不足，就以全稱判斷肯定是非，強爲立說，譽爲創見，這使我想起王國維爲容庚《金文編》所作序中的一段話，他說：

孔子曰「多聞闕義」，又曰「君子於其所不知，蓋闕如也」。許叔重撰《說文解字》，竊取此義，於文字之形聲義有所不知者皆注云闕。至晉荀勖寫定《穆天子傳》，於古文之不可識者，但如其字，以隸寫之，猶此志也。宋劉原父、楊南仲輩釋古彝器，亦用此法。自王楚、王俅、薛尚功之書出，每器必有釋文，雖字之絕不可識者，亦必附會穿鑿以釋之，甚失古人闕義之旨。

王國維認爲闕義之說，「蓋爲一切學問言」，這話是有道理的。搞考證，其弊有時倒不在下不了結論，而是如王國維所說，雖「絕不可釋者」，也「必附會穿鑿以釋之」。我想，我們搞考證的人要盡力克服或避免這種毛病。

我還是想到了陶淵明的另一首詩：「人之所寶，尚或未珍。不有同愛，云胡以親？我求良友，實艱懷人。歡心孔洽，棟宇惟鄰」（《答龐參軍》）。我與吳汝煜先生第一次見面，是一九八四年冬在廈門，那時中華書局爲組織編寫《中國文學家大辭典》，邀約部份專家學者，在廈門大學開會商議。我們面對遠方的水天一色，暢敘文學研究中的一些問題，有共同的愛好和志趣。但他在徐州，我在北京，除了幾次參加學術會議，很少見面，比起陶詩所說的「棟宇惟鄰」來，相差實遠。但書信是不斷的，他給我的信總是那麼謙遜、周詳。現在他積勞成疾，以後要編寫這樣的著作恐怕是很難的了。什麼時候我又能爲汝煜先生的新著，作我所能作的一篇小序呢？默誦「我求良友，實艱懷人」，我實已難以爲言。

一九九〇年一月廿七日，庚午年初旦

孫映逵《唐才子傳校注》序

我與映逵君，就古典文學研究來說，是同行，就對《唐才子傳》一書的整理來說，又曾是合作者，——由我承乏主編的《唐才子傳校箋》，映逵君除了撰寫岑參傳的箋證外，還承擔了全書的校勘工作，正如我在該書的前言中所說的，由於映逵君的細心校閱，使得這部書在文字方面有一個扎實的依據。由中華書局出版的共四冊《唐才子傳校箋》，是集國內有關專家之力協作完成的，因爲要對書中將近四百位詩家傳記作箋證，無異是對絕大多數知名的唐五代文學作家考索其生平事跡，提供其基本線索。這是一項大工程，根據我們現有的學術狀況，靠一個人的力量要在短期內完成是不可能的。我的本意，是想通過箋證，總結和體現我國唐代文學研究界長期以來所進行的關於詩人傳記研究的成果，顯示唐代文學研究在一個方面所達到的水平，而這種水平是應該得到國內外學術界所公認的；這同時也是我們研究的一個新起點，希望今後唐代文學研究更有一個材料上的堅實基礎。

與此同時，映逵君又獨立進行了對《唐才子傳》的校勘、注釋、補錄和輯評，在全稿完成、交付出版之際，他要求我寫一篇序言。前面說過，作爲同行和合作者，我當然是義不容辭，但面對映逵君以過人的毅力和辛勞，本該由群體來作而卻由他一人畢功的這部著作，我覺得他人的任何序言都是多餘的了，他爲這部唐代文學著名文獻所作出的業績已經足夠說明，撰著者在學術領域中是怎樣的一位勤奮的追求者。不過我還是想借此機會，談談我對一些問題的看法。

由於我所從事的工作的繁雜，又由於我即將去國外進行一段時間的學術訪問，限於時間，我不能通讀全稿。就我所讀過的，我覺得映逵君所作的工作是切實的，對於一般願意深入了解唐五代詩人及其作品藝術風貌的讀者來說，這本書十分有用。校勘細致而不繁瑣；注釋、補錄簡明確切，對前人記述的疏誤所作的糾謬補缺，時有勝義；輯評部份著重搜採後世的一些有代表性的評論，似更切合原書的特點。這使我想起一九八四年十二月，我與中華書局文學編輯室同人在一起，因爲著手編纂一部大型的工具書——《中國文學家大辭典》，商得廈門大學中文系的同意，邀請有關的研究者在廈門開會。會議期間，我與徐州師範學院吳汝煜先生談起爲《唐才子傳》作箋證事，我說箋證可以分頭寫，而校勘只能一個人作，我自已來作不免費時費事，不易見效，頗以簡選合適的人選爲難。當時汝煜先生就向我介紹了映逵君。吳汝煜先生我是先讀了他的文章，然後才認識的。我們在廈門是頭一次見面，一見之下，我感到他眞是一位恂達君子，文如其人。由於他推薦介紹，我也就信賴了映逵君。後又聽說孫望先生是映逵君的研究生導師，而孫先生則是我素所敬重的學術前輩。每一次我因事路過南京，去看望他，都有如坐春風之感。前些年孫先生結集他的舊作，題爲《蝸叟雜稿》出版，書前題記的結束語特地寫上這樣一段話：「本集所涉及到的幾個問題，就我所知，都已有學者專家繼續作出了深入的卓有成果的研究，如段熙仲先生著《古鏡記的作者及其他》，王運熙先生著《元結篋中集和唐代中期詩歌的復古潮流》，傅璇琮先生著《韋應物繫年考證》和卞孝萱先生著《元稹年譜》等便是。這些學術著作，其中很多論點與考證足以訂正拙文存在的缺失與錯誤，覽者倘分別閱讀各位專家的論著，自能發現，恕我不再在此一一加以說明了。」在自己的著作集中一一指出別人論著的長處，加以贊譽，並請讀者與己之所作加以比較，這種學術上的坦誠與謙虛，眞如光風霽月，何等感人！我深深覺得，老一輩學者傳給我們的，不止是術業，更重要的是學風。後來在接觸了映逵君之後，我也確實感到，他無論爲人和做學問，也眞象孫先生，樸質、敦厚，腳踏實地地耕耘著自己的那一塊土地，而終於有所收成。

我後來就把《唐才子傳》全書的校勘托付給他。他很快寫了校勘凡例給我，掌握情況非常全面，版本源流講得清清楚楚。但後來實際做起來卻並不快，其間我又把中國科學院所藏的日本汲古書院影印內閣文庫藏本（「五山版」）複印了一份給他，他又重校了一遍。這些都可見出他的認眞和審愼。我現在常常感到，我們研究中國古代學問，掌握理論當然是不可少的，吸收一些新方法也是需要的，但我們還應立足於我們自己的學術土壤，要有傳統的治學方法的訓練，這是一種基本功。校勘就是這種基本功之一，而目前恐怕是很不爲人所看重的：不但不看重，大有鄙夷不屑一顧的樣子。且不說清代學者段玉裁的那句名言：「必先定其底本之是非，而後可斷其立說之是非。」（《與諸同志論校書之難》）我們只要粗略的算一下，從兩宋的余靖《漢書刊誤》、岳珂《刊九經三傳沿革例》、方崧卿《韓集舉正》等書起，一直到清代以至近現代，前人曾撰寫了多少學有根柢的校勘專著，這些專著的校勘實例以及總結出的校勘理論，我認爲其意義不僅僅是對古書某些字句的校誤補缺，而是學術史上長期積累形成的一種求實學風。南宋人彭叔夏在其《文苑英華辨證》的自序中說：

叔夏嘗聞太師益公先生（按指周必大）之言曰：「校書之法，實事是正，多聞缺疑。」叔夏年十二三時，手鈔太祖皇帝實錄，其間云：「興衰治□之源。」缺一字，意謂必是「治亂」。後得善本，乃作「治忽」。三折肱爲良醫，信知書不可以意輕改。

《文苑英華辨證》是我國古代的一部校勘名著，它通過分類實例的辨析而得出的某些概括，已不限於校勘學，「實事是正，多聞缺疑」，對於作學問，特別是有志於搞中國古代學問的中青年學者，仍然是有啓發的。目下新說迭起，引人注目，我希望不要因此而把我們固有的經過歷史考驗的好的治學方法丟棄了。映逵君在《唐才子傳》校勘上所作的，就是老老實實的學問，它們決非屬於如有些人很喜歡說的將被「更新」之列的。

我在爲《韻文學刊》第一期所寫的《創刊詞》中曾提到陳寅恪先生的一篇文章（《朱延豐突厥通考序》，載《寒柳堂集》）。三十年代初，朱延豐就讀於清華大學研究院時，曾將其所著《突厥通考》請陳寅恪先生審正。當時陳先生對他說：「此文資料疑尚未備，論斷或猶可商，請俟十年增改之後，出以與世相見，則如率精銳之卒，摧毀敵陣，可無敵於中原矣。」這裡可以見出前輩學者對後輩的嚴格要求，而且可以感到他們對著述一事是如何的審愼。「十年磨一劍」，這本來就是中國古來創作和著述極端謹嚴的傳統學風。我個人認爲，我們現在應該以這這種謹嚴的學風大力開展專書的研究。中國古代文學中像《唐才子傳》那樣有文獻價值的專書是不少的，對於這些專書，需要我們化實實在在的功夫一個一個地加以整理和研究。感想式地或者掇拾一些新名詞糊弄一番，是無濟於事的。它們經不起時間的考驗，也無益於眞正的學術事業。我始終認爲，中國古典文學固然有悠久的歷史，中國古典文學的研究同樣有著悠久的歷史；我們需要有中國文學創作史的著作，同樣需要有中國文學研究史的著作。我們應從學術史的角度對中國文學的發展作歷史的審視，這樣可能對文學史的研究提供值得借鑒的學術背景。也就是說，要開展對研究的研究。這樣的一種研究過去是被人們忽視的，今後可能會提到日程上來。如果我們對每一歷史時期研究的概況進行具體切實的研究，譬如說，每一時期對前代文學的研究提出了哪些問題，解決了哪些問題，這一時期又產生過哪些有貢獻的學者和著作，這些人和書在整個研究史中的地位如何，一定時期的研究風氣又是如何，有哪些成就和不足。如果我們這樣來進行工作，就會大大豐富文學史研究的內容，開闊研究者的視野，從而開啓後學者的心智。而要進行這樣的學術史研究，就要有專書的整理和研究作爲基礎。我曾經在另外的地方寫過，專書研究是最能考驗著作者的功底的，這也是提高我們整體研究的有效途徑。在提倡學術史研究的今天，那末像映逵君所作的《唐才子傳》校勘，注釋、補錄、輯評那樣的工作，學術界會是多麼需要，不是可以看得更加清楚嗎？映逵君正富年華，他定能率精銳之卒，再次開闢新的疆場，這或許也是我這篇短序所寄寓的一個小小的期望。

一九八七年九月廿四日北京

任國緒《盧照鄰集編年箋注》序

新時期十年中，我國古典文學的研究取得了令人注目的成就。但是，今天還有不少人對研究的現狀表示不滿，應當說，這種不滿意或不滿足的心情是正常的，問題在於對如何改進現狀，似乎有不同的看法。有的人認爲古典文學研究存在著危機，這種危機就是不少研究者思想陳舊，觀念落後；有的認爲古典文學研究過去老是陷於對一些具體作家作品的考證、論述，而缺乏對發展總體的把握和規律性的探討，因而強調進行宏觀研究；有的認爲古典文學研究在方法論上存在較大的缺陷，過去舊的一套已顯得單調保守，應當吸收自然科學研究成果，並引進外來的某些文學觀念。我覺得，不管各種具體意見的是非如何，這種討論本身是値得贊許的，它說明我們許多古典文學的研究和教學工作者的一種學術上的自覺，他們要求對這一有古老傳統的學科進行一次眞正有科學意義的反省，希望我們整個古典文學研究能與現當代文學研究、藝術和美學理論研究，以及哲學、歷史學等學科的研究取得平衡的發展，也就是說，古典文學研究應當對我們整個人文科學的研究作出貢獻，而不應該不諧調地落在後面。

在討論中，我和中國社會科學院文學研究所沈玉成先生、北京大學古文獻研究所倪其心教授，合寫了一篇文章，表示了我們的看法，這就是發表在一九八七年第五期《文學評論》上題爲《談古典文學研究的結構問題》一文。我們認爲，古典文學研究中除了觀念、方法等問題之外，還有一個問題必須重視和解決，這就是研究工作的結構存在著不合理的現象，這種情況的長期存在嚴重地影響了研究水平的總體提高。近半個世紀中，我們的研究大致有這樣兩種偏向，一是一窩蜂，看什麼問題熱鬧，行情看漲就往那裡跑，這樣就在幾個少數熱門上聚集不少力量，而很多應該研究的問題則無人問津，形成不少冷門。二是一般性的論述多，而需要大量搜集資料、深入鑽研，使結論跨越前人的著作少。這兩方面湊合在一起，就產生重複勞動，投入與增值失比，不少論著在低水平線上徘徊。

如何看待和改進古典文學研究的結構，當然可以知者見知，仁者見仁，各有各的看法。我始終認爲，爲了古典文學研究的長遠發展，我們極應加強基礎建設，這是各類專題研究賴以進行的基本條件，它關係到古典文學研究的發展方向，具有長遠效益。這種基礎建設，包括古典文學基本資料的整理，作家作品基本史料的輯集，基本工具書的編纂，文學通史、專史的撰著，等等，而歷代作家別集的校點、箋注、輯佚、新編就是其中重要的一項。從古典文學研究結構的整體觀念，來看任國緒君的這部《盧照鄰集編年箋注》，那末它的意義就不僅僅是對一位具體詩人作品的整理，而是體現了當今古典文學界著眼於長遠發展的一種要求。

任國緒君是一位年輕的研究者，八十年代初他在杭州大學中文系取得碩士學位，即以盧照鄰作爲研究專題，我曾有幸看過他的論文，並參與評閱。從那時起，他即鍥而不捨，對盧集逐篇作了校注，差不多化了十年的時間，始將他的積累以編年箋注的形式問世。十年的時間是不算短的。在當今講究近期效益的趨向中，爲了一部書而化費十年的時間，恐怕有不少人認爲是不值得的。這倒使我想起兩件事。一是季振宜《錢蒙叟杜工部集箋注序》，文中提到錢謙益的族曾孫錢曾（遵王）的話：「一日，（遵王）指杜詩數帙，泣謂余曰：此我牧翁箋注杜詩也，年四五十，即隨筆記錄，及年八十，始書成。」錢謙益在明末清初是以淹博見長的，他的學問面很寬，對杜詩鑽研很深，以他的資力，尚且用三四十年的時間作成一部杜集箋注，使得季振宜（滄葦）這樣一位在唐詩的纂集上化過大力氣、作出過大貢獻的專家也不得不爲之嘆服。另一件是陳寅恪先生的一個學生在清華大學研究院讀書時寫了一部《突厥通考》，就教於他的老師，陳寅恪當時對他說：「此文資料疑尚未備，論斷或猶可商，請俟十年增改之後，出以與世相見，則如率精銳之卒，摧毀敵陣，可無敵於中原矣。」（《朱延豐突厥通考序》，載《寒柳堂集》）當朱延豐的書初稿已著成之後，陳寅恪還要求他再用十年的時間加以增改，這表明這位史學大師的極爲嚴謹的學風和學術上極端負責的態度。這兩篇文章給我的印象是很深的。現在看到任國緒君的這部書，見到他這十年來的努力所獲得的成果，又使我想起前輩學者做學問的認眞精神。

我覺得，我們還應考慮到任國緒君的特殊工作條件。他在研究生畢業後即到出版社工作，不久又擔任編輯室的行政領導工作。出版社工作的繁雜是學校和研究機構無法想像的，在上班時幾乎恨不得一人生就三頭六臂，以應付各方面紛至沓來的不管你喜歡不喜歡的事情，有時眞像杜甫所寫的那樣：

「束帶發狂欲大叫，簿書何急來相仍！」（《早秋苦熱堆案相仍》）白天忙得頭昏腦脹，只有到晚間，待妻兒安頓好後才能稍稍有安靜的時光，以求得一點「時還讀我書」的餘興。我想，任國緒君就是在這樣忙裡偷閑、苦中作樂的情況下來完成這部著作的。但他還是認眞地去作，有時不惜返工。譬如他要對盧照鄰詩文進行編年，曾設想過打亂原集的次序，而且恐怕已試著做了，後來徵求我的意見，我根據我自己對李德裕詩文所作編年的經驗，勸他還是以不打亂原集的次序爲好，可在篇首的題解中詳明寫出自己的意見，他於是又重新改了過來，像現在的樣子。

在有一次關於古典文學研究的討論會上，我曾聽到一位在學校中教書的先生講起，他說，讓他開屈原研究的課，他敢開，但要他開《離騷》講解的課，就不大敢了。爲什麼呢？因爲講屈原研究，主動性在我，可講的就講，不易講的可以避開，而講解《離騷》，則是硬功夫，一字一句，繞不過去。我覺得這位先生的話很有啓發。我們現在有些人是頗有些鄙薄古籍整理的，以爲這些算不上眞正的學術研究，只有寫宏篇大論才是高層次的什麼。但根據我自己的經驗，寫洋洋上萬言的論文，似也有避實就虛的一法，有時是可以藏拙的，但要作箋注，則對不起，你可不能騰空飛躍了。比如譯外文書，你不能說好譯的就譯，不好譯的就不譯，你得硬著頭皮啃。

陳寅恪先生晚歲以十年的時間集中撰著《柳如是別傳》。他在該書第一章中曾談到他寫這部書的緣起，說抗戰時他隨校避遷昆明，一次在舊書鋪中買到常熟的茆港錢氏舊園的一顆紅豆，置之篋笥，歷二十年，「然自此遂重讀錢集，不僅借以溫舊夢，寄遐思，亦欲自驗所學之淺深也」。陳先生研治魏晉南北朝史、隋唐史、蒙古史，涉及佛學、文學、音韻學、突厥學等多種領域，而晚年在雙目失明的情況下專心於明清之際政治與文化的研討，對這個翻天覆地的大變動時代，他傾注了全部思想和感情，以成此一代巨著，這是很值得我們探究的。可以注意的是，這部書的相當多的篇幅，是以對錢（謙益）、柳（如是）詩的箋注形式出現的。他要「披尋錢柳之篇什於殘缺禁毀之餘」，得見其「孤懷遺恨」，通過對明清之際時代變亂和知識階層所作所爲的剖析，「以表彰我民族獨立之精神，自由之思想」，而這些又是從對錢柳詩的詳繁釋證而體現的。他曾說：「自來注釋詩章，可別爲二。一爲考證本事，一爲解釋詞句，質言之，前者乃考今典，即當時之事實，後者乃釋古典，即舊籍之出處。」他又認爲，「解釋古典故實，自以不能考知辭句之出處爲難」，但有時「最初出處，實不足以盡之，更須引其他非最初而有關者，以補足之，始能通解作者遺辭用意之妙」。他在《柳如是別傳》中，把古典、今典運用得純熟之極，可說已至化境。譬如書中第四章釋柳如是《西泠》詩：

西泠月照紫蘭叢，楊柳絲多待好風。小苑有香皆冉冉，新花無夢不濛濛。金吹油壁朝來見，玉作靈衣夜半逢。一樹紅梨更惆悵，分明遮向畫樓中。

作者認爲，此詩「爲詠當時西湖諸名媛而作，並自述其身世之感」。首句用李商隱《汴上送李郢之蘇州》詩「蘇小小墳今在否，紫蘭香徑與招魂」句，叢乃多數之義，指諸名媛，與下面「一樹」之指已身，相對爲文。次句「楊柳絲多待好風」乃合李商隱《無題》詩「斑騅只繫垂楊岸，何處西南待好風」兩句爲一句。「金吹」疑應作「金鞭」，「鞭」字脫落，因誤成「吹」字。《樂府詩集》卷八十五有蘇小小歌：「我乘油壁車，郎騎青驄馬。何處結同心，西陵松柏下。」「金鞭」即指「青驄馬」而言，與「油壁」一詞相聯貫。且「鞭」字平聲，於音律協調。「玉作」亦疑爲「玉佩」之誤。《九歌·大司命》「靈衣兮被被，玉佩兮陸離。」「金鞭油壁」與「玉佩靈衣」相對爲文，自極工切。「紅梨」，見李商隱《代秘書贈弘文館諸校書》詩「崇文館裡丹霜後，無限紅梨憶校書」。唐代書法家鄭虔有柿葉臨書的故事，後人即以紅梨指「男校書」之校書郎，又因薛濤有「女校書」之稱，於是又以「紅梨」比喻爲女校書，明人徐復祚《紅梨記》傳奇即其例。柳如是自比於「一樹紅梨」「遮向畫樓中」，即遮隱於畫樓之中，不欲俗人窺見之意。這樣，經過陳寅恪先生的箋釋，柳如是以高雅自許的孤潔心理就看得很清楚了。這樣的一種摭拾古典、今事，僅靠查幾本詞典工具書是做不到的。書中此類勝義可以說比比皆是，我們能說這種箋釋不是高層次的學術研究嗎？

限於時間，我未及細讀任國緒君的箋注全稿，但就瀏覽所及，我覺得國緒君的工作是認眞的，有價值的。如《中和樂九章》之四《歌南郊》「雲飛外求」一句，「外求」二字，《全唐詩》卷四一作「鳴球」。他爲了證實應作「外求」，引用了《文選》卷九楊雄的《長楊賦》及李善注，《周禮注疏》中的鄭玄注、賈公彥疏、陸德明釋文，以及《史記·封禪書》、《漢書·郊祀志》。又如《昭君怨》中「形影向金微」句，微字，《全唐詩》卷四二注云一作徽。爲了證明金微是山名，書中引用了《後漢書·耿夔傳》，還引徵了唐張仲素《秋閨思》「夢裡分明見關塞，不知何路向金微」，不僅校字，還幫助讀者進一步領會詩意。《早度分水嶺》的題解，引了《太平御覽》、《漢書·地理志》、《隋書·地理志》、《元和郡縣圖志》，以及《全唐文》中高宗的《改元總章詔》，清人徐松《登科記考》，不僅考明分水嶺的地域、還確定了詩的作年。特別是注《病梨樹賦》、《與洛陽名流朝士乞藥直書》中的注釋，引用《本草綱目》等書，證實盧照鄰長期服餌中毒，是他所謂染風疾的根本原因，很有說服力。騷體《五悲》與《釋疾文》篇幅巨大，用典浩繁，注者則一一注明用事出處，具見工力；特別是詩人寫游歷天上情景，光怪陸離，國緒君引用了不少天文律曆的書，據說他注此文時，還動手繪製了天文圖以備參考。値得稱許的是，書中還及時吸收了今人的研究成果，如注《馴鳶賦》的「彭門」，用了劉琳《華陽國志校注》的說法，注「巫峽」，採用了粟斯《唐詩故事》的記述。我這裡所舉的，只是極小一部份例子，但即使如此，讀者已可看到任國緒君是以怎樣一種執著的精神來作這部箋注的。我過去曾在一篇文章中講到過，專書的研究最能考驗一個研究者的工力，我覺得現在還應當補加一句，就是這種費時費事的研究（我是把箋注作爲研究看待的），也最能考驗出一個人的學品；只能涉足於淺流者是不足語於此的。

清朝人很有幾位在唐集的校注上下過工夫，如蔣清翊之於王勃集，陳熙晉之於駱賓王集，趙殿成之於王維集，王琦之於李白、李賀集，錢謙益、楊倫、仇兆鰲之於杜甫集，馮浩之於李商隱集，曾益之於溫庭筠集，等等。近世的學者也繼續對唐人詩文集進行研究，做出了好幾部有分量的箋注。研究工作是多方面的，既要有理論的探討，也要有基本資料的整理，後者在一定程度上說難度更大，更費時間，這是要有獻身精神的。國緒君應當說還是學術上的新手，這部編年箋注恐怕難免還有疏失。陳寅恪先生曾說過：「夫考證之業，譬諸積薪，後來者居上，自無膠守所見，一成不變之理。」（《二論李唐氏族問題》，載所著《金明館叢稿二編》）我想這部書的出版，正可提供廣泛徵求意見的機會，使之更加豐實和精密。國緒君還剛步入中年，他的學術道路還長，希望他能一本求實的精神，一步一個腳印地在古典文學研究這個既古老又年青、既能吸引人而又不免冷清的事業中開拓前進。

一九八八年七月於北京

蔣長棟《王昌齡評傳》序

蔣長棟君在湖南懷化師專中文系執教。他於一九八九—九〇年間作爲訪問學者，到北京師範大學進修，接受鄧魁英教授的指導，寫成了《王昌齡評傳》的初稿。由鄧魁英教授的推薦，蔣長棟君曾到我處，就王昌齡生平的若干問題與我交談過一次。由於時間匆促，意見的交換並不充分，但我已感到長棟君對有關材料作了細致的思考。他表示將參照這次交談，對文稿作再次修改。今年年初，鄧魁英教授特地告訴我，說長棟君的《王昌齡評傳》即將出版，希望我爲書稿寫篇序言。去年年底，今年年初，正好碰上我雜務叢集，又有幾篇必須要寫的文章得及時交出，再加上我所參加編纂的《全宋詩》，又是校樣，又是發稿，弄得我焦頭爛額，恨不得把自己一分爲三。但鄧魁英教授是我素所敬重的學友，她的踏實的學風和深厚的功底，二三十年來一直爲我所欽仰。她的囑託我是不能推辭的，於是我就抽時間斷斷續續把長棟君的這部書稿讀完，並將讀後感借這一機會寫出，至於是否符合序言的要求，在我自己確實不敢有什麼把握。

我在前些年曾提出一個建議，希望有計劃地編印一套古典作家評傳，以作爲古典文學研究的基本工程之一。我覺得要提高我們的古典文學研究水平，先要做一些扎實的工作，其中之一，是把文學史上有一定成就和影響的作家，一個一個地寫出評傳。這些年來，作家評論的文章確實已經不少，有關生平記述和考證的也有一定的數量，但我總感到，相當多的作家，他們的生平事跡，對我們許多人來說，還是若明若暗，即使研究得較多的作家，似乎熱鬧得很，但要問究竟哪些問題解決得差不多了，哪些問題還不得解決，未能解決的癥結何在，頭緒還是不大清楚的。

我總認爲，我們目前的古典文學界，還是追求表面的熱鬧多，務實的少。前一陣子討論文學史應當怎麼寫，確實很熱鬧，五花八門的意見很多，但問題是要落實：根據你的高論，能否在文學史寫作中具體運用呢？我是贊成南開大學羅宗強先生的意見的：文學史應當怎麼寫？你愛怎麼寫就怎麼寫。這確是一語透頂的話。文學史應當怎麼寫，這確實沒有一定的成法，問題是要符合文學史的實際，符合作家作品的實際。離開大批的作家作品，無論你主體意識如何超越，宏觀體系如何高妙，終究是站不住的。

因此，我認爲，我們需要一批腳踏實地做學問的人，肯下苦工夫把歷史上多少知名的作家做一翻實實在在的研究，把他們的生平及其各個環節搞清楚。我們要做到，寫出來的論點是經得起推敲的，作出來的判斷是有材料依據的。儘管以後對某一位作家的評論有何新的變化，我們所寫的基本生平輪廓是不可能推翻的。一個學科基本材料和知識的穩定，是學科發展的必需前提。可以設想，我們如果有一、二百個這樣的作家評傳，則整個古典文學研究的面貌必將大爲改觀，這樣的基本工作必將大大有助於對文學史整體進行理論概括，促進我們古典文學研究水平從資料到理論的全面提高，那也就是古典文學研究眞正繁榮局面的到來。

從這樣的一種學科發展的需要和學術背景來看長棟君的這部《王昌齡評傳》，那麼對它的長處和意義就會看得更清楚些。對於王昌齡，我於七十年代後期曾做過一些考察，寫了《王昌齡事跡考略》，後來又收入《唐代詩人叢考》，在此之後，又寫過關於其事跡新探及其《詩格》的考證文章。與此同時，國內學者近些年來對王昌齡及其作品也有一些論著發表。蔣長棟君正是充分注意到學術界的新的進展，在廣泛吸取成果的基礎上，對已有材料進行獨立的思考，而終於寫出這二十餘萬字的詳盡傳記。這是我們古典文學研究中作家評傳的新收穫，也是王昌齡生平事跡探討的一個起點。

著者的努力和貢獻是顯而易見的。有關王昌齡生平的記述確實不多，我過去曾經說過，這些材料竟是異常的少，少到幾乎無法把他的生平經歷能稍爲連貫起來，而且即使在一些已經很少的記載中，也還頗有分歧。面對這種情況，本書作者採取看來最簡單實則最可靠的辦法，即直接從詩人的作品中探求。書中不少地方，都從對作品的細心辨析中發現前人所未曾注意之處，又聯繫開元天寶時期的政治形勢，以與作品相印證，從而論證詩人的行跡與思想的發展。書中論王昌齡的河北之行，此一時期邊塞詩創作的特色，此後的河東及隴西之游對他創作思想的影響，他的兩次貶謫如何與當時上層政治鬥爭相聯繫，都有很好的論述。當然，其中對某些行跡的確定，讀者可能還會有不同的意見，但無論如何，這部評傳確實把王昌齡的一生串聯起來了，把我過去所說的「幾乎無法把他的生平經歷稍爲連貫起來」的論斷改變了。在記載、考析事跡的同時，還對評傳的作品加以系統的論述，使他的詩作的意義更加明晰，幫助讀者對評傳的各類詩有一個完整的把握。長棟君長期從事教學工作，從教學實踐中摸索出好的經驗，用之於科研領域，使得敘述更有條理，更易爲衆多的讀者所理解和接受，這也是本書的一個特色。

我稍爲感到不足的是，長棟君是湖南省黔陽縣人，長期在故鄉一帶工作，而王昌齡晚年也正好在黔陽及附近地區度過的。如書中所述，他第二次貶龍標，心緒並不悲觀頹傷，他在貶謫途中和謫居時期所寫的作品，色彩很晴朗，湘西明麗的山水定會對他的詩情有所影響。在這方面，長棟君爲什麼不鋪開來作些描寫呢？一九八六年秋，我因參加韻文學會詩學討論會，在懷化住了幾天，後又應邀去黔陽，游覽相傳爲王昌齡所住之處的芙蓉樓。黔陽縣內的青石板路面，街兩旁舊時建築的店鋪，在在引起我對兒時江南小鎮的親切回憶。在夕陽返照青山、遠望一片黛色的湘西特有景色中，我細想王昌齡當時不知是怎麼一步步來到這個地區的，後來又是如何安於這山山水水，把自己融化於自然和宇宙。我覺得，這一部份應該是長棟君可以發揮自己的優勢之所在，寫得有感情些，也可以寫得輕鬆一些的。

一九九一年四月，北京

陶敏《全唐詩人名考證》序

一九九〇年元月，我曾爲吳汝煜、胡可先君的《全唐詩人名考》作序，現在，在一年稍多幾個月之後，我又爲陶敏君的這部《全唐詩人名考證》作序。爲這兩部性質相近而各有特色的著作的出版，能盡我的一點微力，表達我對著者的欽佩之情，並以這兩篇短序來表示我對他們辛勤勞作的謝意，我覺得這是我的榮幸。

吳、胡兩位的《全唐詩人名考》約六十餘萬字，陶敏君的這部《全唐詩人名考證》八十餘萬字。它們都是有益於學林的好書，不過比較而言，前者以相當的篇幅總括已有的成果，而以平實見長，後者則頗著眼於力破陳說，以獨創新見引人注目。我曾在好幾處說過，在近代治唐史學者中，傾其主要精力用於人物與史事考證的，創獲最多，可資利用的成果也最豐碩的，要算岑仲勉先生。我覺得，在目前，眞正按照岑先生的治學格局走而心不旁騖的，於中青年學者中，一是復旦大學的陳尚君，再一位就是本書著者陶敏。陳尚君曾以《全唐詩誤收詩考》（《文史》）第二十四輯）一文，使人們嘆服其資料掌握的廣博和論析的精細，他的《全唐詩補編》、《全唐文補編》、《登科記考補正》一系列唐代史料的輯補工作，使人們感到他的工夫的厚實。而陶敏，則眞正是沈潛於史料的海洋，用他自己的話來說，他是不限於一家一集，既廣泛占有資料，又窮究史源，而其筆力所向，則集中於攻人物考證，看來範圍稍窄，卻所獲極精，也正因爲拿出來的是精品，卻使人感到內涵的深廣。

這裡不妨舉幾個例子。

例一：《全唐詩》卷七二三收有李洞《上靈州令狐相公》七絕一首：「征蠻破虜漢功臣，提劍歸來萬里身。笑倚凌煙金柱看，形容憔悴志於眞。」本書認爲唐末無以姓令狐爲宰相而領靈州者，首句「征蠻破虜」云云，亦與靈州不合。此詩《文苑英華》卷二六二題作《贈高僕射自安西赴闕》，云安西，亦與「征蠻」不合，且安西自貞元三年陷蕃後唐朝廷即未曾除授官吏。經考證，此處安西當作安南，而高僕射即爲高駢。據《新唐書》本傳，高駢於咸通中爲安南都護，大破南詔兵，「拔安南，斬蠻帥段酋遷，降附諸洞二萬計」，乃以安南都護府爲靜海軍，授駢爲節度使，後又加檢校尙書右僕射。李洞這首詩，即於高駢爲檢校尙書右僕射自安南還朝時所作。這樣，就不僅考證出人名，而且糾正了《全唐詩》和《文苑英華》的文字之誤。

例二：《全唐詩》卷一二七載王維《和宋中丞夏日游福賢觀天長寺堂即陳左相宅所施之作》。此詩自清人趙殿成注，至現代學者如陳鐵民、張清華君所作年譜，楊軍君所作詩文繫年，都定於天寶時所作，即以陳希烈任時左相。但他們都未注意到詩的首二句「已相殷王國，空餘尙父谿」的用典。詩蓋謂陳希烈於天寶中爲左相兼兵部尙書，深受唐玄宗的信任，而安史亂兵陷京洛，陳希烈竟相安祿山，猶太公望被周武王尊爲「尚父」而竟相周之敵國殷；今陳希烈亂平後被殺，唯餘舊谿，受人憑吊。詩題中之宋中丞，即宋若思，也是在安史亂起後任爲御史中丞，至德二載（七五七）尚在位。此詩當作於肅宗時，絕不可能作於天寶中。如此，則不僅考姓名，而且訂作年，於舊說也多所匡正。

與此類似的，又如例三：《全唐詩》卷二〇一岑參《崔倉曹席上送殷寅充石相判官赴淮南》。此處石爲右之訛，前人的意見一致，但右相爲誰，卻衆說不一。岑仲勉《讀全唐詩札記》謂「右相即中書令，崔圓曾爲之，罷相後出鎮淮南，寅蓋充圓之判官」。李嘉言《岑詩繫年》則以爲是元載，陳鐵民等《岑參集校注》謂指劉晏，他們都認爲詩即作於代宗廣德元年（七六三）。這些說法表面看起來似都有一定道理，但他們卻偏偏忽略了殷寅生平的資料。據徐松《登科記考》卷九，殷寅天寶四載（七四五）進士登第。又顏眞卿《殷踐猷墓碣》（《全唐文》卷三四四）載：「三子：攝、寅、克齊等」。又謂寅曾任永寧尉，後因事貶爲澄城丞。這篇墓碣又說寅「久疾將歿，顧瞻太夫人，欲訣不忍」。則殷寅死於其母之前，而其母乃卒於乾元元年（七五八）。又據《舊唐書・楊國忠傳》：「會（李）林甫卒，遂代爲右相。……凡領四十餘使。」李林甫天寶十一載十一月卒，時岑參正在長安，詩題之右相蓋指楊國忠。殷寅既卒於乾元元年之前，則詩作於廣德元年即不可能，右相指崔圓、元載、劉晏等說也無從著落。

對陶敏君來說，他的工夫不僅僅在對資料的廣泛搜輯，還在於他對這些資料的精思。如《全唐詩》卷四九二載殷堯藩《送白舍人渡江》，一般都以此詩爲殷與白居易交往之證，但引用者都未注意到詩中

「鐵鎖已沉王濬筏，投鞭難阻謝玄兵」一聯。此處反用歷史故實，用來描述南北對峙，南方對北方作戰獲得大勝，中唐時期何來此種情勢？陶敏君於此產生疑問，乃更進而搜尋資料，終於在明人史謹的《獨醉亭集》卷中發現此詩，而「白舍人」三字則爲作僞者所加，詩之末句「回首鐘聲隔鳳城」之「鐘聲」，史謹原詩作鐘山，改作之跡更爲明顯。《唐音丁籤》所說宋本殷集實爲明人僞造，陶敏君由此更考得《全唐詩》中殷之《春游》即爲元人虞集《城東觀杏花》，《帝京二首》等三詩爲明吳伯宗詩，《暮春述懷》等十六首爲明史謹詩。他又有《全唐詩殷堯藩集考辨》一文，載《湘潭師院學報》一九九〇年第五期，是近年來唐詩學界考辨唐集的力作之一。

陶敏君並不專注於某一家的考證，但由於他能博採衆書，融會貫通，遂能收左右逢源之功。如他對孟浩然詩中張明府、張郎中，儲光羲詩中張侍御的考證，即十分精采。孟浩然有《同盧明府餞張郎中除義王府司馬海園作》、《奉先張明府休沐還鄉海亭宴集》等詩，儲光羲亦有《同張侍御宴北樓詩》。由於孟浩然與張子容有交往，有詩相贈答，因此有些研究者以爲孟浩然詩中的張明府、張郎中即指張子容。本書據兩《唐書》的有關紀傳，《金石補正》卷五四之《張點墓志》，《唐會要》，《兩浙金石志》卷二六《唐徐嶠張願詩刻》，《唐文拾遺》卷二六之崔歸美《張曛墓志銘》，考證出孟浩然這些詩中之張明府、張郎中、張侍御（應作郎），都爲張願。陶敏君並不專門研究孟浩然，但張願的考出卻大大有助於對孟浩然交游的了解。

這部人名考，在不少地方對唐詩文字的校勘提供極有價值的參考。前不久，我校點《河岳英靈集》，卷下王昌齡詩，宋刊本有題爲《鄭縣宿陶太公館中贈馮六元二》，而四部叢刊影明本，此詩詩題中「太」作「大」。「陶太公」未始不可通，且又是二卷本的宋刊，較三卷本的明刻當更接近於殷璠的原編，因此對太、大二字如何抉擇頗爲猶豫。後來見到陶敏君的這部文稿，我特別翻閱了王昌齡此詩的考證，方始冰釋。陶敏君認爲此處應作大，大爲陶翰的行第。陶翰開元十八年進士第。又據《寶刻叢編》卷十華州：「《唐華岳眞君碑》，唐華陰丞王昌齡撰，韋勝書，玄宗開元十九年，加五岳神號曰眞君，初建祠宇，立此碑。」又據陶翰《餞崔朔司功入計序》及《新唐書・玄宗紀》，知開元二十年冬陶翰即在華州。而王昌齡詩云：「子爲黃綬羈，予忝蓬山顧」，「昨日辭石門，五年變秋露」。王昌齡開元十五年進士登第，後爲秘書省校書郎，故云蓬山，而黃綬即指時任華陰丞的陶翰，其時也正好在開元二十年。這樣，我在校記中即確定太應作大，並特地注明引用陶敏君的成果。

限於篇幅，我只能舉這幾個例子，而且很可能這幾個例子還不足以充分代表本書的工力。細心的讀者當不難發見，書中對於《全唐詩》的考證是多方面的，有考定姓名的，有訂正姓名訛誤和地名訛誤的，有考定作詩年月的，有糾正《全唐詩》誤注的；有改正前代記述的。可以毫不誇張的說，自岑仲勉先生《讀全唐詩札記》以後，還沒有一部像本書那樣，以人名考證爲中心，對《全唐詩》作如此廣泛而又如此專注的核查，而它所獲得的具體成果，比之於《讀全唐詩札記》，實有過之而無不及。

人們或許以爲本書的作者定是一位埋首於唐詩數十年，大半生與古籍打交道的老先生，殊不知陶敏眞正鑽研唐詩，還不到十年的時間，而在此之前他卻有一段極不尋常的崎嶇坎坷的經歷。

他於一九三八年十二月生於湖南長沙一個教師的家庭，自小即喜愛唐詩宋詞以及《三國》、《水滸》等古典小說。一九五五年秋考入武漢大學中文系，當時他聽了沈祖棻先生的唐人七絕詩講釋，劉賾先生的文字音韻學，黃焯先生的詩經研究，劉永濟先生的楚辭研究，席魯思先生的荀子研究、史記研究。這些雖非系統而卻以精博見長的講授開啓了這個來自瀟湘之濱的青年的求知心，使他面對古老豐厚的文化油然而生一窺寶藏的壯志。但這棵早春的幼苗卻遇上一場意想不到的風雪，終於受到摧抑而得不到正常的發育。一九五八年的反右補課，把陶敏君糊里糊塗地補了進去，此後二十多年的歲月他就與古典文學絕緣。一九五九年九月畢業後分配在遼寧師範學院，坐了半個月的冷板凳就下放到農場勞動，每月二十幾元生活費，喂了一年多豬，養了幾個月鴨子，地點就在大連附近金縣的海濱。一九六〇年十月摘去帽子，發現檔案袋內只有原來大學所寫的一張紙，紙上只寫有他是右派的所謂證明，而沒有所以定爲右派的材料。但即使摘了帽，還仍在農場勞動。一九六一年四月，學校想要吉林省四平聯合收割機廠的拖拉機，竟和廠方協商，將他去換了機器。此後，陶敏就在四平這家工廠呆了十八年，但總算是免去了勞動，開始是在紅專大學，接著是在業餘學校和半工半讀中學教書。史無前例的文化大革命，陶敏當然在劫難逃，而且又被以新罪名而受到揪鬥，於是又重新勞動，後又至農村插隊三年。直至一九七二年才又調回四平收割機廠，先是當教員，後又到車間當成本、材料員。這樣，直到一九七八年，總算撥雲霧而見青天，調回湘潭師專，而最初還在外語科教現代漢語和外國文學，一九八三年才調整到中文科教古代文學。

人們不難想見，以陶敏君這樣的經歷，在唐詩考證中作出如此的成績，他在這不到十年的短短時間內要付出多少的辛勞。陶敏君曾對我說他走的仍是中國傳統的路子，不過由於他搞的窄，所以有可能搞得細一些。他說的很樸素，但卻很有道理，很有見地。有些搞大學問的，固然可以把攤子鋪得很開，但我還是相信莊子的話：「鷦鷯巢於深林，不過一枝；偃鼠飲河，不過滿腹。」（《逍遙游》）面對學術的海洋，我們一般的人，還是就性之所近和力之所及，在一定的範圍內搞得精一些、深一些為好。過去的十年，古典文學研究也確實是五花八門，陶敏君並不去趕熱鬧，老老實實地讀書，一個人名一個人名地考過去，而終於寫成八十餘萬字的實實在在的著作。我始終認為，搞資料的搜輯和考證，是一種造福於他人的、使大家受益的工作。正如清代學者王鳴盛所說：「予任其勞而使人受其逸，予居其難而使人樂其易。」（《十七史商榷》自序）我們搞唐代文史的人，不是到現在還感受到岑仲勉先生幾部考證之作的好處嗎？我深信，陶敏君這部著作的出版，不僅僅是向我們提供許多我們可以稱引的具體成果，還將有助於唐代文學研究界已經形成的踏實學風的進一步發揚。

一九九一年四月於北京

戴偉華《唐代方鎮文職僚佐考》序

我與戴偉華君原不認識。一九八九年下半年，在京的幾位古典文學研究同行倡議編一套《大文學史觀叢書》，並推選我擔任主編。有位朋友介紹戴偉華君的《唐代幕府與文學》，建議列入此套叢書。我一看題目，覺得與我過去在《唐代科舉與文學》自序中所談的相合，就很快決定列入這套叢書首批印行的五種之中，後即由現代出版社於一九九〇年二月出版。自此之後，偉華君即與我通信，彼此時常談一些學問上的事情。後來他說，他有志於在唐代方鎮幕府與文學的關係上作進一步的探索，而要想深入，必須在史的方面下工夫，於是決定著手作唐代方鎮文職僚佐考。我贊同他的計劃，在通信中就編纂等一些問題彼此切磋。我原以爲這件工作總得做上十年八年，不想偉華君銳志奮進，在短短幾年內即完這四、五十萬字的大書。但隨後在出版上又遇到種種困難，幾經磨折，現在終於有機會得以問世，總算皇天不負苦心人。他來信要我作序，我覺得在當前出版難、寫書難，特別是搞考證資料難這樣一種文化環境下，我是理應爲這部著作說幾句話的。這不但是爲偉華君本人，也是爲了在目前這樣一種特殊學術氛圍中相濡以沫。

我在寫完《唐代科舉與文學》之後，於一九八四年爲該書作序，其中說：「我在研究唐朝文學時，每每有一種意趣，很想從不同的角度，探討有唐一代知識分子的狀況，並由此研究唐代社會特有的文化面貌。我想從科舉入手，掌握科舉與文學的關係，或許可以從更廣的背景來認識唐代的文學。如果可能，還可以從事這樣兩個專題的研究，一是唐代士人是怎樣在地方節鎮內做幕府的，二是唐代的翰林院和翰林學士。這兩項專題的內容，其重點也是知識分子的生活。」我這裡提到的唐代社會兩類知識分子，一屬於知識分子的高層，即翰林學士，那是接近於朝政核心的一部份，他們寵榮有加，但隨之而來的則是險境叢生，不時有降職、貶謫，甚至喪生的遭遇。他們的人數雖不多，但看看這一類知識分子，幾經奮鬥，歷盡艱辛，得以升高位，享殊榮，而一旦敗亡，則喪身破家。這是雖以文采名世而實爲政治型的知識階層。而另一類在節鎮幕府任職的文士，則是數量衆多，情況複雜。他們有的後來也躋升廟堂，但大部份則浮沉世俗，是在當時很有代表性的知識分子群體。這兩類知識分子是很值得研究的，可惜我後來牽於人事，未能有充裕時間從事於斯。

正因爲此，我在看到偉華君的《唐代幕府與文學》一稿時，覺得竟有志同道合者在，不禁爲之躍然。偉華君有志於深入這一領域，且決定從治史著手，這既表明他勤奮，也確顯示他的見識。因爲考唐代方鎮，吳廷燮的《唐方鎮年表》雖已花了一番工夫，但可補正者正復不少。無論如何，方鎮終究是方面大官，史料記載較多。現在要考其屬下僚佐，而且要盡可能確定其年份，可以說比考方鎮要難得多。首先對唐方鎮僚佐的職掌作具體考述的，當首推台灣學者嚴耕望先生於本世紀六十年代所作的

《唐代方鎮使府僚佐考》，載於《新亞學報》第七卷第二期及《慶祝李濟先生七十歲論文集》。現在要考列各方鎮使府內各僚佐的姓名及任職年份，其所下的工夫就遠非一、二篇論文所能比。我覺得偉華君之難能可貴處，不僅在於甘坐冷板凳來遍檢各類史書、文集、筆記、雜纂，以及新出土的碑志，還在於能細心考繹其間的差異，糾正不少文獻記載上的錯訛。今謹就翻閱所及，舉數例如下：

例一，邠寧韋丹，韓愈所作墓志、杜牧所作遺愛碑及《新唐書》本傳，皆云韋丹曾佐邠寧幕府，但未言任何幕職。今據《金石萃編》所載《姜嫄公新廟碑》文末所署，考知韋丹在幕府任節度判官。

例二，邠寧張抗，《文苑英華》卷八九九《殿中監張公（九皋）神道碑》載次子張祝，而碑文載其餘子之名皆從手，《新唐書·宰相世系表》也正作抗。

例三，平盧李戡，《新唐書·宰相世系表》作平盧節度判官。《新唐書》本傳載「平盧節度使王彥威表爲巡官」，此正與《樊川文集》卷九《唐故平盧等節度巡官隴西李府君墓志銘》合。

例四，河陽韋珩，《全唐文》卷六四九元稹《授韋珩等京兆府美原等縣令制》：「敕河陽節度參議兼監察御史韋珩……可守美原令。」而《冊府元龜》卷六九九《牧守部·譴讓》：「穆宗長慶元六月知懷州河南節度參謀兼監察御史韋珩奏」。二者比勘，其所任官職應從《冊府元龜》作節度參謀，而非節度參議，其從事之節鎮應從《全唐文》作河陽，而非河南。《全唐文》與《冊府元龜》正可彼此校正。

例五，忠武軍段瓌，曾在王茂元幕。《樊南文集》卷二有《爲濮陽公陳許奏韓琮等四人充判官狀》，其中即提及段瓌。《全唐文》卷七五九有段瓌小傳，稱「王茂元帥陳，表爲判官」，此不誤，但所載《舉人自代狀》，卻正是李商隱上述奏狀，《全唐文》誤屬段瓌。

書中盡可能利用經過整理出版的唐代墓志，但並不盲從，而是細心核閱原文，稽考有關史籍，以糾正編著者的錯失。如前幾年出版的《隋唐五代墓志彙編》，此書雖彙集了不少新出土的墓志拓片，但由於編者粗心大意，著錄時可說是錯誤百出。就偉華君所指出的，如天平軍崔成相，《隋唐五代墓志彙編》洛陽卷第十四冊有《崔君夫人李氏墓志》，《彙編》編者謂此志爲崔德裕作。按此文署「堂弟特進行太子少保分司東都衛國公德裕撰」。墓主爲李氏，則其堂弟當然也姓李，怎麼可能姓崔呢？所署官職勛階也正與李德裕相合。且此志中明明記有「夫人趙郡贊皇人……祖贈太師贊皇文獻公諱栖筠」，也可與兩《唐書》之李栖筠、李德裕傳對看。書中考崔成相事，同時也糾正《彙編》著錄之誤。類是者又如鳳翔孫紓，《彙編》洛陽卷第十五冊《孫君妻李氏墓志》，有云「再從侄孫前鳳翔節度掌書記試秘書省校書郎紓撰」。此處並可參《彙編》第十三冊之《孫簡墓志》，稱「第五男前京兆府渭南縣尉集賢校理紓書」，可見《李氏墓志》撰者爲孫紓。而《彙編》編者卻誤作李紓，另於《孫簡墓志》處之孫紓，又將其姓名寫作孫理紓，其原因乃誤讀文中之「集賢校理紓書」，以「理紓」爲其名。《彙編》之誤不一而足，於此也可見偉華君讀書之細與考校之精。

我在這裡之所以不憚其煩地舉這些看似瑣細的例子，是想說明，眞正做學問，是不能大而化之的。研究唐代幕府與文學，光是一般性地講講，一、二篇文章也就夠了，但若想在這方面作深一層的研討，就得作史料的搜輯與分析。治史對於治文，是能起去浮返本的作用的。我們看了本書所考出的各方鎮僚佐姓名，就能看出有些大鎮，如并州、幽州、淮南、宣歙、荊南、西川等，不但僚佐的人數多，且人才也特別集中，這就無異於當時的文士分布圖，可以見出當時（特別是中晚唐）人才流動的有趣的走向。這必定會豐富我們對唐代節鎮幕府與文學關係的認識。

當然，考方鎮僚佐，確有一定的難處，這方面的史料較爲零散，不易考見某一方鎮在其任期內究竟集中多少文士，現在所列出的僚佐也不一定即能確切反映當時的實際人數。且有不少材料所記較爲浮泛，不易考定其任何職，在何年；因此一不小心，就容易搞錯。不過無論如何，這部著作已經提供一個扎實的基礎，足可供人們作進一步的研討。偉華君還年輕，一定能以此爲新的起點，在文史結合上勤奮探索，作出新的貢獻。

一九九三年歲末於北京

《韓愈研究論文集》序

由中國唐代文學學會、中國社會科學院《文學遺產》編輯部、河南省社會科學院、河南省社會科學聯合會、河南省對外文化交流協會、中州古籍出版社、河南大學、鄭州大學、河南師大、信陽師院以及孟縣人民政府聯合舉辦的「韓愈國際學術研討會」，於一九九二年四月廿日至廿五日在河南孟縣舉行。參加這次會議的，除了中國大陸及港台地區的研究者以外，還有來自美國、日本、韓國、新加坡、馬來西亞、瑞典等國的學者。現在提供給讀者的，是這次討論會的論文結集，由中州古籍出版社出版。

八十年代中，曾於韓愈的貶謫地潮州汕頭召開過首次有國外友人參加的韓愈學術討論會。時隔六七年，又在韓愈故里孟縣舉行參加人數更多、討論問題更廣泛、成果更豐碩的第二次學術會議。我覺得這次從一個方面反映了我們社會十餘年來隨著改革開放的健康發展，文化學術與經濟建設同步發展而又相互促進的極可喜的形勢。這些年以來，有關傳統文化的學術討論會，每年至少總有十幾起，而這些學術會議，好多是由地方的文化團體及企業集團，共同出資、聯合舉辦的。我個人不大贊成「文化搭台，經濟唱戲」的口號，這口號把文化與經濟的關係說得過於簡單化，近於狹隘的實用主義。但也應當承認，從總體上說，文化的發展是要依靠經濟實力增長的，只有經濟發展了，一些大的文化工程才能陸續展開。而文化的發展，也必然會提高人的思想素質，這也會促進經濟的全面發展。

由地方上舉辦學術會議，還不只經濟上的意義，我覺得這反映了我國人民對歷史文化的執著之情。這種感情是十分寶貴的，從某種意義上說，是超出經濟、政治的某種限定的。我參加孟縣的會議，不過短短幾天，但從與當地的不少人接觸中，深深感到韓愈這一古代的思想家、文學家，不管自古以來對他有過多少次的爭論，但他卻一直存在於孟縣的故老之中。孟縣的農民親切地稱呼他爲「韓老爺」，把他作爲自己的鄰里來看待。他們可能還沒有讀過他的一篇文章、一首詩，但我們中國那種尊重傳統、尊重學問人的極可珍貴的感情，卻是一直在人民群衆中延續著的。

這次會議的論文，涉及面很廣，我通閱了全部論文，獲益良多。這本論文集主要在三個方面爲韓愈研究作出了新貢獻。一是以文化整體爲背景，探討了韓愈思想在整個中國思想史上的意義，我覺得這是從陳寅恪先生《論韓愈》以來對韓愈思想的最集中的一次總體探索。二是提供了域外的韓愈研究的情況，這方面的文章雖然只有兩篇，但卻很有份量。中國古典文學在世界的傳播與研究，是一個極有學術意義的大題目，需要一個個具體的論述加以充實和支撐。因此這兩篇談及美國與韓國情況的論文，不只對韓愈研究有意義，而且對探討中國文學在世界的影響有很大的參考價值。三是從民俗、民情的角度來研討韓愈作品中某些富有特色的描寫，如論韓愈與潮州文化，論韓愈《送窮文》與驅儺、祀灶風俗的關係，這都能使人耳目一新，使人們自然地產生一種開拓新的研究領域的親切感和迫切感。

雖然這本論文集所談及的面相當廣泛，但其中一個基本思想，也就是這次會議的學風，則是實事求是，是力求從韓愈作品的實際出發，而不是從預先設定的政治概念出發。在過去一個長時期中，韓愈研究之所以未能取得應有的成績，就是忽略學術研究的客觀獨立性，過分受到某種政治氣候或政治運動的影響甚至干擾。改革開放以來，實事求是的思想作風也使得學術研究得到健康的發展。我覺得，我們這次的討論會，以及這本論文集，之所以能在韓愈研究上有所進展，是與這一點分不開的。

由於篇幅的限制，我在這篇序文中不可能對過去韓愈研究中的問題充分展開來談。但有些問題還想借此略爲談談個人的看法。如韓愈與柳宗元的關係，過去有些論著，爲了抑韓揚柳，總是把他們說成水火不相容的對立雙方，我覺得這些論著不少地方是不合實際的。譬如韓愈有《答劉秀才論史書》，有些論著就舉出柳宗元《與韓愈論史官書》，認爲柳宗元嚴正駁斥了韓愈爲個人榮利而畏首畏尾、不敢寫歷史眞實的卑怯心理。現在韓、柳兩篇文章具在，讀者不妨平心靜氣來看一看，果眞如過去一些論著所慷慨陳詞那樣的嗎？韓愈的信是答復劉秀才的，而從韓愈的信中所透露的，那位劉秀才是想要韓愈借修史來表揚唐代建國以來的一大批所謂聖君賢相，韓愈不願意，因此說：「唐有天下二百年矣，聖君賢相相踵，其餘文武之士，立功名跨越前後者，不可勝數，豈一人卒卒能紀而傳之耶？」韓愈實不願作這些表揚好人好事的文章，因此進一步又說：「且傳聞不同，善惡隨人所見，甚者附黨，憎愛不同，巧造語言，鑿空構立，善惡事跡，於今何所承受取信，而可草草作傳記，令傳萬世乎？」試想，在那個社會裡，誰能樹立私黨，造作語言，鑿空構立？還不是那些有權有勢的達官貴人？韓愈的筆鋒顯然是指向這些人的。韓愈說：「僕雖騃，亦粗知自愛，實不敢率爾為也。」這樣的心境，不是已相當明白，使人可以理解了嗎？至於柳宗元信中所引的那一段，也即使一些人起而抨擊的一段話，是這樣說的：「孔子聖人，作《春秋》，辱於魯衛陳宋齊楚，卒不遇而死。齊太史氏兄弟幾盡，左丘明記春秋時事以失明，司馬遷作《史記》刑誅，班固瘐死，陳壽起又廢，卒亦無所至，王隱謗退死家，習鑿齒無一足，崔浩、范蔚宗赤誅，魏收夭絕，宋孝王誅死，足下所稱吳兢，亦不聞身貴而今其後有聞也。夫為史者，不有人禍，則有天刑，豈可不畏懼而輕為之哉！」如果不是孤立取此一段，而聯繫全篇來看，應當說韓愈這裡是一種憤激之詞，是正話反說，是說從古以來中國的社會中，史學家真要做到「據事跡實錄」，且加褒貶，則非倒霉不可。其筆鋒所向，指向何處，不也可了然於心嗎？我們還可以舉其另一篇書信來看，在他寫給好友崔群的信中，有一段說：「自古賢者少，不肖者多。自省事以來，又見賢者恆不遇，不賢者比肩青紫，賢者恆無以自存，不賢者志滿氣得。賢者雖得卑位，則旋而死，不賢者或至眉壽。不知造物者意竟如何，無乃所好惡與人異心哉？又不知無乃都不省記，任其死生壽夭邪？未可知也。」這樣回腸蕩氣的文章，真使人想起司馬遷的《報任安書》。讀者不妨把這一段文與論史官書比看，當能作出自己的判斷。柳宗元的信，也是有為而發的，並非專對韓愈而逐條駁斥。而且我們今天讀來，還可感到柳宗元的信，既勇於立論，又篤於友情，不能作深文周納的論析。

又如韓愈所作《柳子厚墓志銘》，過去有些論者以為韓愈乘柳宗元已死，借為其作墓志，夾雜私心意氣，對柳宗元加以攻擊。所持的論據，實指文中的「子厚前時少年，勇於爲人，不自貴重顧藉，謂功業可立就，故坐廢退。」認爲這是對柳宗元參與永貞革新的譏嘲。其實無論是從這幾句還是從全篇來看，韓愈對柳宗元參與王叔文集團的政治活動，所用的字句是相當客觀的。譬如前面說柳宗元年輕時「俊傑廉悍，議論證據今古，出入經史百家，踔厲風發。」後來，「順宗即位，拜禮部員外郎，遇用事者得罪，例出爲刺史，未至，又例貶州司馬」。沒有對王叔文有所貶斥。至於「不自貴重顧藉」，也不過是說其「勇於爲人」，不只爲一己的身份地位著想。而其全篇，則充滿對柳宗元的懷念之情。文中說柳宗元被貶後，「居閑益自刻苦，務記覽爲詞章，泛濫停畜，爲深博無涯涘，一自肆於山水間」。這是對他永州時期文學創作的充分肯定。後又說他廢退後，「又無相知有氣力者」予以推挽，慨嘆其「材不爲世用，道不行於時」。這不是對柳宗元才識及遭遇的深刻同情嗎？文中又說，如果柳宗元被斥不久，即被用於朝，仕位雖然恢復了，「其文學辭章，必不能自力以致，必傳於後如今，無疑也。雖使子厚得所願，爲將相於一時，以彼易此，孰得孰失，必有能辨之者」。這樣說也是合於實情的。這也使我們想起韓愈寫的另一篇《送孟東野序》，這篇文章提出「物不得其平則鳴」的著名論點，進一步認爲一些有才情的作家，幾乎是由於「窮餓其身，思愁其心腸」，遂「自鳴其不幸」，因而取得文學上的成就。因此最後說：「其在上也奚以喜，其在下也奚以悲。」孟郊是他的好友，長期居於下位，「有若不釋然者」，韓愈也特地以此相慰勸。

更使人讀之不能忘懷的，是記元和十年柳宗元與劉禹錫召回朝，又遠貶，劉禹錫最初是遠放播州刺史，柳宗元主動上訴，說「播州非人所居，而夢得親在堂，吾不忍夢得窮，無辭以白其大人，且萬無母子俱往理」。柳宗元請求以自己已任的柳州換播州，「雖重得罪，死不恨」。劉禹錫遂因此得以改爲連州。韓愈特爲此寫了以下一段議論：「嗚呼！士窮乃見節義。今夫平居里巷相慕悅，酒食游戲相徵逐，詡詡然強笑語以相取下，握手出肺肝相示，指天日涕泣，誓生死不相背負，眞若可信；一旦臨小利害，僅如毛髮比，反眼若不相識，落陷阱，不一引手救，反擠之，又下石焉者，皆是也。此宜禽獸所不忍爲，而其人自視以爲得計，聞子厚之風，亦可以少愧矣。」這段話眞是充滿了感情，也可以說是韓愈自己人生經驗的總結。友誼最可貴的是理解與信任。理解是有過程的。我們不能說韓愈與柳宗元，在交友中沒有一點誤解。但可貴的是兩人都能逐步走向理解。以上這一段話是韓愈對柳宗元人品的最高贊譽，也是他倆友情在人生道路上，歷經種種曲折，而取得的理性的升華。

最後，我還想提一下的是，學術會議有時召開倒容易，但會議之後要出版論文集則可說是難上加難。這之中，一是需要有人肯花費時間對論文細加審閱、選錄，二是得要找出版社多次協商。這本論文集得能在會議之後兩年內印出，河南省社科院的張清華先生是功不可沒的，他兩年來一直爲此事奔波操勞，終於與中州古籍出版社合作，編印出這本論文集。我想借此代表與會者向他們表示深切的謝意。

吳在慶《杜牧論稿》序

我認識吳在慶君是因爲廈門大學中文系周祖譔教授的推薦和介紹。祖譔兄是我的學長，一九五一年我考入清華大學中文系，他正好清華研究生畢業，由於時間短，所以在學校中我和他除了他臨畢業時全系合影曾一起聚會以外，並無交往。從清華出來，他一直執教於廈大，我則由清華轉入北大，北大畢業後曾經短暫留校做了幾年助教，嗣後即長期在中華書局工作，地限南北，而又行業相隔，因此就更無往來。不過我仍記得三十年前讀過他寫的一本《隋唐五代文化史》，字數雖不多，議論在當時看來似乎也沒有什麼新異之處，卻是五十年代以來較早的一本唐文學通史。五年前，偶然有一個機會我重讀其中的幾章，覺得平實的文筆時時觸發引人思考的見解，有些在最近十年才提出討論的問題在這本書中已經注意到，只不過限於體例和篇幅，並未充分展開罷了。近十年來，祖譔兄與我都在全國唐代文學學會活動，有時每年，有時隔年，都要在一起開會。這些年來他在唐文學研究中當然又作出很多新的貢獻，但他第一本書給我的印象卻一直未能忘懷，我覺得它很像祖譔兄爲人的風格，平實而不乏新見，簡略而通達大局。與祖譔兄相處，會有一種厚實的感覺，使人很安心。他的那種淡泊於名利、超然於奔趨的心境是爲友朋所心許默識的。

在慶君是他的研究生，八年前由祖譔兄介紹，我評閱過他所作的杜牧研究的碩士論文，後來即漸漸有文字來往。一九八二年唐代文學學會成立後，由陝西師大霍松林先生與我負責編輯《唐代文學研究年鑑》，我約請祖譔兄撰寫中晚唐研究情況的文稿，祖譔兄即推薦在慶君與他合寫，共同署名。第二期起，我徵得祖譔兄同意，約在慶君執筆撰寫中晚唐或晚唐研究情況的綜述。從那時起在慶君已有關於杜牧及其他中晚唐作家的考論文章在刊物上發表，引起人們的注意。但是他所寫的綜述，則總是詳細介紹別人的文章，很少提到自己，有時提到，也是十分簡略而極爲客觀地一筆帶過。倒是已故的吳汝煜先生在論述一九八七年的中唐文學研究時，特別提到：「在劉禹錫的考證方面，最值得注意的是吳在慶的《卞著〈劉禹錫年譜〉辨補》（《唐代文學論叢》第八輯）。作者立足於本證，從劉禹錫詩文中鉤稽史料，在有關劉禹錫的事跡、詩文繫年等方面糾正了《劉禹錫年譜》的一些疏失；又爲十四首詩歌作了新的繫年。文章思慮周密，徵引賅博，結論可信。」汝煜先生對劉禹錫詩文的考訂也是下過很深功夫的。他爲人樸質，不尚虛譽，因此他對在慶君的文章評價爲「思慮周密，徵引賅博」，我認爲其結論也是可信的。

在近代學者中，眞正爲杜牧研究打下科學基礎的是繆鉞先生。繆鉞先生的《杜牧年譜》和《杜牧傳》，是一切研究杜牧的人所必讀的。近十年來，在繆鉞先生的基礎上，不少學者對杜牧作了新的探討，特別是有關杜牧詩文的辨僞和繫年問題，收穫更大。就我的瀏覽所及，如吳企明、張金海、郭文鎬、胡可先、王西平及吳在慶君他們這方面的成績都很突出。除了吳企明先生年歲稍大一些，其他幾位多是四十歲上下，胡可先君則更小一些，使人感到我們唐代文學研究力量的雄厚。他們幾位的文風稍有不同，有的平穩些，有的大膽些，彼此也都有所爭論，但我看在慶君的文章往往能折沖其間，摘取諸家之所長，而加以充實和提高。特別引起我注意的是，他在《杜牧詩文繫年及行蹤辨補》一文中，考證杜牧出守黃州的時間，繆鉞先生的《年譜》曾辨杜牧文集《上宰相求湖州啓》所記月份之誤，在慶君又論述《年譜》此一推算稍有誤差，並從而認爲杜牧出守黃州在會昌二年三、四月間。在此處，他特別加括號注明：「此點郭文鎬君致筆者信中首先指出。」對私人通信中他人的論點，在公開發表的論文中加以引用，並表明這一論點的提出乃在寫作者本人之先，這種學術上的勇氣和度量實在是非常值得稱道，非常令人欽佩的。

我覺得，在慶君的學風和文風，與祖譔兄有許多相似之處。我上面提到的，只是幾個例子。這些年來，我因爲與祖譔兄在工作上和學術上聯繫較多，從而也與在慶君接觸多了起來。他們都使我領悟到一種令人懷念和珍惜的交友之道。現在，在慶君把這些年來所寫的有關杜牧的論文結集成書出版，要我爲他的這本專書寫一篇序。想起我與祖譔兄結識近四十年來的交往，看到他們師生在唐代文學研究中分別作出的業績，以及表現出來的頗相仿佛的風尚，我覺得應該寫出我的一點感受，並藉以表明在我們學術界確有一種正氣存在，這種正氣的意義是遠遠超出於學者們取得的具體成果的。

我認爲，在作家作品的考訂方面，中晚唐的難度實大於初盛唐；晚唐與中唐比較，晚唐的難度更大。一個很重要的原因，是在於史料的複雜。晚唐的史料並不缺乏，而卻眞僞混雜，作家之間的事跡材料又彼此糾纏。以杜牧來說，他的文集除了其甥裴延翰所編的二十卷本《樊川文集》以外，宋以後出現了好幾種續編，如《樊川別集》、《樊川外集》、《樊川詩補遺》、《樊川集遺收詩補錄》等等。但這些別集、外集、補遺、補錄，卻數量不等地混入他人之作。南宋詩人兼詩評家劉克莊，在其所著詩話中就說過：「樊川有續別集三卷，十八九是許渾詩。」他說這些補編之中，十有八九是許渾的詩，可能有所誇大，但現存杜牧集子中摻雜許渾之作，經學者們的考索，數量確實不少。要辨析哪些是杜牧詩，哪些是許渾的詩，必須考明兩人的生平，而問題在於許渾的事跡還有許多不清楚的地方。因此近些年來，研究杜牧往往同時也研究許渾（譬如我知道郭文鎬君已寫了幾篇許渾的考證文章，有的他特意寄給我看，我對他的用心之細是很佩服的。文鎬君這些年來也一直在出版社工作，編務極忙，但他並不放鬆研究，相反，他還因編輯工作之便結識了好些志同道合的研究者）。往往有這樣一種情形，眞正要弄清晚唐作家的事跡或作品的眞僞，就要牽涉到另一個作家，則不得不先把第一個作家暫時放下，研究這第二個；而深入到第二個，則又碰到與另一個作家又有糾結，則勢必又要去翻檢那第三個的材料，並加以印證這第三個材料的確實性。這樣，攤子就越鋪越大，使人有治絲益棼之感。另一方面，晚唐的歷史材料本身又極複雜，如唐代武宗的實錄大部份佚失，宣宗以下的實錄並未修成，這樣，史家所依據的原始材料即殘缺不全，修史者又不分大小巨細，也無心顧及眞假。對此清人趙翼《廿二史札記》在評及《舊唐書》時就作過分析，而唐史學界長時期來對晚唐史料缺乏整理，這方面的工作往往被迫由治文學史者來擔任。這就更增加對晚唐作家作品考訂的工作量，也使得表面看來作出的成績不如初盛唐。而實際上，就我個人所見到的，唐詩學界對晚唐的考證，所下的功夫是很深的，取得的成就是非常實在的。除杜牧外，象對李商隱、溫庭筠、許渾、張祜、韓偓、韋莊、羅隱等，都有極爲豐碩的創獲，它們有的已超出文學史的範圍，對唐史的研究也有相當的助益。

當然，收在在慶君這本書中的，還有好幾篇理論上的闡發，如論杜牧的思想、杜牧藝術風格的特點及形成的原因，杜牧對後世的影響，等等，多有很好的見解，有不少發前人所未發。但是，我認爲，構成本書基礎的，也是構成在慶君中晚唐文學研究基礎的，是他對作家事跡的考證，他對作品的繫年及眞僞的辨析。歷史研究的第一步，是應當先把事情的眞相搞清楚，這應當是不言自明的，但卻往往爲人所忽視，或爲人所鄙薄。筆者最近看到一篇文章，是論這十年來文史學界的考據的。文章口氣很大，說：「歷史似乎注定了八十年代風靡一時的考據家不能有多大的作爲」，因爲據說他們只是「消極地考證和確認一些支離破碎的事實」，他們「漫無目的和方向，但事考證，不問其他，鄙視歷史理論的建構，純粹的爲考證史料積累知識而積累知識」。因此，文章判定，這樣的研究「既沒有社會意義，也沒有什麼學術價值」。我不大清楚，這個我們共同經歷過的八十年代有沒有產生過「風靡一時的考據家」，這些考據家有哪些考據文章或專書，他們又是如何的「漫無目的和方向」。據我看來，不論整個唐代文學，或晚唐文學，關於作家作品的考證，成績是顯著的，目的和方向是明確的，這就是爲整個唐代或晚唐文學的研究提供眞實可靠的材料依據，使文學史的理論探討有確切的科學憑依。考證如何爲理論提供事實的支撐，理論如何在考證的基礎上作出令人信服的闡述，我認爲在慶君的這本書是能夠作出回答的。我們的唐代文學研究界確實需要這樣踏踏實實的著作，而切不要放言高論而遠離實際。

一九九〇年九月於北京

柳晟俊《唐詩論考》序

一九八七年春，我在爲美國哈佛大學斯蒂芬·歐文教授的《初唐詩》中譯本作序時，曾談到，在中國以外研究中國古典文學的有價値的著作，一定不少，它們以不同的視角來審視中國的獨特文學現象，定會有不少新的發現。因此我當時即建議，希望能有計劃地編印一套漢譯世界研究中國古典文學的代表作，這肯定會受到中國學術界和讀書界的歡迎。當然，由於種種原因，這樣一套漢譯叢書現在還不可能編印出來，但是我看到由王洪君任執行主編的「中外學者學術叢書」陸續出版，其意圖乃在薈萃中國和外國學者的佳作，對中國古代文學從各個不同方面進行研究，我覺得這在一定意義上即是對當前建立開放型文學研究的有益的探索。我們當前應大力倡導開放型的研究，而所謂開放型研究，應包括面向世界和面向多種學科這兩個內容。前者要求知己知彼，尤應知曉國外的思維方式、理論體系、批評方法、概念術語，後者要求兼採衆長，樹立綜合觀照的心態，其他學科、其他藝術中凡能充作參考者，則盡量獵取，爲我所用。我們要想中國古典文學走向世界，就應充分運用和提供這種開放型研究的範例。

現在，王洪君主編的這套叢書又將出版韓國學者柳晟俊教授的《唐詩論考》，我認為這就爲這種開放型研究提供了又一個示範。柳晟俊教授在韓國即已打好漢文學的扎實基礎，後又到台灣接受博士研究生的訓練、深造，近些年來又與中國大陸學者頻頻交往，他的治學經歷即可說明他已兼採這幾個不同地區不同學風之所長，而形成他自己富有特色的研究中國古典文學的風格。

應當說，韓國已有上千年研究中國文學的歷史。不過，在過去長時期中，研究中國文學與研究中國歷史、中國哲學混合在一起，統稱爲「漢學」。在本世紀四、五十年代，在韓國的大學中，才逐步有中國語言文學系的設立。據我所知，在柳晟俊先生執教的漢城外國語大學，就在一九五四年開設中語系，迄今已有四十年的歷史了。去年十月，我到韓國幾所大學訪問，也應邀到外國語大學作學術講演，發現外國語大學就有好幾位研究中國文學、歷史很有造詣的學者。

根據我們知道的情況，現在韓國的中國文學在研究人數上，已經超出了除日本以外的任何域外國家，其研究水平近一、二十年來也有顯著的提高。就以唐代文學而論，去世不久的漢學者金達鎭翁，把七百多首唐詩譯成韓文，出版了《唐詩全書》。對唐代傳奇小說的譯介與研究，近年來也有很大的進展，有好幾位學者如車柱環、丁範鎭等先生在這方面作出了引人注目的成績。而在這之中，特別是八十年代以來，發表論著最多的就要推柳晟俊教授了。他很早就從事唐代大詩人王維的研究，後又對陳子昂、李益、杜牧、李商隱等詩人作了更新的研究，其間他又寫了有關韓國朝鮮時代漢文家的論文。現在在中國出版的《唐詩論考》只是他衆多著述的一小部份，但就從這一部份中也可看出他的豐碩成果和治學特色。

我覺得柳晟俊教授治學很有中國傳統學風的特點，就是篤實於課題本身，儘量掌握各方面的材料，不故作驚人之語，而在平實中創新。令人吃驚的是，他的學問還非常之廣，對清代戴震的音韻理論和反理學思想，對近世樸學大師黃侃的聲韻學，都能有通盤的掌握和清晰的梳理。近些年來，我也看到過一些外國學者論述中國古典文學的著作，受到不少啓示，但我覺得眞正在中國學問本身下工夫的還不是太多，柳晟俊教授能從乾嘉之學下手，兼顧博通與專精，這是很不容易的。

本書中使我感興趣的，還有第二編「唐詩與韓國漢詩之比較」，特別是論述王維對李朝詩人的啓示與影響，以及探討王維與李朝時期大詩人申緯兩人詩風的比較。我覺得，國外中國文學研究是比較文學的天然園地。介紹外來文學，用本國讀者的熟悉的理論和方法加以解釋和分析，用他們所熟悉的作家和作品加以類比和反襯，是一條便捷的途徑，能夠取得以近譬遠、以易解難的效果。所以，國外的研究或多或少都帶有比較的特點。我們過去講中外文學比較，往往側重於與歐美等國的比較，而不大注意與鄰近國家的比較，其實與鄰近國家的比較，更有切實的意義。在公元三世紀，中國文學即是通過朝鮮傳入日本的（見日本《古事記》和《日本書記》）。新羅立國期間，與唐代交往十分密切。柳晟俊教授在本書的《羅唐詩人交游之詩目與其詩》，就輯集了極豐富的資料，以顯示唐代詩人與新羅詩人的友誼與詩藝切磋。李朝時期先是對唐代李白、杜甫、王維，後是對宋代蘇軾、黃庭堅等詩作的研討和仿作，形成一代的風氣。柳晟俊教授細致地對王維詩、畫、禪三方面與申緯作了比較研究，使我們感到這兩種相近文化是如何在親切的氣氛中相互影響，而又如何彼此受益。

最後，我祝願中國與韓國的學者在日益密切的學術交往中結成誠摯的友誼，讓這種友誼進一步推動我們更廣泛深入地研究兩國傳統文化的悠遠歷史與深切情誼。

一九九四年夏於北京

點校本《五代詩話》序

一九八七年十月至一九八八年五月，我應美國密西根州立大學人文學系之邀，到該校進行學術訪問。在這期間，我與美籍華裔學者李珍華教授合作，對盛唐時期的文學思想作了一些探索。由王昌齡的《詩格》，我們注意到唐代詩學思想的一種特殊表現形式，即由初唐時期上官儀的《筆札華梁》、元兢的《詩髓腦》爲濫觴，經盛唐、中唐的發展，而大盛於晚唐五代的詩格型著作。這種詩格型著作，不同於唐以前如鍾嶸《詩品》那樣有一定的論詩宗旨和思想體系，也不同於唐以後和宋人詩話那樣以文藝隨筆漫談詩人之間的交往、詩句的賞析以及某些與詩歌有關的遺聞逸事。它往往採取條目的形式，用數字貫串，成爲格式的樣子，内容則以傳授詩歌的格律（尤其是在唐代逐步得到完整的新體詩——律詩和絕句）以及作詩的基本技巧爲主。由於帶有傳授知識的性質，因此内容比較通俗，又由於採取條目的形式，就容易使人產生破碎割裂的感覺，而爲宋及宋以後評論家所輕視。如宋蔡寬夫《詩話》就以譏嘲的口吻說過：

唐末五代，流浴以詩自名者，多好妄立格法，取前人詩句爲例，議論鋒出，甚有師子跳擲、毒

龍顧尾等勢，覽之每使人拊掌不已。（見郭紹虞《宋詩話輯佚》）

清人所修《四庫提要》，更對這一類著作採取一筆抹殺的態度，說它們「率出依托，鄙倍如出一手」（卷一九七集部詩文評類存目《吟窗雜錄》提要，又參卷一九五司空圖《詩品》提要）。由於受這種看法的影響，這一部份詩格型著作，長期以來得不到重視，除了三十年代至四十年代，個別的前輩學者如羅根澤先生在他的《中國文學批評史》中曾有所敘述外，一九四九年以後，幾乎沒有專門論文加以研究，出版的幾部有影響的中國文學史著作，對它們也沒有專門章節論述。

這種現象倒反而引起李珍華先生和我的興趣。我們都注意到唐末五代在中國歷史和文學中的特殊地位。於是，在我於美國停留的後期，我們曾對五代的文學和那時的文化思想若干問題作過較深的交談，並擬著手作一些系統的研究。我們認爲，首先一步應弄清基本事實，整理出基本材料，然後才能作理論的、概括的研究。對此，李珍華先生表現出極大的熱情，在我們游歷華盛頓，參觀美國國會圖書館時，他就複印了館藏的《五代詩話》（粵雅堂叢書本），並動手標點起來，遇到錯字缺字，校閱其他文獻資料，據以正補。我於五月返國，即攜帶他的點校本，隨後過錄到另一複印件上，並作了少許補充。這就是現在奉呈給讀者的由王士禛原編、鄭方坤刪補的十卷本《五代詩話》。

五代在政治上的特點是分裂割據。這時在黃河流域依次存在過年代相當短促的五個封建王朝——梁、唐、晉、漢、周；在長江流域以南至兩廣地帶，按地域分佈及時代先後，則有幾個地方政權——前蜀、後蜀、吳、南唐、閩、吳越、南漢、荊南、楚，再加上北方的北漢（相當於現在山西省的大部），歷史上因稱這一時期爲五代十國。這一時期，往往因爲它的時間短促，戰爭頻繁，社會動亂，以及沒有出現過大的政治家、思想家、文學家，未能引起研究者的充分注意。而實際上，五代十國是一個相當重要的時期。在中國歷史上，宋代無論在經濟、政治、文化等方面是明顯與唐代不同的，有些歷史學家稱宋代是中國的近古時期，從此以後中國封建社會進入到後一發展階段，唐代則可稱爲中古，而由中古到近古，是由五代這六七十年間完成的。五代，它在各方面說是一個過渡，但這個過渡在歷史上卻帶有關鍵性質，只有透徹地研究這個過渡時期的政治、經濟和文化，宋代及宋代以後的中國社會諸形態才能有清楚的了解。

宋代有些文獻記載是注意到唐宋社會的重要不同的，如南宋一部很重要的筆記，王明清的《揮麈錄》中說：「唐朝崔、盧、李、鄭及城南韋、杜二家，蟬聯珪組，世爲顯著，至本朝絕無聞人。」（前錄卷二）崔、盧、李、鄭是潼關以東的大族，韋、杜是關中的大族，它們代表唐代的門閥世族。王明清說唐朝時這幾個大姓世代做高官，聯綿不絕，但到宋朝，就沒有出過有名人物。這說明唐朝的幾個世家大族，到宋朝已完全衰落，而宋朝就再也沒有產生過象唐朝崔、盧、李、鄭、韋、杜那樣能交通聲氣、把持政權，又連綿世代的門閥。這既是政治的變化，更是土地占有形態的變化——由領主莊園制向一般地主占有制的轉變。而這種轉變是在五代完成的。

也是從五代開始，長江流域的經濟明顯超過黃河流域。這不僅表現在農業上，而且表現在商業和手工業上。五代時南方較爲安定，戰亂較少，又因水路運輸的便利，促進商業的發達。而沿著水路，就有新的城市興起，這些城市所代表的文化形態，明顯地與北方黃土地帶不同。這對宋以後的文學顯然有不可低估的影響。

唐詩是中國詩歌的高峰，宋詩是又一個高峰，它與唐詩比較有不同的風貌，而唐末五代正是詩歌風格的轉變時期。宋代不少詩人和評論家已經注意到唐末五代詩歌通俗化的傾向。雖然他們當中有些人不無帶著偏見，看到唐末五代詩人語言的淺顯而議評其詩格不高。如對北宋頗有影響的唐末、五代初詩人鄭谷，歐陽修在《六一詩話》中說他「格不甚高」，就因爲他的詩句多淺顯明白，「以其易曉，人家多教小兒」，歐陽修自己也承認「余爲兒時猶誦之」。又如宋人筆記《遁齋閑覽》說：「唐人詩句中用俗語者，惟杜荀鶴、羅隱爲多。」《唐詩紀事》說晚唐詩人盧延讓：「延讓吟詩，多著尋常容易語。」以致著名的西崑體詩人楊億在任翰林學士，與皇帝談起盧詩時，君臣都不得不承認「似此淺近，亦自成一體」（卷六十五）。這種從唐末開始的詩歌語言日常生活化、通俗化的趨向，對宋詩風格的形成，有著直接的影響。五代時除了詞以外，在詩和文方面確實沒有出現過大家，甚至二流作家也沒有，這可能正是過渡時期的特色，它代表一個時期的終結，而又未能有足以表現新時期特色的成熟的作家產生；它所表現的是一種趨向，一種潮流，這種趨向和潮流的發展，是會促進新的文學時代的到來和新一代獨具特色的文學家的崛起的。

清代乾隆年間，李調元編《全五代詩》，他在自序中說：「五代詩向無全本，編詩者率皆附之唐末宋初之間。」這幾句話確實反映了過去對五代詩的看法，也說明爲什麼五代詩文研究薄弱的原由。

那就是，長時期內是不承認五代文學是作爲一個獨立的階段存在的，這時期的作家，不是上屬於唐，就是下綴於宋。如宋計有功的《唐詩紀事》、元辛文房的《唐才子傳》，就收了不少五代人。清編《全唐詩》，更將五代詩人幾乎全都收入，一直編到由五代入宋的詩人如徐鉉、孟賓于等。厲鶚的《宋詩紀事》、陸心源的《宋詩紀事補遺》等又採輯了不少五代後期的詩人。五代時代短促，詩人生活年代超越於朝代的更替，這固然是客觀的原因，但過去長時期中對五代文學的漠視主要還是觀念上對文學變遷階段性認識不足。

現在要改變這種情況，就是說要改變這種認識，我認爲首先還是要理清歷史發展的客觀進程。文學史研究，如同歷史研究一樣，在過去一段相當長的時期中，過於強調研究規律，似乎在一部書中，或甚至在一篇文章中，只有能提出或發現什麼規律性的東西，才是高水平的研究。當然，如果作爲整體的要求，我們研究歷史和文學史，以求達到揭示發展過程中的規律，是可以的，但那是何等的不易，恐怕要經過幾代學人的努力，積累相當的成果，才能逐步有所收穫。而歷史研究的任務，有一點卻被許多人所忽略，那就是要把歷史事實搞清楚。歷史上的一個個事件，一次次潮流，歷史人物的種種活動，其眞相究竟如何，它的來龍去脈，它的矛盾的各個側面，眞實情況是怎樣的，這不但對於近現代史是重要的，對於古代史也是重要的，對於政治史是重要的，對於文學史、思想史以及其他意識形態領域的歷史，也是重要的。可以毫不誇張地說，不理清基本事實，而議論什麼規律或所謂宏觀研究，只不過是侈談。

話說得遠了，還是讓我們回過頭來說五代文學。我覺得，從理清基本事實這一角度來說，五代文學需要做的事情實在不少，而前人的記載，謬悖與缺漏之處可謂觸目皆是。我本人在這方面用功還不多，現在姑就兩件小事，作爲例子，來看看擺在我們面前應該做的工作有多少。

貫休是唐末五代最有名的詩僧。他交游廣闊，由唐入五代的幾位著名詩人，如韋莊、韓偓、吳融、鄭谷，與他都有詩什唱酬。他的游蹤也甚廣，除出生地浙江外，現在江蘇、安徽、江西、湖北、湖南，都有他的蹤跡，晚年則又定居於蜀。關於他由吳越入蜀的原因，過去的記載就有不少矛盾的說法。

北宋中期與歐陽修大致同時的僧人文瑩，在其《續湘山野錄》中記道：「唐昭宗以錢武肅鏐平董昌於越，拜鏐爲鎮海鎮東節度使、中書令，賜鐵券，恕九死、子孫三死。羅隱撰謝表，略曰……。殆莊宗入洛，又遣使貢奉，懇承旨改回請玉冊、金券。有司定儀，非天子不得用，後竟賜之。鏐即以節鉞授其子元瓘，自稱吳越國王。……又於衣錦軍大建玉冊、金券、詔書三樓，復遣使冊東夷諸國，封拜其君長。……禪月貫休嘗以詩投之曰：『貴極身來不自由，幾年勤苦踏山丘。滿堂花醉三千客，一劍光寒十四州。萊子衣裳宮錦窄，謝公篇詠綺霞羞。他年名上凌煙閣，空羨當時萬戶侯。』鏐愛其詩，遣客吏諭之曰：『教和尚改十四爲四十州，方與見。』休性褊介，謂吏曰：『州亦難添，詩亦不改，然閑雲孤鶴，何天而不可飛？』遂飄然入蜀，以詩投孟知祥，有『一瓶一缽垂垂老，萬水千山得得來』之句。知詳厚遇之。」

這裡記貫休投詩的時間不很清楚，似乎在唐昭宗因錢鏐平董昌而封其爲鎮海鎮東軍節度使及後唐莊宗賜以玉冊、金券，以及錢鏐自稱國王以後，而貫休入蜀，以詩投獻者爲孟知祥，孟知祥則爲後蜀開國主，建國於公元九二五年，這時貫休死已十餘年。

南宋計有功的《唐詩紀事》卷七十五貫休條也記此事：「錢鏐自稱吳越國王，休以詩投之曰：『貴逼身來不自由……』諭改爲四十州，乃可相見。曰：『州亦難添，詩亦難改，然閑雲孤鶴，何天而不可飛！』遂入蜀，以詩投王建曰……」《唐詩紀事》明確說貫休投詩時錢鏐已自稱爲吳越國王，不過他說貫休入蜀，所投者爲王建，王建爲前蜀開國王。

元人辛文房《唐才子傳》卷十貫休傳記此事：「初，昭宗以武肅錢鏐平董昌功，拜鎭東軍節度使，自稱吳越王。休時居靈隱，往投詩賀，中聯曰：『滿堂花醉三千客，一劍霜寒十四州。』武肅大喜，然僭侈之心始張，遣諭令改爲四十州，乃可相見。休性躁急，答曰：『州亦難添，詩亦難改，余孤雲野鶴，何天不可飛！』即日裹衣鉢拂袖而去，至蜀，以詩投孟知祥云……」此處把錢鏐平董昌、封鎭東軍節度使與自稱吳越王，時間聯繫起來，而以貫休獻詩即在平董昌、受封鎭東時，至於入蜀，則與《續湘山野錄》所記同，以爲後蜀主孟知祥。

清代初期，以博洽著稱的吳任臣（顧炎武在《廣師》一文曾說「博聞強記，群書之府，吾不如吳任臣」），曾彙集文獻，作《十國春秋》，是記載五代史事的一部名著，其書卷四十七前蜀有貫休傳，中說：「乾寧中，謁吳越武肅王，獻詩曰：『滿堂花醉三千客，一劍霜寒十四州。』武肅王命改爲四十州，乃可相見。貫休曰：『州亦難添，詩亦難改，閑雲孤鶴，何天不可飛！』（原注：一云貫休投詩於武肅，甚愜旨，遺贈亦豐。王立功臣碑，列平越將校姓名，遂刊貫休詩於碑陰，見重如此。）」《十國春秋》明確載貫休投詩在「乾寧中」。乾寧爲唐昭宗年號（八九四—八九八）。

關於貫休投詩之事，影響至廣，《全唐詩》卷八三七即收入此詩，題《獻錢尙父》，題下小注，述其本事，大體本《唐詩紀事》，謂「錢鏐自稱吳越國王，休以詩投之」云云。《五代詩話》卷八於貫休名下也有同樣的記載。今人的文章中，也有援以爲據的，如一九八八年第二期《歷史研究》上喻松青《〈轉天圖經〉新探》一文，正確考證了《轉天圖經》的讖文系指錢鏐，糾正了以往的一些說法，但其中的一個論據，則仍據《唐詩紀事》的記載，並據以論證說：「可以看出，錢鏐生於亂世，獨霸一方，並不以此爲滿足，懷有一統天下的野心。」

經過對史料的考核，我認爲，關於貫休向錢鏐投詩一事，是根本不存在的，這首詩也出於後人依托，非貫休所作，諸書中之所以出現歧異的說法，最基本的原因也就因爲它本身即出於臆造。

今存貫休詩有四部叢刊本《禪月集》二十五卷，係武昌徐氏所藏影宋鈔本，前有吳融序，末有貫休弟子曇域後序，是現存最早的貫休詩集。貫休生前曾囑托曇域爲編定其詩集，現在這部二十五卷本的《禪月集》首尾完整，似即爲曇域所編之本而在後世未曾散失者。在這部詩集中，就沒有以上各書所記述的向錢鏐投獻的詩。

據《通鑑》，董昌於越州稱帝在昭宗乾寧二年（八九五），同年四月，錢鏐上表稱董昌僭侈，不可赦，請以本道兵討之。六月，以錢爲浙東招討使，擊討董昌。時錢鏐爲鎭海軍節度使，十二月，加兼侍中。乾寧三年（八九六），五月，錢鏐克越州（今浙江紹興），斬董昌。十月，從錢鏐之請，以鏐爲鎮海、威勝兩軍節度使，丙子，更名威勝爲鎮東軍。——以上是錢鏐攻討、平定董昌的大略，問題是，乾寧三年前後，貫休是否有可能在錢塘（杭州）？

《新唐書》卷二〇三《文藝傳》下《吳融傳》云：「遷累侍御史，坐累去官，流浪荊南，依成汭。久之，召爲左補闕。」沒有記載吳融這次貶官及召回的年月。按吳融有《禪月集序》（《全唐文》卷八二〇），說自己在荊南與貫休交游凡一年有半，「丙辰歲餘蒙恩召歸」。丙辰即乾寧三年。《全唐詩》卷六八六載融《南遷途中作七首》，首爲《登七盤嶺二首》，其二云：「才非賈傅亦遷官，五月驅羸上七盤。從此自知身計定，不能回首望長安。」可知赴貶所在五月。由以上兩條材料，可考知吳融貶荊南當在乾寧二年五月，而其應召回京則在第三年冬。融有《赴闕次留獻荊南成相公三十韻》（《全唐詩》卷六八五），可證《新唐書》所謂依荊南成汭也是可信的。

吳融一到荊南（江陵），即與已留居於那裡的貫休交酬，直到他於乾寧三年冬回朝，貫休還請他爲自己的詩集撰序。吳融《禪月集序》作於己未（八九九），即與貫休別後的第三年，序中詳敘其在荊南與貫休的交游云：「貫休，本江南人，幼得苦空理，落髮於東陽金華山，機神穎秀，雅善歌詩，晚歲止於荊門龍興寺。余謫官南行，因造其室，每談論，未嘗不了於理性。自旦（本作是，據四部叢刊本《禪月集》改）而往，日入忘歸，邈然浩然，使我不知放逐之戚。此外商榷二雅，酬唱循環，越三日不得往來，恨疏矣。如此者凡朞有半。……丙辰歲余蒙恩召歸，與上人別，袖出歌詩草一本，曰

《西岳集》，以爲贐矣。」融另有《訪貫休上人》詩（《全唐詩》卷六八六）：「休公爲我設蘭湯，方便教人學洗腸。自覺塵纓頓瀟洒，南行不復問滄浪。」貫休也有《送吳融員外赴闕》（同上卷八三一）。都可見出兩人交契之深。

貫休又有《江陵寄翰林韓偓學士》詩（《禪月集》卷十二）：「久住荊溪北，禪關挂綠夢。風清閑客去，睡美落花多。萬事皆妨道，孤峰漫憶他。新詩舊知己，始問味如何。」據此，則作此詩時貫休在江陵，且爲時已久：「久住荊溪北」。據岑仲勉先生《補僖昭哀三朝翰林學士記》，韓偓之入翰林，當在乾寧四年（八九七）後，光化元年（八九八）前。這也就是說，貫休在乾寧四年、光化元年間仍居住在江陵，未曾離開過。而據前所述，錢鏐以兵討董昌在乾寧二年六月，平董昌在乾寧三年六月，任鎭海鎭東軍節度使在同年十月，則貫休以詩相賀，或如《十國春秋》小注所言，錢鏐以貫休詩刊於平越功臣之碑陰，都於時、地不合。

又據《舊五代史》卷一三三《錢鏐傳》，鏐平董昌後，兼鎭海、鎭東兩鎭，亦即兼杭、越二鎭，但此時北有楊行密，時相侵攻，《舊五代史》說此時「鏐所部止一十三州而已」。至天復（九〇一—九〇四）中，與楊行密部將田頵戰，雙方還時有勝負，時「其父寬每聞鏐至，走竄避之，即徒步訪寬，請言其故。寬曰：『吾家世田園爲事，未嘗有貴達如此。今爾爲十三州主，三面受敵，與人爭利，恐禍及吾家，所以不忍見汝。』」由其父所言，則此時錢鏐雖有割據之意，但勢力尚弱，強敵甚多，不可能明張旗幟，作「四十州」之大言。且其父口口聲聲稱「十三州」，《舊五代史》也說是十三州，何來貫休之十四州？《新五代史》卷六十七《吳越世家》：「梁太祖即位，封吳越王兼淮南節度使，客有勸鏐拒梁命者，鏐笑曰：『吾豈失為孫仲謀邪！』遂受之。」可見鏐之為吳越王，乃朱梁所授，錢鏐終其身不過想建立一個割據政權，以作孫權為滿足。《新五代史·吳越世家》又載梁乾化二年，梁「郢王友珪立，冊尊鏐尚父」。朱友珪於錢鏐為後輩，故可稱之為尚父，而朱溫時決不可能如此。乾化二年為公元九一二年。據曇域所作《禪月集後序》，貫休即於此年卒於蜀，年八十一，當然更不可能遠至錢塘作賀詩，由此可見《全唐詩》將此詩詩題作《獻錢尚父》是何等的荒謬。至於錢鏐自稱吳越國王，則在後唐莊宗時，為時更晚，已是貫休卒後好些年了。

以上是談北宋以後相傳已近千年的托名於貫休的一首僞作，現在再談韋莊的一首佚詩。

韋莊是在唐昭宗天復元年辛酉（九〇一）入蜀的（韋藹《浣花集序》：「辛酉春，應聘為西蜀奏記」），從此即仕於蜀，王建開國後，位至宰相。他的詩，今存約三百二十餘首，比起其弟韋藹《浣花集序》所說的「千餘首」，三分之一還不到，可見散佚頗多。《浣花集》是昭宗天復三年（九〇三）所編，那時韋莊還在世，因此韋藹在序中說：「余今之所製，則俟為別錄，用繼於右」。可見今存《浣花集》都是韋莊入蜀前所作，而且這也幾乎是現在所能見到的韋莊詩的全部，韋藹所謂「余今之所製」，後來並未編集。韋莊入蜀後的創作，詞應當是主要的，也是他全部創作中最有特色的部份，但是他的詩，特別是七言律絕，於蘊麗中見清秀，在唐末五代也應推為名家。他入蜀前漂泊各處，隨遇觸發，寫了不少詩，入蜀後主要從事政治活動，官位高了，生活安定了，詩作當是少了一些，但不應一首也沒有留存。作爲作家的整體研究，他的前後期作品，包括詞和詩，應當統一來考慮的。但可惜後期詩作的搜輯，就已有的成績卻未甚理想。人民文學出版社一九五八年出版向迪琮先生輯校的《韋莊集》，對韋莊詩作了較爲系統的編次，也未輯有仕蜀以後的詩。

經查四部叢刊本《禪月集》，發現貫休入蜀後，曾與韋莊有詩唱和，從貫休詩中，我們可以窺見韋莊後期詩作的一些情況及韋莊的某些生活情趣。如卷十二有《和韋相公見示閑臥》詩，中云：「堂懸金粟像（自注：相公常供養維摩居士），門枕御溝泉。旦沭雖頻握，融帷孰敢褰。德高群彥表，善植幾生前。……扶持千載聖，瀟洒一聲蟬。棋陣連殘月，僧交似大顛（自注：韓吏部重大顛禪師）。」卷十三又有《和韋相公話婺州舊事》，是關於韋莊早年寓居浙江東陽時，貫休與之交游的回憶。值得注意的是卷十九保留有完整的韋莊一首七律，題作《韋相公莊寄禪月大師》，詩爲：「新春新霽好晴和，間闊吾師鄙恡多。不是爲窮常見隔，祗因嫌醉不相過。雲離谷口俱無著，日到天心各幾何。萬事不如棋一局，雨堂閑夜許來麼？」此詩之後又有題作《酬韋相公見寄》詩：「鹽梅金鼎美調和，詩寄空林問訊多。秦客弈棋拋已久，楞嚴禪髓更無過。萬般如幻希先覺，一丈臨山且奈何（自注：日到天心乃相公之日，老僧日去山一丈耳）。空諷平津好珠玉，不知更得及門麼？」顯然，前一首應是韋莊的原唱，後一首是貫休依韻而作的和作。韋莊詩中有「日到天心各幾何」句，因此貫休詩中注道：「日到天心乃相公之日，老僧日去山一丈耳。」從這兩首詩的編次，更可以看出四部叢刊本的《禪月集》確是較早的，說不定即是曇域所編之本。唐宋人編集往往把別人的和作都編進去，讀者若不細察，就容易誤認爲都是本人的作品。這首編入貫休集中的韋莊的詩就長期未被人發現。《全唐詩》輯韋莊詩爲六卷，前五卷（卷六九五—六九九）即《浣花集》中詩，第六卷（卷七〇〇）爲補遺，即漏載此詩，只在卷末的佚句中載「豈是爲窮常見隔，只應嫌酒不相過」二句，謂出自《高僧傳》，而不知全詩見《禪月集》。中華書局出版的《全唐詩外編》，收王重民、孫望、童養年三位先生所輯唐詩，於韋莊名下也未載此詩。夏承燾先生往年作《韋端己年譜》（見《唐宋詞人年譜》），記韋莊與貫休在蜀中有詩唱酬，亦未及此詩，卻云：「《禪月集》多和端己詩，端己原作，惟存《閑臥》詩斷句數語耳。」其實《禪月集》中貫休僅題云和韋《閑臥》詩，未有韋之斷句，未知夏《譜》何所據而云然。但由此也可見夏先生是查閱過《禪月集》的，而竟未檢出韋莊之《寄禪月大師》詩，也不可不說是失之眉睫了。

以上兩點，即所謂貫休獻錢鏐詩及韋莊的一首佚詩，在五代文學中算不了什麼大事，而且也並不難於解決，而竟長期未能發現，這說明我們確實需要從頭由清理材料著手，踏踏實實地把五代文學中存在的問題搞清楚。而與此同時，選擇一些前人的著述，如李調元的《全五代詩》，王士禛、鄭方坤的《五代詩話》等，作一些必要的整理，加以出版，供研究者參考，在目前有關資料仍感缺乏的時候，也實在是很有必要的。《全五代詩》這裡不談，我現在只就我所了解的《五代詩話》的情況向讀者作一些介紹。

《五代詩話》十卷，計卷一國主、宗室，卷二中朝，卷三南唐，卷四前蜀、後蜀，卷五吳越、南漢，卷六閩，卷七楚、荊南，卷八宮闈、女仙鬼、緇流，卷九羽士、鬼怪，卷十雜綴。署爲王士禛原編，鄭方坤刪補。王士禛爲清初詩壇的大家，他雖主神韻，推崇盛唐，但對中晚唐詩也不偏廢。《五代詩話》是他晚年家居時所作，係輯集衆書而成，雖是述而不作，但他能注意五代詩，可見他的眼光已非一般宗唐、宗宋的門戶之見所能牢籠的了。不過這是一部未完稿。據鄭方坤序：「向聞漁洋先生有《五代詩話》秘本，未經鏤版，見者絕希。近始於歷亭朱式處乞付鈔胥，披覽之餘，知爲先生暮年手輯，未及成書，不精不詳，其有待於後人之修潤者正復不少。」鄭《序》說此書未經鏤版，倒是不確的，據《四庫提要》卷一九七集部詩文評類存目，即有宋弼等補輯本，十二卷。《提要》說：「是書士禛原稿，本草創未竟之本，弼所續入，務求其博，體例遂傷冗雜，殊失士禛之初意，而挂漏者仍復不免。後鄭方坤重爲補正，乃斐然可觀，是編精華，已盡爲方坤所採，方坤所不採者，皆糟粕矣。」可見宋弼補輯本因質量差劣而未獲流傳。

王士禛一生著述甚豐，但經查閱有關他的傳記資料，都未有記載他曾作過此書。如《漁洋山人自撰年譜》，是他晚年罷官家居時總結其一生所作，初成於康熙四十年（一七〇五），時年七十二，在這之後六年，則爲其子筆錄其口授而成。後雍正時惠棟爲《漁洋山人精華錄》作注，並撰《漁洋山人年譜》一卷（此譜後因士禛子所請，由惠棟將有關內容作爲補注，分列於《自撰年譜》之後，一並刻於《漁洋山人精華錄訓纂》中）。無論王士禛自撰年譜，或惠棟補注，都沒有提及編纂《五代詩話》一事。其他如王掞所作神道碑，宋犖所作王士禛與其夫人合葬墓志，黃叔琳之《漁洋山人本傳》，李元度之《國朝先正事略》，及《清史列傳》、《清史稿》，也都隻字未及此書。可見這確是一部未完稿，作者本人也不把它列在著述之內的。事實也是如此，這部書在經過鄭方坤作較大規模的删補之後，才如《四庫提要》所說，「乃斐然可觀」。

鄭方坤的事跡，見《清史列傳》卷七十一。他字則厚（《國朝詩人徵略》卷二十四又說他號荔鄉），建安（今福建建甌）人。生卒年不詳。雍正元年（一七二三）進士，曾歷任河間同知、山東登州知府、兗州知府，有能名。《東越文苑傳》說他「博學有才藻，好網羅文獻，著《經稗》六卷，《補五代詩話》十卷，《全閩詩話》十二卷，《國朝名家詩鈔小傳》二卷，《嶺海文編》、《嶺海叢編》合近百卷，《蔗尾詩集》十五卷，文集二卷」。雖然後人評他的詩「頗好馳騁，不甚規規於法，然才華既富，左旋右抽，妙有眞意以驅之，自非餖飣涂澤者所可及也」（《聽松廬詩話》），則是他作詩以才氣勝。但他一生的學問還是在網羅文獻，薈萃衆說，在文獻的編纂中表現他的學術見解。他的讀書面是很廣的，看來見解也是很通達的，他的《經稗》六卷，即是採摭說部中有關《易》、《尙書》、《詩經》、《春秋》、三禮、四書的材料，彙集而成，這在當時也是獨具隻眼的。《四庫提要》稱許此書「於考據之功，深爲有裨」（卷三三經部五經總義類）。

鄭方坤補《五代詩話》，於乾隆十三年（一七四八）成書。原書共六百四十二條，删去二百十六條，補入七百八十九條，通計一千二百十五條。可以見出，他所增補的已超過原來的條目，如除去已删的部份，則王士禛原輯只不過占到補本的三分之一。鄭方坤在自序中說：「復者芟之，舛訛者訂正之，更援褚少孫之《史記》、劉孝標注《世說》之例，抄撮群言，增益其所未備。」爲了不掩前人之善，他於書中各條凡保留原來的注「原」字，所增者注「補」字，且各注明所輯之書，這些也都很合於編書的體例。雖然《四庫提要》對書中的增補提出不少指摘，但仍然認爲：「然采摭繁富，五代軼聞瑣事，幾於搜括無遺，較之士禛原書，則賅備多矣。」事實確實如此，由於鄭方坤博采窮搜，書中輯集了自宋至清的史書，文集、筆記、詩話，凡二百六十多種，又列述了五代時有詩什傳世、有姓名可稽的近四百人，分別記載其生平、詩作，評論其優劣得失，這就爲研究者提供不少進一步探討的線索。譬如韓偓的生平，我們一般對其前期了解較多，至於他流寓閩中的行止，則所知頗略。本書卷六韓偓條，除《唐摭言》、《十國春秋》等常見書外，又採輯了宋沈括《夢溪筆談》、李綱《梁溪集》、明徐𤊹《筆精》等書，記載了他在閩中的逸事，這對研究韓偓晚期的生活及創作，都很有價值。我在美國看到過台灣學者寫的兩部研述韓偓生平及詩作的專書，卻都並未提到這幾種書，不得不說是一種遺憾。又如五代時著名書法家兼詩人楊凝式，本書卷二引《游宦紀聞》，記北宋人所作傳記，這一傳紀類似年譜，逐年記述楊凝式的事跡、詩作與書法，無疑是對正史的極大的補充。又如《宋詩紀事》卷五收宋初錢昭度詩四首，又零句六聯。而本書卷一錢昭度條又據《稗史彙編》、《聞見後錄》、《詩話總龜》、《能改齋漫錄》、《藝苑雌黃》等補了八、九聯零句。卷一錢熙條，據《閩書》載錢熙卒時，其鄉人李慶孫悼之以詩，有「四夷妙賦無人誦，三酉酸文舉世傳」一聯。《宋詩紀事》卷七有李慶孫，根據《韻語陽秋》錄其零句一聯，但《閩書》所引則未收。李慶孫由五代入宋，宋太宗時尚在世。又卷一錢昆條，王士禛原著引《青箱雜紀》，謂錢昆作有《題淮陰侯廟》詩（七絕），鄭補則又引兩條，一爲《苕溪漁隱叢話》，說此詩除《青箱雜記》作錢昆詩外，《桐陰詩話》以爲黃好謙詩，《江南野錄》載謂曹翰使江南時贈妓詞，《本事詞》謂陶穀使吳越贈驛女詞，《冷齋夜話》謂陶穀使江南贈韓熙載歌妓。鄭補所引無疑使我們擴大眼界，可以從更多的方面來考慮作品的歸屬問題。而以上數條，對於今天編纂《全宋詩》也是極有用的材料。應當說，這是一部研究五代文學的重要參考書，而我們過去卻長時期未給予足夠的重視。

《四庫提要》曾批評此書時代斷限的不當，說：「原本方干、鄭谷、唐球諸人，上連唐代，方坤既已刊削，而司空圖之不受梁官，韓偓之未食閩祿，例以陶潛稱晉，仍是唐人，列之五代，亦乖斷限。」我認爲這個批評未必確當。鄭方坤把司空圖列爲五代詩之第一人，固然表現了他的封建正統觀念，但通觀全書，他對於五代詩的斷限，並不拘限於朝代的更替，把其上限斷至昭宗朝一代的詩人，這是有見識的。我以爲我們若作五代文學繫年，似可從唐僖宗光啓元年（八八五）開始，那時黃巢起義剛平復，但各地節鎭卻乘機擁兵自立，中央朝廷名存實亡，割據之勢已成。而這時，如皮日休、陸龜蒙等與晚唐前期有聯繫的作家都已去世，餘下如韋莊、韓偓、吳融、鄭谷、黃滔等莫不由唐入五代，他們的詩風也主要對五代、宋初有影響。從這點來看，鄭方坤對文學斷限的看法是可取的，問題在於對具體詩人的取捨尙有失誤，如鄭谷，王士禎的原編收入，鄭予以刪去，則是不應該的。

《四庫提要》又說：「至潘愼修獻宋太宗詩，劉兼長春節詩，宋事宋人，一並闌入，尤泛濫矣。」又如蘇軾演《陌上花》，晁補之撰《芳儀曲》，李淑題周恭帝陵，宋徽宗書白居易句，雖詠五代之事，實非五代之人，一概增入，則詠明妃者當列之漢詩，賦雀台者應入之魏集，自古以來，無斯體例，貪多務得，方坤亦自言之矣。至於「江南江北舊家鄉」一首，《江表志》以爲楊溥，馬令《南唐書》以爲李煜，嘲宋齊丘喪子一詩，《夢溪筆談》以爲老瞽樂工，《漁隱叢話》以爲李家明，如此之類，不一不足，前後並載，既不互注，又不考定，亦屬疏舛」。這些指摘也需作具體分析。貪多務得，記載互異，確實存在，但對我們今天利用來說，未始不是一件好事。正因爲書中收輯了不少宋初材料，使我們對五代入宋的詩人情況了解得更清楚些。至於記載互異，則如上所說，正可供我們從幾種歧異的線索作進一步的考索。這都不足以爲本書病。問題在於有些引用的材料確實屬於明顯的錯誤，而又與正確的記載一起編入，編者又未加考定，這就容易引起混亂。這裡不妨舉兩個例子。

其一，卷五羅隱條，引《唐詩紀事》，謂「鄴都羅紹威學隱爲詩，自號其文爲《偷江東集》」。而同卷另一條引《吳越備史》，卻謂「時魏府節度使王智興學隱詩，自號詩卷爲《偷江東集》」。按王智興，新舊《唐書》有傳。他長期鎮守徐州，歷任許州、河中、汴州等節度，從未作魏博節鎮，且他主要生活在中唐憲宗、穆宗時，卒於文宗開成元年（八三六），這時羅隱還未出生。《吳越備史》所記顯誤。這條屬王士禎原編，應該删去而未删的。其二，卷一前蜀後主王衍條，引《全唐詩話》，謂王衍宴歆無度，自唱韓琮《柳枝詞》「梁苑隋堤事已空」，時內侍宋光溥詠胡曾「吳王恃霸棄雄才」詩以諷之。而同卷後蜀主孟昶條，引《十國春秋》，謂孟昶於乾德四年重陽節，宴群臣於宣華苑，後主唱韓琮《柳枝詞》「梁苑隋提事已空」，內侍宋光浦以胡曾「吳王恃霸棄雄才」詩諷之。同一卷之內，所記事同，而一謂前蜀後主王衍，一謂後蜀主孟昶。按宋光浦，據《十國春秋》卷四十六，系前蜀時人，乾德也爲前蜀王衍年號，後蜀未有以乾德紀年的。通查《十國春秋》後蜀紀，孟昶根本沒有唱韓琮《柳枝詞》事，而此事則明明記載於《十國春秋》卷三十七《前蜀後主紀》乾德四年九月。所謂引《十國春秋》記孟昶唱韓琮詞事，是王士禎原編弄錯的，本應刪去，而鄭方則坤仍以訛傳訛，不可不說是有失察檢。

一九八九年

羅宗強《玄學與魏晉士人心態》序

宗強兄是我的畏友。我說這話，一是指他的學識，一是指他的人品。就學識而言，自從他一九八〇年出版他的第一部著作《李杜論略》以來，短短十年，他在學術上的進展是如此的驚人，無論是審視近十年的中國文學思想史的研究，還是回顧這一時期古典詩歌特別是唐代詩歌的研究，他的著作的問世，總會使人感覺到是在整個研究的進程中劃出一道線，明顯地標誌出研究層次的提高。這不是指他的作品的數量，比較起來，他的專著，他的單篇論文，在我們這一代學人中，數量不能算是最多的，我是指這些論著的質量，特別是他的幾本爲數不多的專著，總是爲學術界提供精品，無論從立論上，研究方法上，以及整個行文的風度上，總表現出由深沉的理論素養和敏銳的思辨能力相結合而構成的一種嚴肅的學術追求。

就人品而言，最能體現他的精神風貌的，我以爲是本書《後記》中最後的一句話，就是「青燈攤書，實在是一種難以言喻的快樂」。同樣的意思，也表現在他爲《文史知識》一九九〇年第十期治學之道專欄所寫的《路越走越遠》——研究中國古代文學思想史的體會》中的結束語：「我能說的唯一一點經驗，就是我在涉足於自己的研究領域時，雖步履艱難而始終感受到無窮樂趣，這或者就是甘於寂寞的力量之所在。」話很短，但感情很重，只有充分了解他研究生畢業以後很長一段的坎坷經歷，才會眞切體味出這些話的分量。他自己說，自從上大學至今，三十五年來，能夠眞正坐下來讀書作文的，只是近十年來的事。我曾聽他講述過如何在贛南山區跋涉流落的行跡，聽了使人心酸，但宗強兄講起這些來，無論感情和語調，都是平和的。他分析古代文學思想演進的軌跡，是很推崇道家思想的影響和貢獻的，但他的爲人，我總感到於儒家爲近，特別是對友朋，溫厚之至，而對自己，卻似乎恪守君子固窮的古訓，表現出類似於清峻的風格。

這使我想起近代大學者陳寅恪先生的一些話。陳先生一九二九年作《清華大學王觀堂先生紀念碑銘》，其中說：「士之讀書治學，蓋將以脫心志於俗諦之桎梏，眞理因得以發揚。」作爲一位眞正的學者，陳寅恪先生一生是以此自律的。俗諦的範圍可以包括很廣，他最鄙視的是以學問爲利祿的工具。他總是把學術的分量看得很重。他在抗戰時期的桂林，處於那樣一種輾轉流徙的境地，特地爲語言文字學家楊樹達先生的《積微居小學金石論叢續編》作序，盛贊楊先生「持短筆，照孤燈」，甘居寂寞不廢著述的風概，並有爲而發地說：「與彼假手功名，因得表見者，肥瘠榮悴，固不相同，而孰難孰易，孰得孰失，天下後世當有能辨之者。」這幾句話，表現了一種學術上的自覺，一種對從事於民族文化研究的自信。在同一時期，他在寄楊樹達先生的一首詩中，前一句說「蔽遮白日兵塵滿」，是那樣的戰火紛飛的年代，後一句說「寂寞玄文酒盞深」，自甘於寂寞，在學問的研索中求得自慰。像陳寅恪先生這樣的一種學術心態，是爲「五四」以來我國不少知識分子所共有的。也正因爲此，近三四十年來雖有不少人經歷種種坎坷曲折，只要他們能有機會做學問，他們總是如陶淵明所說的「量力守故轍」，爲學術事業作出自己力所能及的貢獻。

前面說過，宗強兄的第一部著作是《李杜論略》，出版於一九八〇年，寫作當在此前幾年。他自己對這部書不大滿意，那是因爲他是站在今天的高度。這部書出版後我曾看過，後來我與霍松林先生共同編《唐代文學研究年鑑》，還請人寫書評刊入《年鑑》。但那時我正忙於其他工作，只是粗粗泛覽，印象不深。最近因爲要寫本書《玄學與魏晉士人心態》的序，重新閱讀那本《李杜論略》，感到這本書出版後所得到的反應與它所達到的成就，是太不相稱了。學術著作與文藝作品一樣，它的意義有時是不易爲人所理解的。一九八〇年或稍前一、二年，我們剛剛從「文革」所掃蕩過的荒漠上起步，那時還只有少數一些學術著作出現，就像嚴冬剛過，在初春的寒風中冒霜先開的小花，寥落不受人們的注意。又因爲人們厭惡前一時期假大空與僞飾的學風，乃一反其道，對實證的研究感到興趣，於是一些偏重於材料考辨的著作格外受到重視和好評。這是可以理解的。而《李杜論略》在當時的出版，現在看來，卻以其準確的理論把握和細膩的審美體認，挺立於當時的古典文學界。書中對李白、杜甫從政治思想、生活理想、文學思想、創作方法、藝術風格、藝術表現手法等幾方面作了極爲細緻的比較，從而也探討了李、杜各自的創作特色。我曾查閱過在這前後的論著目錄，並根據自己的回憶，當時還很少有對李、杜作這樣深入的研究的。特別是書中提出：一種審美趣味之形成思潮，自有其深刻的社會歷史原因，一種普遍的審美趣味常常伴隨著相應的理論主張。作家和評論家們在創作上普遍追求某種傾向時，也在理論上進行著同樣的探討。因此，探討一個時期的文藝思潮，有必要從理論和創作實踐兩個方面進行考察，作出評價，特別是對當時的代表人物的研究尤其必須如此(見該書第一〇三頁)。這種從理論和創作實踐兩個方面來考察文藝思潮，也就是他在五、六年後寫成出版的《隋唐五代文學思想史》立論的基調：

文學思想不僅僅反映在文學批評和文學理論著作裡，它還大量反映在文學創作中。作家對於文學的思考，例如，他對於文學的社會功能和它的藝術特質的認識，他的審美理想，他對文學遺產的態度和取捨，他對藝術技巧的追求，對藝術形式的探索，都可以在他的創作中反映出來。某種重要的文學思想的代表人物，有時可能並不是文學批評家或文學理論家，有時甚至很少或竟至於沒有理論上的明確表述，他的文學思想，僅僅在他的創作傾向裡反映出來。一個文學流派的文學思想，就常常反映在他們共同的創作傾向裡，而一個時代的文學思潮的發展與演變，大量的是在創作中反映出來的。因此，研究文學思想史，除了研究文學批評的發展史和文學理論的發展史之外，很重要的一個內容，便是研究文學創作中反映出來的文學思想傾向，離開了對文學創作中所反映的文學思想傾向的研究，僅只是研究文學批評和文學理論的發展史，對於文學思想史來說，至少是不完全的。

我之所以引這一大段話，一方面藉以說明，《李杜論略》是人們怎樣地還在古代文學思想史批評史以及古代作家作品研究中摸索行進時，已經提出極可寶貴的一種新的思路，而可惜沒有爲許多人所認識。另一方面，是想說明宗強兄是怎樣地從這一可貴的思想萌芽出發，堅韌不拔地（用他自己的話說是步履艱難地）前進，終於對古代文學思想史的研究格局有了成熟而明確的思考。

許多年來，不少學者研究我國古代文學思想和理論批評，總是把材料局限於一些文論和批評著作，把古代文學思想史與古代文論研究混同起來。這樣時間一長，就材料顯得雷同，立論不免單一，學科的發展受到影響。《隋唐五代文學思想史》對於研治中國古代文學思想史、批評史，是一個突破，它的意義不僅是擴展了文學理論批評研究的範圍，而且是爲文學思想史的研究樹立一個高的標準，把文學思想史的研究眞正安放在科學的基礎上。把創作中反映出來的文學思想與理論批評著作結合起來，這些年來其他學者也在作，而《隋唐五代文學思想史》則以專著的形式，系統地論述三百年來文學思想演進的軌跡，以實際的業績說明這種研究思路具有規範的性質，這就極大地促進了這門學科的發展。

但宗強兄不以此爲滿足，他又以此爲起點，繼續思考著如何深化研究思路，開拓研究格局。他從古代文學的實際出發，在寫作《魏晉南北朝文學思想史》的過程中，終於又得出一種新的研究設想，即作家心態變化的研究。這一次也是深入到文學思想發展原因中去尋討，認爲要眞正確切地闡釋文學思想發展的主要原因，必須研究士人心態的演變軌跡，而影響士人心態的原因又甚爲複雜，有政局變化的原因，有社會思潮的原因，以及不同生活環境和文學修養的相互作用。作爲這一思考的成果，就是現在呈現在讀者面前的這一部《玄學與魏晉士人心態》。這一思路，當同時體現在他的《魏晉南北朝文學思想史》中。我認爲，這是他治學經歷的又一新的階段，也將是標誌文學思想史學科的又一新的進展。

士人心態的研究，實在是一個綜合工程，它在許多方面已突破文學的範圍，它牽涉到當時的政局、哲學、社會思潮，牽涉到士人本身的許多方面，如他們各自不同的政治和經濟地位，他們生活的環境，所受的教養，以及更爲特殊的一些心理因素等等。這差不多可以成爲一門獨立的學科。海外有些研究者，也有以中國古代的士爲研究對象寫成專書的。但就我的見聞所及，這些書程度不等地存在著圖解式的研究框架，往往把不同時代不同身份不同教養的士人，作簡單的概括，歸納出幾個統一的概念範疇，有時又把簡單的事情複雜化了。比較起來，宗強兄的工作則「實」得多。他的目的很明確，研究士人心態，是爲了更深一層地探討文學思想演變的原因，研究文學創作所包含的生活理想和藝術追求形成的社會因素與作家的心理因素，而他的立足點又在大量史料的搜輯與辨析上，對牽涉到形成士人普遍心態發展的具體事件，其前後因果和發展脈絡，作細緻的、個案式的清理與研討。可以想見，這一工作的難度是相當大的。它不但要求研究者有較高的理論素質，還要求有較強的審美感受能力，能夠從政局、社會思潮的迅變和劇變中敏銳地把握士人心態的走向起伏，並從這些心態變化所引起的藝術情趣中去細膩地辨認其審美風尚的性質與價值。同時，還要求研究者不但有宏觀把握的能力，還要有細緻地審核材料的嚴謹學風與功力。另外，不言而喻的，是要求有一種眞正做學問的氣質，如陳寅恪所說的，要有一種「脫心志於俗諦之桎梏」的志尙。我覺得，宗強兄於此三者都勝任的（他的《唐詩小史》藝術感受的新鮮與細微，簡直可以作爲美學著作來讀）。我想這不是我親其所好的阿私之言，這部《玄學與魏晉士人心態》就是明證。我的本職工作是出版，年來又因種種原因，事情雜亂，幾乎達到杜甫所說「束帶發狂欲大叫，簿書何急來相仍」的程度。但接到宗強兄所寄的這部書的複印稿，一天繁忙之餘，於燈下翻開書稿，讀了幾頁，心即平靜下來，讀著讀著，感到極大的滿足，既有一種藝術享受的美感，又得到思辨清晰所引起的理性的愉悅。

譬如書中講到嵇康被殺的最根本的原因，作者不同意嵇康因與魏宗室連姻而與司馬氏集團對立的舊說，認爲嵇康執著於「越名教而任自然」，「這樣執著，就使自己在整個思想感情上與世俗，特別是與當政者對立起來，就使自己在思想感情上處於社會批判者的立場上」。又說「嵇康卻是處處以己之執著高潔，顯名教之僞飾。而僞飾，正是當時名教中人之一要害。」「嵇康的執著的存在，對於僞飾的名教中人實在是一種太大的刺激。他之爲司馬氏所不容，乃是必然的事」。這種從當時當政者與嵇康兩種截然相反的思想感情尖銳對立來分析嵇康被殺的悲劇結局，無疑是深刻得多的。又如論西晉名士心態，將其歸納爲：「貪財，用心於和善於保護自己，縱欲，求名，怡情山水和神往於男性的女性美」。「他們希望得到物欲與情欲的極大滿足，又希望得到風流瀟洒的精神享受。」這與一些治美學史者好談晉人風流，比之若神仙中人，何啻深淺之別。書中又並不將此歸結於士人本身，而追溯到因政無準的而導致士無特操。又如東晉士人，過去史書上描繪的，大多是寧靜、高雅、飄逸，一種洋溢著這樣意趣的人生境界。而書中指出：「這種追求瀟洒風流、高情遠韻、尋找一個寧靜精神天地的心態，千古以來一直被看作是一種高雅情趣，是一種無可比擬的精神的美。但是，如果考慮到其時的半壁河山，考慮到中國士人的憂國憂民的固有傳統的話，那麼這種高雅情趣所反映的精神天地，便實在是一種狹小的心地的產物，是偏安政局中的一種自慰。」從偏安的局面，遂論及士人的人生理想、生活情趣，以至他們的審美趣味，以及一代文藝思潮的形成，既合乎邏輯，又生動具體。

我認爲，由這幾個極少的例子，已足可看出士人心態的研究對於文學思想史與一般的作家作品研究的意義。這是宗強兄經過幾年的思考，繼《隋唐五代文學思想史》之後對學術界所作的貢獻。我有這樣一種感覺：有像《玄學與魏晉士人心態》這樣著作的出現，有像宗強兄學識修養與人品操守那樣的學者在不斷工作，作出成績，是不是標誌著我們古典文學研究正在走向成熟呢？我謹借此表示這一虔誠的願望。

一九九〇年秋冬之際，於北京

曹道衡《中古文學史論文集續編》序

道衡先生於一九八五年在中華書局出版他的《中古文學史論文集》時，我正任中華書局副總編，分管文學編輯室的業務。在此之前，中華書局也出版過一些學術論文集，但著者都是七八十歲或已去世的老學者，如游國恩、余冠英、王季思，以及孫楷第等久負盛名的前輩耆宿。那時道衡先生只不過五十開外，按照中華書局的慣例，似還輪不到編印個人學術論文集。文學編輯室諸同仁遂爲此事與我商量，我們一致認爲此例當破，遂毅然付印，結果反應極佳，讚譽中華書局不但爲中古文學研究作了一件好事，也爲像道衡先生那樣潛心於書齋、超然於競途的學者稍給予精神上的慰藉。

現在，我忝爲中華書局總編，卻接到道衡先生告知，說他應臺灣文津出版社之請，擬將近年所作之文續編成集，並囑我爲文集作序。我很慚愧在我主筆政之際未能將道衡先生有關中古文學研究論文編成續集在中華出版，但也欣喜臺灣的出版界同仁有學術眼光，能將大陸的高水平著作及時介紹給臺灣學界，也預祝道衡先生的新著能爲海峽兩岸的文化學術交流作出新的貢獻。

我於中古文學，雖有愛好，卻無研究。五十年代時曾在北京大學隨先師浦江清先生治兩宋文學，後又在中華書局於編務之暇輯成《黃庭堅和江西詩派》、《楊萬里與范成大》兩部研究資料彙編。因探索唐宋詩之異同乃對唐代文學發生興趣，這是六七十年代之際事。又受到陳寅恪先生《隋唐制度淵源略論稿》通貫幾代史事的治史方法的啓發，乃又從唐代上溯魏晉，寫了幾篇考證文章，不久卻又因種種原因，重理唐宋文史。可以說我對魏晉南北朝文學是淺嘗輒止的，但也因職業和興趣的原因，對這一段的文學研究，一直頗爲關注。也還因此，道衡先生的文章，在其發表之初，我即大多拜讀，現在結集成書，又使我能有機會來思考這一時期文學研究的歷史和現狀。

中古文學的研究，在整個中國古典文學研究中，確是較爲冷寂的。過去也有些文章探究其原因，往往歸結爲這一階段的文學比之唐宋明清來，無論內容與形式，有種種不足。這種說法可能有一定道理，但我覺得與實際總還隔了一層。我想研究人數的多少與研究成果的豐歉不一定成正比，而一個時期文學成就的高低也不一定即決定研究水平的高低。我有一個想法，魏晉南北朝文學，或通常所說的中古文學，較之唐詩宋詞，明清小說，其研究難度相對來說似乎較大，因而出成果也較不易。一個人研究某一唐代詩人、宋代詞家，或者元明清的某一部戲曲、小說，可能在不太長的時間內即能有所成，但在相同時間內來研究中古時期的某一作家作品而要有所得，卻難得多。人往往有避難就易的習性，如果能俯拾即得，爲什麼還要去跋涉長途呢？這樣，中古文學就自然難以形成熱門或熱點，正像自然科學中有些領域和課題，雖然本身或許蘊含較大的價值，但由於研究難度高，不能短期見效，它就始終只能爲少數人在實驗室、在野外默默地進行著。

那麼中古文學研究之難又在何處呢？這當然也不是短短幾句話就能夠說全的，而且也是仁者見仁，智者見智，各有所見，難以一概。我覺得中古文學研究之難，主要不在於如後代那樣需用全力搜尋大量的不經見的材料，而是要在較高的學識素養上來細心研索材料，又要兼具文學、史學、經學的根柢，把研究對象放在社會文化的整體歷史背景下加以觀照。本世紀以來凡在這一領域作出較大成就者，如劉師培、魯迅、陳寅恪、唐長孺等，都莫不如此。在當今，我認爲曹道衡先生即是繼這些前輩學者，在中古文學研究中創獲最多、最有代表性的一位。

我想我的學力實還不足以來概括道衡先生的治學業績，這裡只就我所見及的談幾點他在中古文學研究中的創新之功。一是他對整個北朝（包括十六國）文學的研究，從搜集零散的材料到董理成系統的脈絡，使我們對北朝的辭賦、詩歌，以及整個學術文化，有一個清晰的、合乎歷史發展實際的認識。這是很不容易做到的，而只有做到這一點，才能對當時整個南北朝文學有整體的把握。二是他對不少作家作品以及某些文學事件的考證，可以作爲科學的結論而爲人們所引用。時代較早的，如關於《兩都賦》、《二京賦》的寫作年代和主旨，然後，從東漢末及建安，依次而下，如桓譚、曹丕、曹植、陸機、陸雲、干寶、郭璞、鮑照、江淹、裴子野、王琰、何遜、王褒、邢劭、任昉等等，有關他們的生平、行跡、交游、著作，都有精細的考證。應該說，有關這一時期作家作品的考證文章，這些年來確也不少，但有些文章每使我想起王國維的兩段話，一是《毛公鼎考釋·序》：「自古釋古器者，欲就無一字之不識，無一義之不能，而穿鑿附會之說以生。」又一是他爲容庚《金文編》所作序中云：

> 孔子曰「多聞闕義」，又曰「君子於其所不知，蓋闕如也」。許叔重撰《說文解字》，竊取此義，於文字之形聲義有所不知者皆注云闕。至晉荀勖寫定《穆天子傳》，於古文之不可識者，但如其字，以形寫之，猶此志也。宋劉原父、楊南仲輩釋古彝器，亦用此法。自王楚、王俅、薛尚功之書出，每器必有釋文，雖字之不可識者，亦必附會穿鑿以釋之，甚失古人闕義之旨。

以我所見，一些考證這一時期作家作品的文章，所持證據尚不足，即強爲立說，並自詡爲創見。我想，我們搞考證的，其弊有時倒不在下不了結論，而是如王國維所說，雖「絕不可識者」，也「附會穿鑿以釋之」。對比之下，道衡先生的考證，既精細，又通達。他的有些推論，應當說是有充分根據的，如本書《論王琰和他的〈冥祥記〉》，援引《隋書·經籍志》等書，推論王曼穎爲王琰之子，又從而證實王琰生活的年代，甚富新見，且極有論據，但他還是作爲推論看待，仍不作爲結論。

我感到，我們的古典文學研究進展到現在，各種論點、說法已有不少，需要有人作一種科學歸納的工作，把能夠成立的，符合於文學史實際的，就作爲定論肯定下來。這是我們古典文學研究所必需做的學術積累的工作。這也像自然科學那樣，應當在前人成果的基礎上往前開拓，能作爲定論的點越多，就標誌這一學術發展水平越高。我相信，如果有人對中古文學研究來做這方面的工作，則道衡先生論著中可以作爲科學結論而列入學術成果積累的，當居首列。

其三，道衡先生治中古文學，還不限於具體問題的考證，而還在於達識。他往往把某一作家或作品與社會歷史、學術文化貫通聯繫，從而使人們對此問題的認識進入一個新的境界。如本書論陶淵明，從其文風與爲人考察晉宋之際有一江州文人集團的存在，他們與長江下游及浙江地區的高門大族文人有明顯的不同，又如論《雪賦》與《月賦》，能與作者身世遭遇及政治變故聯繫起來，分析二者風格的差異。著者對經學素有根柢，正因爲如此，書中對《大狗賦》作者賈岱宗的時代，才能糾前代典籍之失，並進一步討論僞《古文尚書》流行北朝的時間，由此還解決了南北學術交流的一個大問題。我由此想到，中古文學研究之相對冷寂，未始不是好事。因爲這段文學研究所要求的知識水準高，這才不至於濫。我們可以在報刊上看到有關唐宋詩詞、明清小說的不少陳詞濫調，因爲這類文章容易做，而相比之下，這樣的文章在中古文學研究中就少得多。中古文學研究能保持學術領域中的嚴肅性，是很不容易的。我想，這是與在這一領域中有像道衡先生那樣具有高標格的研究者，有很大的關係。

當今在大陸治魏晉南北朝文學，學識、人品爲我欽仰者，道衡先生和天津南開大學中文系主任羅宗強教授。他們治學的側重各有所不同，但兼具專精與宏通，則爲學界所認同。我所慶幸的，是我於數年前曾爲羅先生的《玄學與魏晉士人心態》一書作過序，今又能爲道衡先生的第二本論文專集寫序。兩位先生的學術成就都迥然出於我之上，我謹當追隨他們之後，繼續就力之所能，爲學術界盡一點微力。這也就是我之所以不避僭越而敢於寫這篇序文的私意所在。

一九九三年五月，北京

程章燦《魏晉南北朝賦史》序

程章燦君的博士學位論文《魏晉南北朝賦史》，完成於一九八九年夏，那時他將近二十六歲。在寫成後不到兩年的時間內，這部論文又爲江蘇古籍出版社接受出版，這是我所知道的，在現在中國古典文學界中，出版幾十萬字專著的最爲年輕的研究人員。這似乎是一個標誌，表明我們的古典文學研究正步入一個新的階段，一批在八十年代中後期畢業的碩士研究生、博士研究生參加到這個研究行列中來，他們帶來了一種特有的學術朝氣，帶來了近十年來隨著改革開放的大環境而培育起來的開闊而敏銳的理論思維，而他們又大多在前輩學者的指導下，受過嚴謹學風的熏陶，因此又有著令人不得不首肯的扎實的基本功。這一切，我覺得，預示著我們古典文學研究正在較早地在整體上走向成熟。

章燦君是南京大學程千帆教授和周勛初教授的研究生。一九八九年夏，我應程、周兩位先生之邀，爲章燦君博士論文寫評閱意見及任答辯委員。我在評閱意見中對論文的總評價是：「材料詳備，學風篤實，能充分吸取傳統治學的優點，又能兼採新時期文藝理論的長處，因此其整體論述，實而不固，華而不泛，史論結合，時出新意。」當時，中國社會科學院文學研究所的曹道衡、沈玉成、徐公持先生，山東大學龔克昌先生，他們四位所寫的同行專家評議，與我的看法一致。當然，評閱意見限於體例，不能寫得很多，更不能充分展開對一些學術問題的評論。這次我又承邀爲本書寫序，用幾天的時間將原來的論文重讀一篇，感到一種前此未曾有過的特殊的享受，深深地覺得我們的古典文學研究，在爲自己開闢更廣闊的發展空間中，確實還大有可爲。

近年來報刊上不斷有文章提出，長時期來辭賦受到不應有的冷落，賦體文學研究受到不應有的忽視。而所以致此的原因，則是由於人們在觀念上對賦的評價過低，認爲賦特別是作爲賦體文學代表的兩漢大賦，不過是潤色鴻業的宮廷文學，是追求鋪張揚厲、華艷靡麗的形式主義作品。這些文章的意見當然是對的，但造成辭賦研究爲人忽視的原因是否僅僅如此呢？這裡我想提一些個人的看法，以求教於方家。

我覺得，研究同創作一樣，繁榮的局面是要靠作品來支撐的。沒有一定數量的有水平的作品產生，談不上創作的繁榮；沒有一定數量的有水平的論著問世，則這一領域的研究不會引起人們的重視，也勢必形成冷落的局面。在古典文學界，近十年來，象《文心雕龍》研究，唐宋詩研究，《紅樓夢》研究，等等，之所以受到人們的注意，甚至成爲熱門，究其原因，也還在於在那些學科中不斷地產生有較大突破和創新的論著。就科學的意義上說，研究客體是無所謂重要不重要的，重要的是研究進程中表現出來的突破與創新的程度。我對辭賦沒有專門的研究，但由於工作的緣故，也陸陸續續讀過一些文章與專著。我覺得，辭賦研究冷落的局面是否還可以從研究本身找一找原因呢？以我個人的瀏覽所及，除了少數幾家論著之外，在過去相當長的時期內，我們關於這方面的研究，不免有些陳陳相因，缺乏新鮮感，比起別的領域來，就顯得停滯和冷落。

從這樣的一種學術背景來看章燦君的這部《魏晉南北朝賦史》，就更易見出這部書給我們的研究帶來的值得珍視的某些東西。章燦君是一位年輕的研究者，他的這部書給予我們的，與其說是某些具體的結論，還不如說是這位年輕的涉獵者，在步入辭賦這一瑰麗而遼闊的天地中所表現出的一種開拓胸懷，一種力求重新認識這一境域的探索精神。

在第一章中，作者對全書曾有一個概括的說明，說這部書「試圖通過對魏晉南北朝賦史的宏觀把握，鳥瞰二至七世紀賦史發展的來龍去脈；分析歷代社會心理和文學思潮對賦體發展的影響；追尋賦體在拓寬自己的題材領域、表現空間和豐富提高藝術表現手段方面的前進足跡；同時探討賦與同時代其他文體（尤其是詩）的關係，考察人們對賦的觀念評論的變遷，並希望透過這一段賦史，觀察作爲其背景的中古文學和文化現象。」根據全書的論述，也可知道作者想作兩方面的考察：一種是歷史的考察，縱向的是上溯賦體的起源，它怎樣從民間走向上層，怎樣從兩漢步入魏晉，而在魏晉南北朝又怎樣按其自身的演進而劃分成幾個階段，橫向的則是社會生活、時代思潮給予賦的影響，賦怎樣在與其他文學樣式交叉影響下前進，而擺脫過去作家作品論的單一模式；另一種是把賦眞正作爲文學而加以美學的考察，而不是把它僅僅作爲文體作文獻上的考述。因而作者把文筆深入到賦家的內心，探尋他們的審美心理，他們的感情世界，賦體文學在形象地把握宇宙萬物中與其他文學樣式相較，怎樣顯示其優越性和不足。這種對賦體文學所作的歷史的美學的考察，使得這部書具備較高的學術層次，也會使人感到辭賦的研究確有值得探討、值得付出精力的科學價值與藝術價值。如果要說貢獻的話，那麼這部書的貢獻倒不一定在研討魏晉南北朝賦本身（雖然其中不乏精采的論述），而是它對文學愛好者的吸引，使他們覺得千百年前古老體式的辭賦，也是與他們的感情相近的，辭賦的世界並不是枯燥乏味的沙漠，而是他們可以親近的，可以得到多種愉悅的人間。

本書的研究，還有兩點使人感到興趣。一種是充分運用計量史學的方法，把作者大量搜尋到的材料，用統計、數字、表格列出，這樣作不僅僅是使讀者醒目，我認爲更重要的是加強我們作文學研究時的科學觀念。我們研究的是文學作品，我們作的是文學研究，但這種研究也必然要求一種科學的精密與準確。審美研究與科學上的精密與準確的要求，二者不是互相排斥，而且應當是彼此促進的。周勛初先生在一篇文章中曾特別提到程千帆先生在長期研究實踐中形成的「將批評建立在考據基礎上的方法」，他以千帆先生的《韓詩〈李花贈張十一署〉篇發微》、《與徐哲東先生論昌黎〈南山〉詩記》等學術論文爲例，說明作者怎樣運用近代物理學有關光譜分析的知識、有關光的反射原理，來闡釋韓愈詩的藝術特色與創新手法（見《古詩考索讀後記——兼述作者學詩歷程》）。這是一方面把考據向現代化推進，一方面把藝術鑒賞與科學分析結合，加強古典文學研究的精密度與準確度。勛初先生本人治學也兼具這種風格。我還感到，南京大學中文系和古典文獻研究所近十年來養成一種頗爲引人注目的學風，就我個人的體會，也可以說是一種在文學的審美研究中加強現代科學思維訓練的學術品格。

章燦君在書中所作的這種計量史學的嘗試，固然得力於過去他在北京大學所學的世界史專業，更主要的恐怕還是他在碩士、博士研究生期間受益於程、周兩位先生所倡導而形成的這一學術氛圍。

書中另一個使人感興趣的是，作者對某一時期某一作家賦的觀念的研究，不局限於過去通常所作的僅限於一些理論著作，而是嘗試著從作品本身加以探索。如對於潘岳，作者就認爲，潘岳雖然沒有直接的賦論賦評方面的著述，但通過分析他在賦作中的藝術追求，我們仍可了解和把握他的賦論觀點。類似這樣的分析，還可在其他有關章節中見到。我覺得，這樣做，不僅擴大了我們對某一時期某一作家賦的觀念的題材範圍，而且是更切近文學思想的實際，更容易直接把握賦在觀念上的發展和演進。我個人以爲，文學思想研究在這方面所作的努力，當首推羅宗強先生的《隋唐五代文學思想史》。這本書明確地認爲：文學思想不僅僅反映在批評和文學理論著作裡，它還大量反映在文學創作中。作家對於文學的思考，例如他對文學的社會功能和藝術特色的認識，他的審美理想，他對文學遺產的態度和取捨，他對藝術技巧的追求，對藝術形式的探索，都可以在他的創作中反映出來。結合文學創作來研究作家的文學思想和一個時代的文學潮流，充分運用這一方法來論述幾個大的歷史段落，這是羅宗強先生對近十年來文學思想史研究所作的貢獻。現在章燦君運用這一方法來研究賦體文學，雖然還只是一種嘗試，卻使人立即產生新鮮感。我相信，辭賦研究將創作與批評結合起來，定會使研究更爲豐滿，更有理論深度。

關於這本書，要說的還有很多，有許多吸引人的段落和論點，如論賦起源於楚地民間文化，如何一步步走向文人化、宮廷化，對此應如何作出歷史的評析；蔡邕對建安賦家有明顯影響，但又不能以貌似相近而等量齊觀；論建安賦的觀念更新與批評自覺，並以自然、社會、人三大類的內容來描述建安賦所表現的斑斕的情感世界；魏晉之際的政治局勢與文化環境，造就了一批以追求個體精神的絕對自由，以審美沉思和理性批判見長的賦家；論東晉山水賦怎樣以文體特長領先於同時代的山水詩；論不同時期賦的比較不能簡單以價值批評爲標準，應考慮不同的文化環境，等等，都有不少精采處，這篇短序不能一一介紹，讀者當會有更多的發現。

我覺得，近年來我們的辭賦研究已經有了很好的開展，馬積高先生的《賦史》，曹道衡先生的《漢魏六朝辭賦》，龔克昌先生的《漢賦研究》，體現了年長一輩學者治學的傳統特點和長處。我們的辭賦研究還應從材料辨析和整理著手，我曾邀約馬積高先生撰寫一部史料學的著作《歷代辭賦》，將由中華書局出版。而在目前情況下，我們更需要對辭賦作一種容易使人親近的研究，這種親近的研究，也就是我在上面所說的歷史的、美學的考察。魏晉南北朝賦是賦史的一個重要階段，在此之前有蔚爲壯觀的兩漢賦，在此之後的有絢麗多姿而情深志長的唐賦，有清新自然、更接近日常生活的宋賦。辭賦研究同詩歌研究、戲曲小說研究一樣，都有引人入勝之境，《魏晉南北朝賦史》已提供了我們這樣的例證。我相信，繼本書之後，當有更多的辭賦研究的佳作絡繹問世，辭賦研究的繁榮也將指日可待，這也必然促進我們整個古典文學研究在本世紀最後十年走向昌盛，走向成熟。謹序。

一九九一年二月於北京

《黃庭堅研究論文集》序

五十年代末、六十年代初，我曾集中時間從事於宋代詩文研究資料的搜輯，後來結集爲《楊萬里范成大卷》、《黃庭堅和江西詩派卷》二書，列入中華書局的「古典文學研究資料彙編」中。一九六四年二月出版的《楊萬里范成大卷》的前記，曾談到：「宋詩在唐詩以後，開拓了新的局面。人們一提起宋詩，就會產生與唐詩不同的感受。唐詩中有各種不同的風格，不同的流派，宋詩中也有各種不同的風格，不同的流派，但是很奇怪，在各自的錯綜複雜的詩歌群中，確有一種穩定的共同體存在，形成一個時代的詩風。宋以後的詩人和詩評家，大多企圖來探討這一雖然複雜卻也饒有趣味的文學現象，但似乎迄今還沒有一個令人滿意的結果。從比較來看，我們對唐詩的情況還比較熟悉，對宋詩，對其中不少的詩人和流派，認識得還不是十分透徹。宋詩研究的基礎，比起唐詩來，是不夠堅實的。」

近數年來，我斷斷續續在宋代詩文中摸索，希望在這方面整理出一些頭緒，以便進行較爲全面的探討。在這樣的摸索過程中，我痛感，單是在詩歌範圍之內，也有不少基本事實還沒有搞清楚，這就使我覺得非得先從積累和整理原始資料入手不可。在大量的和經過審查的資料基礎上，再進行理論的分析和概括。」這裡抄錄二十多年前的這一段話，是想給企圖了解宋代文學研究進程的先生們提供一個背景，表明我們這三十多年來宋代文學曾經處於怎樣的一種落寞的狀態。在一個很長的時期內，宋代文學、特別是詩文的研究，是被看作冷門的，至於黃庭堅的研究，那更是冷門中的冷門。上面提到的《黃庭堅和江西詩派卷》，全書共七十餘萬字，是與《楊范卷》同時編成，而且是同時交付排印的，但那時出版社考慮到輿論對黃庭堅和江西詩派的某些看法，不得不採取付型後暫不印的辦法，這樣，就直到一九七八年八月才與讀者見面，這之間竟隔了十五年！對於一個研究者來說，十五年意味著什麼，我想大家都會有眞切的感受。以過去的這樣一種情況與今天對宋代文學熱烈的討論相對照，人們自然會對我們的文學事業產生一種不能自已的興奮之情。

一九八四年十月，我在濟南參加李清照研究討論會，遇到江西省文學藝術研究所的夏漢寧君，在交談中我建議江西方面是否可對黃庭堅集中進行研究，並在適當時間召開一次學術討論會，以推動研究的進一步深入。夏漢寧君回贛後寫信給我，說省的文化工作領導很贊同這一意見，並著手開始準備。果然，一年以後，就由江西師大、江西省文學藝術研究所、九江師專、九江市文聯等單位聯合發起，於一九八五年十一月上旬在修水縣舉辦了紀念黃庭堅誕生九百四十周年學術討論會。我深感抱歉和遺憾的是，我因臨時爲他事所牽，未能赴會，失去一次學術交流的機會。事後聽到與會的先生介紹，說會議開得十分成功，一百五十多位與會者對許多問題展開了認眞的討論。我後來又收到厚厚一袋論文資料，一次會議論文的數量，竟超過了半個多世紀發表的論文的總和！誰說我們的古典文學界是處在停滯不前的、落後的境地呢。

當然，黃庭堅的研究現在還僅僅是一個起步，雖然它可以說是一個眞正的起步。由於黃庭堅的思想和作品的複雜性，特別是長期以來受到「左」傾思潮的影響所造成的某種僵固的文學批評觀念，使得他的創作得不到公允的評價。要在短時期內消除文學觀念上的習慣勢力是不容易的，我們在近年內的一些力求有新見的黃庭堅研究中還不時可以看到某些舊時的蹤跡。我覺得，當前黃庭堅研究中首先要解決的一個問題，就是怎樣從總的方面，從比較廣闊的視野出發，探討黃庭堅的作品在中國文學史上以怎樣的一種方式存在？而要解決這個問題，我個人以爲，需要從三個方面著手。

第一，我們需要了解宋代知識階層的情況。知識階層，中國古代稱做士，後來又稱士大夫，他們是中國古代文化的主要承受者。我覺得，研究中國文化，特別是研究中國文學，不研究知識分子的歷史性格之形成及其流變，是研究不透的，但在這點上，過去恰恰爲人們所輕視，或遭到粗暴的否定。五十年代林庚先生探討李白的思想性格，曾用過「布衣感」一詞，企圖以此來探索和把握盛唐時期一部份知識分子的思想面貌和性格特徵，但卻受到不公正的對待。從此以後，在文學研究的範圍內，對文學主體的探索竟成爲禁區。這是應當引爲教訓的。研究作家所生存的文化圈，研究某一歷史時期的文人心態，是摸索創作心靈的必然途徑。宋詩的特點，也恰恰與那一時期文人的經歷、興趣、愛好密切相關。對唐宋歷史與文學稍有涉獵的人，閉目一想，唐代和宋代知識分子的思想性格、行爲居止，是可以區分得很清楚的，雖然這些區別如果用文字表達出來，還需要經過思考和研究。我個人以爲，在宋代文人中，黃庭堅似乎更能代表宋代知識分子的一般特性，更能代表那一時期士大夫的優點和弱點。對這個問題進行探索，哪怕是稍稍的涉足，也定會拓展古典文學研究的地域，引起人們在學術上的創新的興趣。

第二，要有一個宋代文學編年史。黃庭堅生活的年代，是宋代學術文化高漲的時期。詩歌、散文、書法、繪畫、音樂、工藝，以及哲學、史學、音韻、訓詁等都發展到極高的水平。黃庭堅的博學，他的才情，他的詩歌藝術，需要從歷史文化的廣闊背景去加以理解。這就是說，我們的研究要努力提供一個產生衆多傑出人才的社會環境。我們還缺乏一些基本事實的說明，例如，黃庭堅進入文學領域時，北宋的詩壇是什麼樣的情況，那時已經有多少詩人在進行活動，有哪些詩人已寫出了成功的作品，形成了自己的特色；又譬如，受黃庭堅影響而寫作的年青詩人，後來在不同程度上成爲江西詩派的，他們在北宋後期是怎樣活動的，黃庭堅與他們有哪些交往，彼此來往有哪些特點；又譬如，呂本中是在什麼時候寫出他的《江西詩社宗派圖》的，他作這個宗派圖時與哪些詩人交換過意見，他們的經歷如何，在重大的政治變動中態度如何，給他們的作品帶來那些影響。這些基本事實都需搞清，才能對黃庭堅的創作作出準確的分析和判斷。要搞清這些事實，我以爲最好是作編年史，它將會給我們一個縱橫交叉的、立體的認識，更便於作宏觀的考察。關於文學史研究的編年寫作問題，我爲《文史知識》一九八六年第十二期《關於唐代文學研究的一些意見》中有所闡述，請讀者參考，這裡就不再多講。

第三，要精細地研究黃詩的語言。詩歌是語言的藝術，語言是詩歌的生命，研究一個詩人，落腳點必須在於對其詩歌語言奧秘的探究上，否則一切都將落空。美國著名語言學家愛德華·薩丕爾說過一句很值得玩味的話：「讀了海涅，會有一種幻覺，整個宇宙是說德語的。」（見《語言論》）這種感覺，我們在讀我國古典詩作時也會產生。讀了杜甫、李白的詩篇，我們眞會驚異漢語的奇妙的表達能力，似乎漢語經過這些傑出詩人的詩句猛然加深了它的意蘊和內涵。對於「點鐵成金」、「脫胎換骨」可以有種種爭論，但人們不得不承認黃庭堅終其一生對詩歌語言進行了嚴肅而眞誠的探索，而他的哪些探索是成功的，哪些探索是不成功的，需要做細致的工作。語言的研究需要具體，在學術工作中有時把範圍適當縮小，不僅更能收到成效，有時還能從某一局部而拓展到全體。我相信對黃庭堅語言作較爲精密細微的分析，會有助於對他的整個風格的認識，或許還會加深我們對宋詩的藝術風味的理解和欣賞。

以上三方面，都需要化時間，化工夫，我希望研究者能潛下心力，踏踏實實地做一些基礎工作。在自然科學內，用嚴格的實驗方法來確定事實，有時會導向規律的發現，社會科學研究是否也由此得到一些啓發呢？規律是要談的，新方法的運用也是值得討論的，但科學研究必須有大量的事實作基礎。脫離大量的事實，而侈談規律和方法，就會像下面所引王僧虔誡子書中所說的那樣，是非常危險的：「汝開《老子》卷頭五尺許，未知輔嗣何所道，平叔何所說，馬、鄭何所異，《指》《例》何所明，而便盛於麈尾，自呼談士，此最險事。」（《南齊書》卷三三《王僧虔傳》）

最後我想說的是，江西人民出版社能夠承擔這部論文集的出版，在經濟上是要作出犧牲的，但必將得到學術界的贊許和好感。我也是搞編輯出版工作的，深感在當前的情況下，出版工作中經濟效益和社會效益往往不能一致，如何抉擇，就顯出當事者的眼光和魄力。這本《黃庭堅研究論文集》，我想銷路也不會太好。這裡我倒想起了當代美國著名傳記文學作家歐文·斯通的一段話，他在爲中譯本《梵高傳——對生活的渴求》（北京出版社，一九八三年十月版）所作的導言中寫道：他在寫完這部著作的後三年中，這部手稿曾被美國十七家大出版社所拒絕，後來對原稿刪減了十分之一，才勉強爲英國一家出版社的小分社接受出版，老板神情陰鬱地對作者說：「我們印了五千冊，我們還在求神保佑。」而後來，即到歐文·斯通寫這篇導言時，這本書已經翻譯成八十種文字，銷出了大約二千五百萬冊，《梵高傳》成爲全世界向往生活、向往藝術的青少年讀者最爲仰慕的書籍之一。不過，這中間畢竟經過了將近五十年的時間，可見一本書，那怕是件藝術珍品，要被人所知，是多麼的不容易。我相信，黃庭堅作品一定會爲自己開路，這本論文集的衆多作者的辛勞將會從讀者那裡得到報償。

一九八六年十一月於北京

張宏生《江湖詩派研究》序

這部《江湖詩派研究》原是張宏生君的一九八九年博士畢業論文。論文答辯的時間原定於六月初，在此之前我受程千帆、周勛初先生的邀約，作爲論文答辯委員，閱讀了正文的大部分章節。但說也奇怪，那時雖然也安下心來讀了，但卻如四靈之一的趙師秀詩中所說，「慷慨念時事，所惜智者昏」，我當然不在智者之列，但卻也昏昏，現在回想當時的讀後感，竟茫茫一片。時隔數年，這部論文現在作爲專著，在我工作的中華書局出版，我這次確實是靜下心來通讀了全部校樣，竟如同讀一部從未寓目的新書一般，感到既陌生而又親切，並驚異於論文作者在幾年之前對文學史的理解竟已至如此成熟的程度。

我之所謂對文學史的理解至如此成熟的程度，是近於陳寅恪先生所說的「其對於古人之學說，應具了解之同情」。也就是說，要對於「其所處之環境，所受之背景」，須「完全明了」，這樣「始能批評其學說之是非得失，而無隔閡膚廓之論」（見《馮友蘭中國哲學史上冊審查報告》）。陳寅恪先生這裡說的是對中國古代哲學史研究的態度，我覺得對中國古代文學史，也應有此種「通識」。

對江湖詩派，自宋元之際的方回起，至清朝官修的《四庫提要》，及一些詩評家（如李調元《雨村詩話》），無不以尖刻的詞句，加以譏刺甚至辱罵，什麼「江湖諸人纖瑣粗獷之習」，「江湖末流寒酸纖瑣」，「江湖一派以纖佻爲雅秀」，「油腔腐語，編湊成集」，等等。古人的這些評論，似乎還影響到前些年出版的一些文學史著作。這些評語，其語氣似頗爲尖銳，實則仍不免失之於隔閡膚廓。

本書卻不然，對於環繞江湖詩派的種種問題，均力持客觀分析的態度。作者對江湖詩派的研究，有一個總原則，這就是書中所說，「南宋中後期出現的江湖詩派，不僅是一種文學現象，而且是一種社會現象和文化現象。因此，研究江湖詩派，也應將其置於一定的社會、文化範圍中去考察」（頁三二三）。這就是說，對江湖派詩人在南宋中後期所表現出的特殊生活方式，這一詩歌流派的特殊風格，都應放在一定歷史時期的社會、文化的大環境中去加以體認，這就有可能超越於某些傳統觀念的個人感情好惡，使人們可以眞正具備「藝術家欣賞古代繪畫雕刻之眼光及精神」（同上陳寅恪語）。

如江湖詩人的所謂謁客身份，書中不僅在正文中專闢一章，即第二章《文化傳統的傾斜》，作專門的論述，還在附錄中以大量材料，分類考析行謁的內容和方式，謁客階層的形成，謁客的出現與幕府、薦舉制的關係，當世顯人和謁客自身對行謁的態度。不知他人讀後感覺如何，我個人是，學句時髦話，是讀得非常過癮的。從來還沒有把江湖詩人的謁客身份如此詳細地討論過。行謁的直接目的當然是乞錢，但爲什麼至南宋中後期在詩人中竟形成如此一個群體，以致可以說是一個階層，這之中究竟有什麼社會原因？行謁對當時的詩人心理產生哪些失衡，他們又是作出怎樣的努力使之平衡？書中都有不少有趣的描述。由此，人們就自然而然地同意作者這樣的結論：「由於江湖謁客的出現是南宋社會的政治、經濟等因素作用的結果，因此，他們身上所反映的諸特點，可以使我們從一個側面加深對宋代、尤其是對南宋社會的理解」（頁三五〇）；「以往學者研究宋代知識分子，往往只注意了其正面形象，而經常忽略那些與宋代正統的文化精神相悖的部份。我們的探索便是試圖彌補這一缺陷，以期加強對宋代知識分子的全面理解」（頁四二）。

當然，江湖派畢竟是一個詩歌流派，我們的研究最終還應落實到文學的分析上。書中並未忽略這一點，而是著重在這方面化了力氣。書中第三章至第七章，分別就主題取向、審美情趣、時空與意象、詩歌淵源，以及代表詩人的作品評介，作了極爲全面的稱得上是美學的考察。我說是美學的考察，是說書中對作品的分析並不停留在一般的詞句鑒賞上，而是對作品如何表現詩人的內心世界作既細膩又宏觀的深切體認和整體把握。是一種與讀者的詩情交流與理性共識。如過去一直以爲江湖詩人只追求纖巧，被人譏議爲瑣屑甚至卑下。確實，江湖派詩人的境界是有狹窄的弊病，但正如作者所說，對此應作具體分析，不要僅作簡單的價值評判。書中論這些詩人由於在藝術追求中往往把眼光投入瑣碎的生活片斷，視野不免局促，就使整體上缺乏超越性，但從具體藝術美感來說，這種追求仍有其不可代替的魅力，由於形象更加直觀，感覺更加細膩，就從而在常見的物象中，進一步挖掘出清新自然之美。書中又論到，江湖詩人到處游謁，不遑寧居，因此對於時間的流逝，往往別有一種敏感。書中第三章《羈旅之苦》一節，寫到這些詩人由於經常處於羈旅漂泊之中，因此最爲刺激他們心靈的，莫過於清晨和深夜。書中指出這一點，並由此而展示江湖派詩人獨有的審美情趣與藝術取向，論述頗富新鮮感，足以見出作者藝術觸覺之細致與敏銳。

根據書中所考，可以列為江湖派詩人的，有一百三十八個。當然，具體哪些詩人是否眞正屬於這一詩派，還可討論，但不可否認，這麼多詩人組成一個流派，而前後活動期又在半個世紀以上，這在中國古代文學史上，即使算不上絕無僅有，也是極爲少見的。過去的一些論著，往往說他們只管個人瑣細的眼前利益，而不關心國家大事，實際上評論者沒有看到當時的國家所給予這些詩人的是怎樣一種重壓，江湖派詩人的心靈創傷不僅來自於生活貧困所受到的世人的白眼，而更主要的是來自於這一時代和社會的令人窒息的壓力。

本書作者認爲江湖詩派的形成當以嘉定二年（一二〇九）劃線，這年陸游去世，《江湖集》編印面世。此說是言之成理的。而可以注意的是，在此以後，正是南宋軍事、政治、經濟全面惡化直至最後崩潰的時期。開禧二年（一二〇六）伐金失敗，標誌南宋政權直線走向衰亡。嘉定元年（一二〇八）三月宋金和議，宋朝廷承受了改金宋叔侄爲伯侄的屈辱，而且大量增加給金朝的歲幣，使得本來就十分嚴峻的財政危機更加速發展。嘉定和議簽訂僅六年，宋金又發生秦州之戰，又四年，金南侵，宋下詔伐金，此後一直到金爲蒙古所滅，宋金戰爭不止。紹定三年（一二三〇），蒙古軍攻破南宋劍外和州，四年，攻破四川的興元及沔州。紹定六年，南宋和蒙古聯合滅金；金亡後，強大的蒙古國即成爲南宋的直接威脅力量。不久，蒙軍攻入四川，端平二年（一二三五），蒙軍又舉兵南下，攻破唐州、信陽、第二年，入襄陽。淳祐元年（一二四一），蒙軍占領四川大部。蒙古國的鐵騎步步進逼，在軍事上完全掌握主動，南宋只是一個等待被吞食的弱獸。可以想見，這樣的一種惡劣形勢，持續半個世紀，對人們，特別是對下層士人，會造成怎樣一種憂鬱壓抑而又驚惶不安的心理。

大量軍費開支，以及戰爭的直接破壞，使南宋社會矛盾更加嚴重。吳潛在端平年間曾上疏：「開禧、嘉定，相繼用兵，州郡所畜，掃地殆盡。」（《許國公奏議》卷一《應詔上封事條陳國家大體治道要務凡九事》）徐鹿卿於淳祐中（一二四一——一二五二）赴任建康，歷述所走過的南康、池陽、太平等地，「流離殍死，氣象蕭然」（《清正存稿》卷一《奏乞科拔糴本賑濟飢民札子》）。嘉熙、淳祐間，杜範上疏，說東南一帶，已是十室九空，「浙西稻米所聚，而赤地千里；淮民流離，襁負相屬，欲歸無所，奄奄待盡」（《宋史》卷四〇七杜範本傳）。老百姓處於這樣的水深火熱之中，而宋朝廷仍橫徵暴斂，江湖派的代表詩人劉克莊，在他擔任官職時曾說：「夫財用窘迫，乃今世通患；居官者苟可取盈，無所不至。」（《後村先生大全集》卷七九《乞免循梅惠州賣鹽中省狀》）應該說，劉克莊是一個盡職的官吏，他在居官之日，曾多次爲當時的財政困窘提出解決的辦法，如文集卷五一《備對札子》建議「罷編戶和糴之憂」，以爲是「裕國寬民之要方」。在這一札子中，他又激烈地指責「顓閫之臣，尹京之臣，總餉之臣，握兵之臣，擁麾持節之臣，未有不暴富者」；又說：「昔之所謂富貴者，不過聚象犀珠玉之好，窮聲色耳目之奉，其尤鄙者則多積塢中之金而已，至於吞噬千家之膏腴，連亘數路之阡陌，歲入號百萬斛，則自開闢以來未之有也。」當然，他針對此而提出的「追大吏乾沒之贓」的措施，也與上面的「罷編戶和糴之憂」同樣，根本未能行通。

我在這裡舉劉克莊的例子，是想說明江湖派詩人並非天生不關心政治，相反，他們中有好幾位，在居一定官位時對朝政的腐敗是慷慨陳辭，而處於平民百姓時也曲折地表達對世事的憂慮和憤慨。但政治迫害（如江湖詩禍）和社會黑暗使他們對現狀起一種冷漠感。這使我想起陳寅恪先生《讀吳其昌撰梁啓超傳書後》一文。他說梁氏死後，「論者每惜其與中國五十年腐惡之政治不能絕緣，以爲先生之不幸」。實則這五十年來中國之政治，極醜怪之奇觀，而梁氏「少爲儒家之學」，「深感廉恥道盡，至爲痛心」，因此不免對政治總要介入其間，故雖「高文博學」，而終不能安心於學問。最後寅恪先生深致感喟：「此則中國之不幸，非獨先生之不幸也。」我覺得，造成江湖派詩人對世事之冷漠，也正是這一時代、社會之不幸，而不能苛求於詩人本身。關於這一點，書中也有較好的闡述，我只就平日讀書所及，略作些許補充。

我還想說的是，張宏生君在《後記》中特別提到導師程千帆先生治學對他的啓發，說：「程千帆教授的治學，資料考證與藝術分析並重，背景探索與作品本身並重。研究問題時，往往從某些具體對象入手，然後從中抽象出一些規律來，尤其注重作品本身的體驗。」關於千帆先生的治學成就，周勛初先生在《〈古詩考索〉讀後記》中已有很好的闡述，我這次重讀勛初先生這篇文章，又讀程千帆先生的《閑堂自述》，對程先生的學術成就與治學思路有進一步的體會。

一九八三年，我與程先生一起在桂林參加全國哲學社會科學「七五」規劃項目基金資助評議會，就在那次會議上，程先生提出他的「唐宋詩歌流派研究」的計劃，我即從心底裡欽佩程先生的識見與魄力。程先生很早就提出「將考證與批評密切地結合起來」的治學路數，而「唐宋詩歌流派研究」正是這一治學思路的進一步發展與具體落實。莫礪鋒君的《江西詩派研究》，蔣寅君的《大曆詩風》，和張宏生君的這部《江湖詩派研究》，在千帆先生的指導下，並通過自己的努力，正是很好的體現了《閑堂自述》中的學術概括：「在詩歌研究方面，我希望能夠做到資料考證與藝術分析並重；背景探索與作品本身並重；某一詩人或某篇作品的獨特個性與他或它在某一時代或某一流派的總體中的位置，及其與其他詩人或作品的關係並重。我寧可從某些具體對象入手，然後從中概括出某項可能成立的規律來，而不願從已有的概念出發，將研究對象套入現成的模式，寧可從具體到抽象，從微觀到宏觀，而不是反過來。在歷史學和文藝學這些基本手段之外，我爭取廣泛使用其他學科的知識，假如它們有助於使我的結論更為完整和正確的話。」

我有一種感覺，千帆先生提出的「唐宋詩歌流派研究」，以及莫、蔣、張三君體現了千帆先生治學思路的這三部著作，將在我國的古典詩歌研究學術史上占有特定的位置，其意義及經驗必將日益為學界所認識和汲取。程先生在三十年代曾受到南京幾位國學大師的教益，「厚德載物」，他的學問基礎的深厚即來自源遠流長的傳統。而程先生在此後又逐步接受了科學的世界觀，並且恰切地運用了中外關於研治人文科學的新理論，這樣他就在傳統的治學路數上融彙入現代科學的成果。特別是他在七十年代後半期直至現在，他的傳統與現代科學成果結合的治學思路已較原來的考證與批評結合更富時代性，在學術層次上更有所發展。這不但體現在程先生近十餘年來問世的幾部專著上，也表現在他與勛初先生一起，陸續培養出已斐然有成的好幾位博士、碩士研究生身上，因而形成南大古典文學研究那種溝通古今、融合中西、於嚴謹中創新的極有生氣的學風。我由此又想起王瑤先生在一篇文章中說過去清華大學學派時的一段話，他說：「清華這一學派的主要特點是對傳統文化不取籠統的『信』或『疑』，而是在『釋古』上用功夫，作出合理的符合當時情況的解釋。爲此必須做到中西貫通，古今融彙，兼取京派和海派之長，做到微觀和宏觀的結合。」清華的這一學風，是由王國維、陳寅恪、聞一多、朱自清、馮友蘭等學者的長期積累而逐步形成的，這已是我國現代學術思想上一項極可珍貴的財富。不知怎麼，在想到這些時，聯繫現在的古典文學研究，我就不禁聯想起千帆先生，想起他的傳統與現代科學成果相結合的學術道路與治學經驗。薪傳不息，我們民族的學術發展必將應上古代學人的一句名言：日新之謂盛德。

一九九四年二月十日，甲戌歲旦於北京六里橋寓所

後記

本書是我近十餘年來部份文章的結集，大體上可分為兩部分，第一部份是發表在各報刊上的論文，主要是有關唐詩及唐代詩人的研究和考證；第二部份是為友人著作所寫的序言，這些序言大部分也是涉及唐代文學方面的。前些年就想把這些文章編成集子，但想不出一個恰當的書名，後來向上海復旦大學中文系主任陳允吉教授請教，他說不妨稱作《唐詩論學叢稿》，我覺得這一名稱大致符合書的內容，就欣然接受了允吉先生的建議。

「文革」以前，我的治學志趣主要在宋代文學上。我想從基礎材料著手，又加以當時受種種政治因素的影響，未能有專題論文發表，因此只編了兩本資料集，即分別於一九六三年與一九七八年出版的《楊萬里范成大研究資料彙編》及《黃庭堅與江西詩派研究資料彙編》。「文革」十年，學業荒廢。在這之後，我的興趣轉移至唐代方面。十幾年中寫了幾本書，如《唐代詩人叢考》、《李德裕年譜》、《唐代科學與文學》、《河岳英靈集研究》，與友人合作編了一些工具書與古籍整理，如《唐五代人物傳記資料綜合索引》、《唐才子傳校箋》。在這期間也寫了些單篇論文，有魏晉時期的，有宋代的，多數還是唐代文學。在此期間，我因爲在中華書局工作，先是擔任副總編，後擔任總編，又加以在中國唐代文學學會擔任一定職務，因此結識了不少學術上的同好。他們有的年輩比我高，有的略低於我，而我對他們的學問成就都是極爲欽佩的。近些年來，一些朋友在出版他們的著作之際，承蒙他們不棄，要我爲他們的書寫序。本來，我是服膺於顧炎武所說的，「人相忘於道術，魚相忘於江湖」這兩句話的，但在目前的文化環境裡，爲友朋的成就稍作一些鼓吹，我覺得這不但是義不容辭，而且也實在是一種相濡以沫。本書選擇二十篇序文，大多數是唐代文學研究方面的書，也有一部份是魏晉南北朝和宋代的。我想，讀者也可就此了解中國大陸學者在這些領域作出的值得爲學術界注意的業績。

我深深感謝天津南開大學中文系主任羅宗強教授與上海復旦大學中文系陳允吉教授撥冗爲這本小書作序。他們兩位在唐代文學與古代文學思想史方面，都有精湛的研究。序中對我的贊譽是對我的鼓勵，序中所著重談到的對古典文學研究現狀的意見，我認爲有普遍意義。我時常說，近十餘年來，我有兩個收穫，一是寫了幾本書，二是結識了不少學術上朋友；在某種意義上，第二個收穫比第一個收獲更寶貴，更值得憶念。

文史哲出版社彭正雄先生已出版過我的《唐代科舉與文學》一書，現在又提供我一個機會，使我的一些單篇文章得能結集供台灣學術界參考，謹此表示深切的謝意。

一九九四年十二月，北京